Daxuesheng Zhiye
Shengya Guihua

大学生职业生涯规划

赵慧娟 ◎ 编著

北京大学出版社

图书在版编目(CIP)数据

大学生职业生涯规划/赵慧娟编著. —北京:北京大学出版社,2014.8
ISBN 978-7-301-24591-0

Ⅰ.①大… Ⅱ.①赵… Ⅲ.①大学生—职业选择—高等学校—教材 Ⅳ.①G647.38

中国版本图书馆 CIP 数据核字(2014)第 176471 号

书 名:	大学生职业生涯规划
著作责任者:	赵慧娟 编著
责 任 编 辑:	武 岳
标 准 书 号:	ISBN 978-7-301-24591-0/G·3852
出 版 发 行:	北京大学出版社
地 址:	北京市海淀区成府路 205 号 100871
网 址:	http://www.pup.cn 新浪官方微博:@北京大学出版社
电 子 信 箱:	ss@pup.pku.edu.cn
电 话:	邮购部 62752015 发行部 62750672 编辑部 62753121
	出版部 62754962
印 刷 者:	北京虎彩文化传播有限公司
经 销 者:	新华书店
	650 毫米×980 毫米 16 开本 19.75 印张 284 千字
	2014 年 8 月第 1 版 2021 年 1 月第 3 次印刷
定 价:	40.00 元

未经许可,不得以任何方式复制或抄袭本书之部分或全部内容。
版权所有,侵权必究
举报电话:010-62752024 电子信箱:fd@pup.pku.edu.cn

前　言

2005年3月，我第一次开设了"大学生职业生涯规划"这门选修课。至今我都清楚地记得：在可以容纳三四百人的大教室里面，一共只坐了45名即将毕业的四年级同学。我想这也在一定程度上反映了当时大部分同学的心态：职业是毕业生才需要考虑的问题吧！

尽管如此，当年那个课堂也成了迄今为止我印象最为深刻的一个。因为学生人数少，所以我们实际上把这门课变成了一个学期的团体辅导，我基本上可以叫出每位同学的名字，在活动或者讨论时也可以顾及每一个人……

近九年的时间过去了，如今我们的"大学生职业生涯规划"课发生了很大的变化：

它受到了学校的重视，已经成为学校第一批立项的通识教育选修课之一，第一批立项的精品视频公开课之一，还是第一批立项的通识课教材建设项目之一。

它得到了同学们的肯定，九年来累计有六七千名同学曾经选修这门课，课下也有很多同学通过邮件、微博等不断跟我互动，讨论学业与职业问题。

它也凝聚了十年来我在大学生职业指导方面的经验、感悟和思考。伴随着这门课，我完成了从学生到老师的转变，又带着老师的身份走上了攻读博士学位的道路。

……

这些变化同时也带来了课堂氛围的改变。从教学形式上来说，

"大学生职业生涯规划"涉及较多的心理测验、游戏、讨论……非常强调师生互动。尤其在目前动辄三百多人大课堂的情况下,更加需要同学们的主动参与精神。这是同学们自己的学业、自己的职业、自己的人生,只有自己重视,并且愿意去了解、去学习,才可能有所收获。这么多年来,我给自己的定位一直是一个信息提供者,"你学或不学,我就在那里,不来不去"。这是我的一个原则,与上本科生、研究生的专业课不同,我希望大家不仅建立职业规划的意识,还能领悟到对自己人生负责的道理。所以,我并不希望大家在课下还花时间钻研"大学生职业生涯规划",只希望同学们把课堂上这90分钟交给我,我就是大家的职业生涯教练。我不会"善良地"帮大家把职业生涯规划的责任承担起来。生涯规划不是用来"知道"的而是用来"做到"的。如果你觉得老师今天所说的有道理,一定记得行动。

对于编写教材这件事,我一直比较慎重。在相当长的时间里,我觉得没什么编写教材的必要,因为职业生涯规划涉及的大部分教学内容都是体验式、经验式的,而许多同学一旦有了教材或者课件,课堂学习的效率反而降低了。同时,我也觉得自己的积累还不够,所以这么多年一直坚持结合大学生职场活动的实践以及就业形势的变化,不断修订教学方案,设计合适的教学组织形式。

今天,终于可以完成这件事情了。

我自己的职业生涯,是伴随着这门课成长起来的。对我个人的职业发展而言,我觉得是时候通过这本教材做一个整理了;而对于亲爱的同学们,也是时候为你们献上精心料理了多年的大餐,为大家的职业生涯发展助力。这是一本源于课程教学经验的教材,浓缩了任课教师团队近九年丰富的教学经验,体现出我们对大学生职业指导多年的思考、积累和沉淀;是一本与时俱进的教材,充分体现了大学生求职活动的时效性和职场对大学生要求的瞬息万变;是一本实践性和针对性较强的教材,不同于国内同类教材按相关知识的理论体系构建教材结构,而是从大学生就业的现实和大学生职业生涯规划的具体实施去解构教材内容。同时,为了体现通识教材的通识性、知识性、可读性,还加入了一些同大学生职业活动密切相关的内容模块,充实本教材的内容。尽管有着良好的愿望,也尽力对稿子多次修改、完善,但对一些问题的处理，不可能完全妥当。有一部分观点和方法来自本人的思考和实践，供使用本书的老师和同学参考。

感谢北京大学出版社和本教材的出版策划单位——中南财经政法大学教务部对于我们教育改革的鼎力支持和辛勤劳动！感谢使用本教材的老师和同学们为我们的教学改革助力！

感谢那么多已经毕业的可爱的同学们，谢谢你们对这门课的肯定和支持！

感谢正在选修这门课的同学们，很高兴你们开始重视自己的学业、职业和人生！

赵慧娟

2014 年 3 月于武汉

目 录

导言：人生追求与职业发展——选择大学，走向成功 / 001

    一、职业生涯规划从什么时候开始 / 001

    二、大学生因为什么而困惑 / 007

    三、职业对人生发展意味着什么 / 009

    四、职业生涯规划的作用是什么 / 013

    复习思考题 / 018

模块一：客观认识自己——发现自我，扬长避短

Topic 1：**认识职业自我的意义** / 021

    一、什么是成功的职业 / 021

    二、什么是"我" / 023

    三、如何认识自我 / 025

    复习思考题 / 028

Topic 2：**认识职业自我的过程** / 029

    一、探寻兴趣，适应职业 / 029

    二、了解性格，塑造个性 / 049

    三、捕捉气质，提升效率 / 058

    四、发现价值，追求卓越 / 066

    五、提升能力，把握未来 / 077

复习思考题 / 091

Topic 3：认识职业自我的结果 / 092

　　一、明确优势领域 / 093

　　二、挖掘核心竞争力 / 097

　　复习思考题 / 104

模块二：准确把握职场——了解环境，顺应时势

Topic 4：工作世界的基本知识 / 107

　　一、为什么要了解工作世界 / 107

　　二、职业的内涵 / 109

　　三、职业的种类 / 111

　　复习思考题 / 115

Topic 5：认识工作世界的维度和方法 / 116

　　一、行业和工作类型 / 117

　　二、企业/单位类型 / 129

　　三、职业发展通道 / 137

　　四、其他与工作有关的细节 / 142

　　复习思考题 / 150

Topic 6：关于工作世界不得不说的秘密 / 151

　　一、分析竞争对手 / 151

　　二、了解幕后真相 / 155

　　三、不同类型职业的核心素质要求 / 161

　　复习思考题 / 169

模块三：制定实施策略——明确定位，选定方向

Topic 7：与职业规划相关的几个概念 / 175

　　一、外职业生涯与内职业生涯 / 175

　　二、职业锚 / 179

复习思考题 / 188

Topic 8：**职业决策与目标分解** / 189

一、职业决策与职业决策风格 / 189

二、职业决策方法 / 196

三、目标确定与目标分解 / 202

复习思考题 / 209

Topic 9：**职业规划书** / 210

一、职业生涯规划的步骤 / 210

二、大学生职业生涯规划的文案内容 / 218

复习思考题 / 223

模块四：把握发展机会——直面挑战，厚积薄发

Topic 10：**就　　业** / 227

一、就业的心理问题与心理调适 / 227

二、自荐材料的准备 / 238

三、敏锐把握新信息 / 260

复习思考题 / 264

Topic 11：**深　　造** / 265

一、继续深造的优势与可能存在的问题 / 265

二、国内读研 / 271

三、出国（境）留学 / 277

复习思考题 / 280

Topic 12：**创　　业** / 281

一、识别创业者的特征 / 281

二、成功创办小企业的关键因素 / 291

三、开发和提高创业能力 / 296

参考文献 / 305

导言：人生追求与职业发展——选择大学，走向成功

一、职业生涯规划从什么时候开始

通常我们都会觉得，职业是到了大学的高年级，比如大三或大四才需要考虑的问题。但实际上，在谈到大学生的职业生涯规划时，我们需要记住的第一句话就是：职业生涯规划应该从大学一年级开始。因为到了大学三年级或四年级，同学们都会变得非常忙碌，要考研究生、考公务员，要实习、跑招聘会……这个时候人是比较疲惫的，也是比较现实的。高年级同学关于职业的疑问往往简单而直接，他们会问：

> 老师，你说我到底应该考研还是找工作呢？考研的话，我觉得自己在研究方面似乎没什么兴趣和优势；可如果找工作的话，现在我们宿舍的人都在考研，就我一个人不考似乎不太好吧。

或者，他们会问：

> 老师，你觉得我应该考公务员还是去企业呢？如果做公务员，听说对人的沟通、协作、人际关系能力要求比较多，我觉得自己不擅长；如果去企业呢，听说又不太稳定，我爸妈也挺

反对的。

对于高年级同学而言,职业选择迫在眉睫,所以他们的问题都是类似或 A 或 B 的选择题,很难有精力再静下心来思考:我想要什么?我的特长是什么?我应该做什么?……更不用谈什么规划和理想了。

其实,理想的职业准备模式应该是贯穿整个大学四年的,每一年都有不同的职业发展主题,也有不同的信息关注要点。

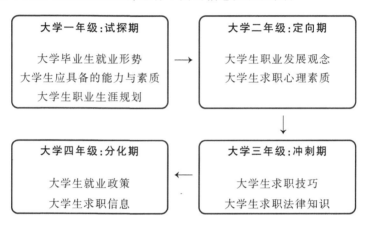

图 1 理想的职业准备模式

大学一年级——试探期

在这一年里,我们要初步地了解自己的特长与兴趣、了解职业(特别是自己未来所想从事的职业或自己所学专业对口的职业)世界的要求,为自己定下四年的学业规划,目标直指自己的理想职业。具体活动包括多和师兄师姐们进行交流,尤其是大四的毕业生,了解求职及就业情况。一般来说,大一的学习任务并不是特别重,应该抓紧时间多参加学校活动,增加交流技巧,提高人际沟通能力,学好计算机知识,这样接下来的几年才可以通过计算机和网络辅助自己的学习。如果将来有转系、获得双学位、留学等计划,则要做好资料收集及课程准备。

在大学一年级,同学们需要关注的信息要点包括:大学毕业生就业形势、大学生应具备的能力与素质,以及职业生涯规划的相关知识。

第一,了解大学毕业生就业形势。提到就业形势,很多人会说:

"这个地球人都知道,大学生就业形势很紧张嘛!报纸、电视、网络天天都在说啦!"可是作为一名大学生,我们对于就业形势的理解不可以这么笼统。同样是紧张,每个毕业季的紧张程度是不一样的,每个学校的紧张程度是不一样的,每个专业的紧张程度也是不一样的。我们不仅需要知道大学生整体的就业形势,还应该知道自己所在学校的就业形势,知道本专业的就业形势,知道自己的师兄师姐都找了什么样的工作,一般都去了哪些城市工作,他们的收入水平怎么样,他们的发展前景怎么样……从进入大学伊始就尝试寻找这些问题的答案吧,一定会令你有所触动。

第二,搜集大学生应具备的能力与素质。求职的竞争说到底是知识、能力与素质的竞争。从某种意义上来说,能力和素质比知识更重要,如果让自己的头脑成为一座单纯的知识仓库,而不注意在理解、掌握和运用知识过程中自觉锻炼、发展能力、开发治理,那么知识将会变得无用。那么当今职场对大学毕业生有什么要求?除了专业知识之外,英语、计算机要达到什么样的水平?在沟通、协作、抗压、情商方面有什么要求?明确什么样的人容易获得用人单位的青睐,可以为接下来四年打造自己的竞争力准备好目标清单。

第三,掌握职业生涯规划的方法。在人人、天涯、猫扑……这样一些热门网站上,许多在校大学生的言论往往弥漫着一种类似的基调——"我觉得非常的沮丧……我现在挺郁闷的……我好无聊哦……"。究其缘由,其实大多是由于没有目标,大学念得比较迷茫。每个人对自己的未来都有所希冀,比如可以很好地改善家人的生活,比如可以成为职场精英……但对一些同学而言,这些期待和现在每天所做的事情没什么关系,似乎只要等到大学毕业就会自然而然地成为自己想象的样子。于是乎每天睡懒觉、打游戏、无所事事……等找工作的时候才意识到现实跟自己的理想离了十万八千里。为了尽量避免大学毕业的时候追悔莫及,我们需要通过职业生涯规划为自己的大学设定目标,在现在和未来之间建立一个步步上升的阶梯。

大学二年级——定向期

此时,应该基本确定未来的发展方向了,例如打算继续深造还是直接就业。所有的学习和活动都应该以提高自身的基本素质为主。如通过参加学生会或社团等组织，锻炼自己的各种能力，同时检验自己的知识技能；可以开始尝试兼职、社会实践活动，并且要不怕挫折、持之以恒。最好能在课余时间从事与自己未来的职业或本专业有关的工作，提高自己的责任感、主动性和受挫能力。英语口语能力和计算机应用能力也是比较重要的，通过相应的资格认证考试，并开始有选择地学习自己感兴趣的知识。

在大学二年级，需要关注的信息要点主要涉及大学生的职业发展观念与求职心理素质。

第一，建立合理的职业发展观念。客观地讲，近些年同学们在求职就业方面的思想观念已经发生了很大变化，大部分同学都接受了竞争的现实，并积极摆正自己在求职市场上的位置。但仍然有一部分同学，埋首寒窗苦读多年，对于大学生活存在片面认识，就业观念滞后。比如，缺乏正确的自我认知，对社会生活的估计往往失之于简单或片面；存在择业期望值过高的现象，把知名企业、大公司、外资企业作为理想的择业目标，不屑于到基层、民营、私营施展才干的机会；强调自身价值而忽视社会需要，一味追求个人利益，重地位、重名誉，轻事业、轻责任感；"这山望着那山高"，不能及时调整就业期望值，以至于后来处于高不成、低不就的尴尬局面。正因为如此，从大学二年级开始，我们就应该开始正视职业及就业问题，调整自己的职业发展观念，积极争取适合自己的人生发展道路。

第二，养成良好的求职心理素质。求职本身就是我们认识和适应社会的一个过程，在找工作过程中遇到困难，甚至经过几次挫折才最后成功是正常的；在求职过程中遇到许多心理冲突、困惑，产生一些不良情绪也是正常的。遇到问题和困难时，要学会调节自己的心态，使自己能从容、冷静地面对这一人生重大课题，并做出正确、理智的选择。不过，正所谓"当局者迷，旁观者清"，身处找工作的情境中，种种心理矛盾和心理误区的影响难免会放大，比如产生偏执、幻想、自卑、虚伪等心理问题，并可能进一步恶性循环，导致择业行为的偏差。解决的办法只有一个，那就是提早准备。从大学二年级开始，我们就可以有意识地去了解在找工作过程中容易出现的心理问题，掌握一些心理调适方法，在生活中积极改变自己、发展自己，使自己的人格更加成熟，使自己将来的职业和人生道路更顺利。

大学三年级——冲刺期

因为大三临近毕业，所以目标应锁定在提高求职技巧、搜集公司信息、并确定自己是否要考研。在撰写专业学术文章时，可大胆提出自己的见解，锻炼自己独立解决问题的能力和创造性。积极参加和专业有关的暑期工作，和高年级同学交流求职及工作的体会。学习写简历、求职信，了解搜集工作信息的渠道，并积极尝试。加入校友网络，向已经毕业的校友、师兄师姐了解往年的求职情况和最近的机会。希望出国留学的同学，可多接触留学顾问，准备TOEFL、GRE、雅思等，注意留学考试资讯。打算考研的同学，明确报考的学校、专业和导师，搜集好资料并全力复习。

在大学三年级，需要同学们关注的信息要点主要涉及求职技巧以及同求职相关的法律知识这两个方面。

第一，提高求职技巧。求职也是一门学问，涉及的内容比较广泛，比如求职材料的准备、求职礼仪、面试策略等，需要根据自己的求职目标针对性地学习和探索。而现实中很多同学的做法是到了大四开学之后，花几天时间做份简历；或者接到面试通知后，花几小时上网研究面试技巧……这些显然是不够的。比较理想的状态应该是从大学三年级开始，系统地学习有关求职技巧的知识，只有掌握了相关的技巧，才可能获得自己理想的职位。

第二，掌握求职必备的法律知识。就业形势的严峻，造成了更紧张的就业竞争环境，使用人单位有了更大的择人空间、更高的人才要求，同时也为一些用人单位利用丰富的人才资源侵害大学生求职者的合法权益提供了土壤。而同学们本身也存在法律意识淡薄，不清楚自己的权益及不知道如何保护自己权益的情况。这就要求同学们在开始求职之前，要建立维权意识、诚信意识、合同意识，了解就业过程中应享有的合法权益，在发生争议时，及时有效地保护自己的合法权益。

大学四年级——分化期

大四时，找工作的找工作、考研的考研、出国的出国，不能再犹豫不决。大部分同学的目标应该还是锁定在工作申请以及成功就业上。这时,可以先对前三年的准备做一个总结,判断和目标之间的差距是否缩小了;然后,正式开始工作的申请,积极参加招聘活动,在实践中检验自己的积累和准备。这里要强调的是积极利用学校提供的资源,了解学校就业指导服务中心提供的用人单位资料信息,积极参加讲座、模拟面试等活动强化求职技巧。

在大学四年级,同学们应该关注的信息要点包括与大学生就业相关的政策,以及来自各种渠道的求职信息。

第一,大学生就业政策。就业政策是签约各方在就业过程中应当遵守的基本准则,也即是大学生在就业过程中必须遵守国家和各地的就业政策、不同隶属关系的学校毕业生和不同层次、不同类别的毕业生在就业政策上有所差异,不同地区接收毕业生政策也不尽相同,所以,掌握就业方针、政策是大学生顺利实现就业的前提条件。只有掌握政策,才能把握机会,提高求职的命中率。

第二,大学生就业信息。当大四真的来临时,我们可以做的职业准备其实已经非常有限了。此时大部分的精力应该集中于获取各类有价值的求职信息。学校就业指导服务中心、各级各类招聘会、就业网站、实习兼职……都是我们获得就业信息的主要来源。从铺天盖地的信息中筛选出有效的信息,提高求职成功率。

综上所述,一个理想的职业准备需要我们用四年的时间来完成。而现实的情况是,很多同学把四年做的事情压缩为两年甚至一年来做,可想而知在毕业季他们会承受多么巨大的压力、会多么的无所适从。

> 一个市场营销专业的大四男生来到学校的就业指导服务中心,他问道:"老师,你知不知道哪里有可以帮人做职业生涯规划的?我打算投资5000块钱去测一下,看看我到底适合做什么样的工作……"

从这位男同学的言语中,我们可以充分感受到一名大四的同学面对职场的那份迷茫,以及想要拨开迷雾的迫切心情,甚至不惜付出一大笔金钱为代价。其实每个人的职业生涯都可以由自己来规划,在我们掌握了一些基本的原理和方法之后,可以运用一些成熟的测评工具,结合现实为自己做出选择。而这些原理、方法和测评工具正是本书将要呈现给大家的。

二、大学生因为什么而困惑

既然是讲大学生的职业生涯规划,那么我们首先还是要从大学生就业说起。大学学习本身是一种巨额投资。来看一下我们投入了什么?

首先,最美好的时光。大学阶段我们精力充沛、开放、无束缚。无论从身体、样貌还是情感上来讲,这都是一个人最美好的四年。

其次,最佳的学习时间。20岁左右正是一个人精力最旺盛、注意力最容易集中的年龄,我们只需在优越的学习环境中心无旁骛地做好学习这件事就够了。多数人大学毕业之后都很难再有这么好的学习机会了。

当然,还有不菲的学习和生活费用……

可以这么说,为了今天可以坐在大学的教室里,无论是我们自身、我们的家庭乃至整个家族都曾经付出了不小的代价。自然而然,我们也会期望有一个好的回报,对于未来找到一个什么样的工作会有一些预期,比如待遇好、有发展前途、稳定、自己喜欢……从经济学的角度来说,投入就应当获得相应的收益,这是无可厚非的。

可是,现实的情况是什么样的呢?

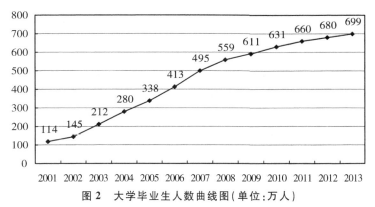

图 2　大学毕业生人数曲线图(单位:万人)

图2为我们呈现了从2001年到2013年我国普通高等学校毕业生的规模。一路攀升的曲线告诉我们,就业竞争是越来越激烈。面对激烈的竞争,同学们的职业困惑也越来越多。总结一下同学们的困惑包括:

- 不知道自己能干什么。
- 不知道自己想干什么。
- 不知道自己适合干什么。
- 不知道社会需要什么样的人。
- 不了解自己所学专业未来的发展状况。
- 不了解到哪里找工作。
- 不知道现在该做些什么。
- 不知是否应该考研、出国、择业。

　　找到适合自己的目标应该是很快乐的!……我现在就很迷茫,不知道该怎么走,有时候好害怕自己就这样在没有阳光的办公室过一辈子!但是,好像我却不知道如何改变!

　　其实,我知道身边很多毕业人都在一到三年的时间里处于"忙、盲、茫"的状态,也许人生不可避免地要走弯路……走弯路不可怕,可怕的是走了弯路以后痛了、伤了,依然浑然不觉地走下去……我现在知道不应该再迷茫了,可是找不到出去的路在哪里,也找不到努力的方向……

　　一直以为自己不会做公务员,一直幻想着会有一番辉煌的事业,但是现在待在这个小小的税所里面真的是茫然。虽然知道不长时间我就会调回市局,但是仍是失落和迷茫,却又不敢去放开现有的一切,只有在迷茫和失落中寻找出路。

上面这三段话来自各大网络论坛,是一些已经毕业的同学留下的。这几位同学的共同之处是他们都已经找到了工作,甚至是找到了不错的工作。可是,他们关于职业的困惑仍然没有得到解决。这里存在一个关键的认识:就业和职业发展之间有很大的差距,不能完全等同。职业对于我们的人生发展有着非常重要的意义。

三、职业对人生发展意味着什么

（一）什么是人生

有几句话是大家都比较熟悉的："吾十有五而志于学,三十而立,四十而不惑,五十而知天命,六十而耳顺,七十从心所欲不逾矩。"

这是孔子在《论语·为政》中的一段论述,他将人生分成了七个阶段:

第一个阶段,我们可以把它看作学习前期,从出生到15岁,在这段时间里我们已经开始学习生活中的基本知识,不过这个时期的学习并不是主动的。大家可以回忆一下,15岁以前我们的学习主要是靠家长的安排或者是一种社会要求,大家都觉得小孩子就是应该读书的,所以我们从6、7岁还不明白读书究竟是怎么回事时就开始背着书包进了学校。

第二阶段,从15岁到30岁,"志于学",这是立志学习时期,同前一个阶段相比,这一阶段的学习更主动、更积极,并且开始与每个人的志向相结合。我们高中选择文理科,高考选择专业学校,在大学里是偏重社会实践锻炼自己,还是学习英语准备出国,或者是投身于双学位、考研……这都属于有目的的学习和实践。当然,对于职业生涯的探索、选择、规划也是在这一时期进行的。

第三阶段,从30岁到40岁,自立时期。在这10年里,人的心智已经完全成熟,懂得了很多道理,无论从经济上还是人格上已经独立了。这就是所谓的"三十而立"。

第四阶段,从40岁到50岁,"不惑"时期。经过多年的学习、工作和生活,已经形成完整的个人见解,这个年龄阶段的人办事不再犹豫,行为果断。他们一般不容易受到外界的影响,甚至是有些固执。

第五阶段,从50岁到60岁,"知天命"。这个时候丰富的人生经验已经可以让人认识到人生就如同花开花落、斗转星移一样,懂得人生的使命。

第六阶段,从60岁到70岁,"耳顺"时期。这个时候人已经变得比较平和,能够冷静地倾听别人的意见,分真伪、辨是非。

第七个阶段,70岁以后,"从心所欲不逾矩"。孔子认为这个时期人的道德修养达到了最高的境界,思想和言行一致,无须勉强,自觉遵守道德规范。

孔子将人的一生划分为了不同的发展阶段,每个阶段有着不同的发展任务。大家可以看到职业发展跨越了人生的好几个阶段——从15岁到60岁。就算我们不上升到人的需求、生活品质、价值追求这些比较高的层面,仅仅从职业生涯在人一生中占用的时间和精力来看,它也是一个很重要的历程。

孔子的思想代表了我们东方人对人生的一种普遍认识。那么西方人眼中的人生又是什么样子的呢?

西方人认为人的一生有三条最重要的发展线:生物线、家庭线、职业生涯线。① 他们认为人的生命历程主要由这三种旋律交互影响:工作、职业与事业;情感、婚姻与家庭;个人身心发展与自我的成长。这是我们每个人生命中最重要的三条线索,或者说三个周期,它们是相互联系相互影响的,既是动力,也可能成为阻力。良好的身体和智力水平是职业成功和家庭美满的基础,职业生涯的顺利发展也有益于我们的身心健康以及家庭生活的质量,而如果没有幸福、安定的家庭作为支持,人也很容易身心疲倦、无法安心工作。

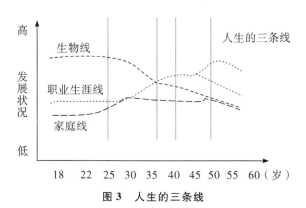

图3 人生的三条线

---

① 〔美〕施恩:《职业的有效管理》,生活·读书·新知三联书店1992年版。

在 18 岁到 25 岁,也就是我们大学生现在所处的阶段,人的生物发展到达了顶峰,这个时候我们精力充沛、思想活跃;职业生涯在此时处于平缓的起步阶段,大多数人这个时候还在学习或者刚开始工作,在进行准备和探索;而家庭周期基本上还没有开始发展,基本处于一生的最低水平,毕竟现在 25 岁之前组建家庭的人是越来越少。再往后看,从 25 岁到 35 岁,这个时候人的体能、精力、思维水平已经开始在走下坡路;家庭在 25 到 30 岁之间有个快速发展阶段,到 30 岁之后也开始趋于平稳;而职业生涯则进入了发展最快的阶段。到了 35 岁之后,可以看到职业生涯发展开始在我们整个人的发展中占据最重要的主导地位,职业生涯线已经在三条线中的位置最高。值得一提的是,在 45 岁这里有一个分界点。有一部分人过了 45 岁就进入职业发展的衰退期,等待退休;但是也有一部分人从 45 岁开始又进入一个高速发展阶段,通俗地讲这就是我们所说的"越老越值钱"的职业,比如说教师、医生、政府官员、艺术家等。

无论是东方还是西方观点,从我们整个人生的发展来看,职业生涯的发展都是我们人生发展的主题。不仅是我们的谋生手段,更是满足更高层次需求的重要途径。

(二) 人生成功与职业发展

在现代社会中,职业在我们生活中起到了越来越重要的作用,并在人们的人生发展历程中占据了相当长的时光,它是绝大部分人投入时间、精力最多的人生组成部分。刚才我们已经讲到过,我们从事职业的时期是从精力充沛的二十多岁开始,到精力衰退的六十多岁结束。每天有 24 个小时,用于吃饭、睡觉、洗澡、上厕所、买菜、做饭的时间称为生理活动时间,每天约占 10—11 个小时;其余的 13—14 小时称为社会活动时间。我们每天用于工作、上下班路途,加上业余时间里与工作相关的思考、应酬等时间,大约为 10—12 个小时,也就是说我们平时职业生涯用的时间占到社会活动时间的 71%—92%,这还只限于那些工作时间比较固定的人,实际上有很多职业花在工作上的时间还要更多一些。即使在周末或节假日,我们用在与职业相关的时间也常常超过 50%。

在我们的人生历程中,职业生活盘踞了相当漫长的时光,职业是绝大多数人一生的重要核心,能帮助我们达成多重目的。著名心理学家马斯洛认为,"人是永远不能满足的动物",人的需求是由低级层次逐渐向高级层次推进的,低层次的需求得到了满足,才会产生高层次的需求。

第一个层次是生理需求,对氧气、水、食品、休息等的需求。

第二个层次是安全的需求,对安全、舒适、安宁及自由的需求。

第三层次是对友爱和归属的需求,人属于群居动物,难以忍受孤独,因而对与人交往,对爱及被爱会有需求。

第四层次是受尊重的需求,每个人都希望自己的人格得到尊重,希望自己的劳动成果得到认可。

第五层次是自我实现的需求,充分发挥自己的潜能,实现自己的理想目标,实现人生价值。①

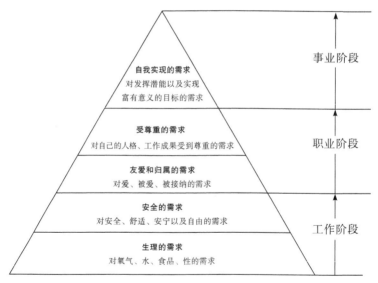

图 4 人生需求满足与职业发展的关系

而实际上,人生的大部分需求都是通过职业活动得以满足的。在大学毕业找工作的时候,我们一般考虑得比较多的是待遇、地理位置

---

① 〔美〕戈布尔:《第三思潮:马斯洛心理学》,上海译文出版社 2006 年版。

等,这其实是生理需求与安全需求的体现。工作几年之后,当我们已经进入职业稳定期,会发现职业给我们提供了社交的场所,让我们可以建立自己的人际关系,还可以让我们获得别人的赞赏、尊重,获得地位、荣誉,满足了我们友爱和归属的需求、尊重的需求。也唯有我们从事的职业可以充分发挥自身潜能、实现人生价值时,我们才能称之为事业。所以到了整个职业生涯和人生的中后期,职业成功将会成为人生成功的核心组成,对人生价值起着决定性作用。

因此,职业会使我们的人生更精彩。它不仅是谋生的手段,也会给人带来最大的精神满足。职业对我们每个人而言都应当具有两层意义:一是求生,满足我们衣食住行的基本需要;二是发展,满足个人潜能发挥与自我价值的实现。当然,在现实中,"只能求生、不能发展"的现象也比比皆是,正因为如此,丘吉尔曾经说过:"能使个人工作和志趣结合的人是真正幸运的人。"

面对对于人生而言这么重要的职业生涯,我们需要好好规划,不能成为为了找工作而困惑的人,更不能成为找到了工作还困惑的人。

四、职业生涯规划的作用是什么

凭什么说职业生涯规划可以解决上述困惑?

职业规划合理者:世界 500 强外资制药公司的 HR 人员

杨小姐目前在一家世界 500 强外资制药公司的人力资源部工作。回顾杨小姐的择业经历,你会惊讶于她一路的顺畅。其实,"功夫在诗外",杨小姐在就业上的确没走什么弯路,但在就业之前,却花了大量的时间和精力来主动进行个人职业规划,这或许就是她成功的原因吧。

杨小姐 2012 年从某大学行政管理专业本科毕业后直升同专业研究生。一年之后,颇有前瞻意识的她便开始考虑自己的就业问题。"当初本科毕业时,对'职业规划'可以说毫无概念,由于准备继续深造,就业压力不大,我只是上学校就业指导中心的网站做过职业测评,初步了解一下自己的性格、适合从事的职业方向等。可等到真的面临就业问题,这些肯定是远远不够的,我需要更系统、更全面的思考和指导。"杨小姐说。

在职业规划方面,杨小姐采取了三个步骤:首先,她积极与自己的导师、同学交流,请他们分析自己有什么优缺点,适合从事什么样的工作。

其次,充分重视社会实践活动。从研二开始,杨小姐先后进入政府机关和企业实习。实习的好处显而易见——直接帮助杨小姐筛选出了大致的就业方向。"本来,与行政管理专业最对口的职业应该是公务员,可在人事局实习了3个月之后,我感到自己实在不适合政府工作。"接着,她进入一家美资公司实习半年,通过这段愉快的实习经历,她坚定了一个信念:去企业工作。

再次,寻求外力支持,即专业的职业指导。研三的时候,杨小姐参加了学校就业指导服务中心组织的一个职业生涯俱乐部,在这里,她第一次接触到了系统的职业规划理论和理念。"这里的讲师都是大企业的 HR,和市场联系更加紧密。刚开始是讲授如何面试、如何写简历等基础内容,慢慢地,就有市场、销售等多个领域的资深人士来授课,我们渐渐了解到企业的架构、各个领域的职能,自己也能对号入座,看自己更适合进入哪个领域了。"杨小姐告诉记者,参加俱乐部的都是还未毕业的在校生,大家有着相似的年龄、相近的想法,在一起能分享到很多宝贵的经验,既能帮助他人,也帮助了自己。

临近毕业的时候,适逢杨小姐现在就职的公司推出实习生计划。一直关注各大公司招募和实习机会的杨小姐立刻捕捉到了这个机会,把简历寄了过去。很快,杨小姐进入公司实习。本来对方是不打算留用实习生的,但杨小姐出色的表现打动了公司,3个月后,她成为了其中正式一员。至今,她在那里已经工作一年多了,"回想起来,一切都很顺利,除了运气,未雨绸缪、早做规划也很重要。"杨小姐笑着对自己求职之路做出了总结。

（资料来源：希赛网·职业规划学院，http://www.educity.cn/career/1109044.html）

职业规划不合理者：80后农学小硕毕业后失业一年的心声

我是去年硕士毕业的，已经整整一年一事无成了。

开始找工作的时候有些心高，就想着要去事业单位，或者去高校。曾经面试进入南航了，可最后审查，南航不要农科毕业的。后来又参加了2次扬州大学的招聘，都是行政岗位，不是教学岗位，也都进到面试了，然后被刷，别提多么沮丧了。

考公务员，基本上只能参加不限专业的，考了个嘉兴检检疫局，人家要植保的。哈哈，但毕业证书不会说谎。资格审查被拿下。后来再也考不过线了。

有次去面试一个企业，连云港的，我到了之后去看了看，感觉不错，就打电话询问何时面试，人家不招了，说暂时取消。

……

我就又回江西了，目前在家待着，在准备村官面试。

接下来只能走一步是一步了，我不知道干三年村官下来能有什么收获，时间太长了，我26岁了，怕熬不起。

说实话，政界这条路不好走，我看到天涯上好多公务员挣扎徘徊。而且，公务员虽然稳定，工作内容却比较枯燥，对于个人能力发展不是太有帮助。如果当三年村官，下来30岁了，跟社会脱节太严重了。村官能否往上再提拔，也很难说。

我家是江西最贫穷的地方，我在外面跑了一年没找到工作，感觉可对不起父母了。

我本科是植物保护学，现在觉得没有切入点，找不到对口的工作。

就算不对口，我也想找，但企业没心思培养人的，都想节省成本，何况我26了。

当初为什么报考这个专业呢？我家是农村的父母都只上

到 3 年级,都不知道专业的好坏。记得大学填志愿的时候,我填的金融学、建筑设计和最热的计算机。可把我调剂到植物保护学了。

考研的时候,本来想考金融学或者经济学,由于竞争压力太大,我也知道凭借自己的能力第一年很可能考不上,只是当成练习,所以报的本校的土壤学,但没想到竟然考上了。

考上之后我很后悔,我打过好多次电话告诉家里不想上学了,也向导师申请退学,但估计他怕丢面子,没同意过。后来怕惹他生气,再也没向他提过。

我属于意志不坚定的那类,自己设定的路往往因为外部条件走不下去。

我感觉自己变了好多,变的不喜欢见人了,以前经常跟不认识的人瞎扯。

我感觉自己有颗不安分的心。但现在没有办法,只能直面如何养活自己的问题。

我这段时间也不是没想过,还能否做农业?可是国家控价,没有大规模的机械化,农业只能保持温饱状态。做烟草种植,国家又垄断。也想过搞些农业生态的旅游农庄,但我这种啥都缺的人搞不起来。

我的理想和现实差距太大。其实我现在觉得自己跟"只要能给我口饭吃,我就能跟你走"的那类人差不多了。

我已经放下理想的包袱,不再挑剔任何岗位。但觉得村官三年遥遥无期,村官是某些人升官的跳板,可却可能是我的坟墓。

我能否再拼一把,能否在自己的专业一路走到底?

(资料来源:改编自网络咨询案例,http://bbs.21manager.com/dispbbs-224278-1.html)

上面两个案例的主人公都是硕士研究生毕业,但他们毕业之后求职的经历和职业发展的前景却有着巨大的差异。

第一个案例中,杨小姐将自己的职业生涯规划得非常清晰、非常简单。不了解自己怎么办？通过职业测评、自己的导师和同学获取信息，分析自己适合从事什么样的工作。不了解职场怎么办？那就积极参加社会实践活动。实际上也正是在社会实践中，她逐渐明确了自己今后求职的方向。不了解职业规划怎么办？她参加了职业规划俱乐部，不仅获得了系统的职业规划知识，也获得了接触企业人士的机会。更重要的是，在杨小姐的整个职业准备过程中，她始终抱着一种积极的态度，不断地利用各种资源解决自己的困惑和问题。等真的到了毕业的时候，找到一份理想的工作自然是水到渠成。

两相对比，很明显第二个案例中的"80后"农学小硕对于自己的职业发展问题一直比较消极。其实从本科被调剂到冷门专业开始，他就应该积极采取行动来应对自己的职业问题了，而不是等到本科毕业的实话因为没有做好职业规划，不得不选择考研来逃避就业。而考研的时候又抱着"练习"的心态随意地考上了农学专业，这无异于饮鸩止渴。三年硕士读完，他的职业问题非但没有得到解决，反而愈演愈烈。同时，从求职的过程可以看出，这位研究生同学对职场仍然是毫无了解，"脚踩西瓜皮，滑到哪里是哪里"的风格丝毫没有改变。

对于我们每个人的职业生涯来说，规划有着十分重要的作用，这种作用至少体现在三个方面：

首先，职业生涯规划具有目标引导的作用。我是要向哪个方向努力？比如有理论兴趣，想做一个教授学者，那么这就是我的目标，今后我的一切努力都是围绕这个目标：包括大学毕业之后就应该考研，考上研究生之后最好跟导师申请硕博连读，甚至博士毕业之后有条件的话还要继续去名校或者国外做博士后……职业规划让我们有的放矢，保证职业理想的实现。

其次，职业生涯规划具有优化作用。比如有的同学说，我希望自己以后成为一名职业经理人。这样的同学大学毕业的时候就不要随大流去考研了，而是应该选择一个跟自己的专业相关或者自己感兴趣的行业去求职。因为你设定的这个目标需要你尽快地积累行业经验。等你基本在这个行业内站住脚了，可以再去读一个顶级的MBA。职业生涯规划可以帮助我们选择出最快、最有效的方法帮我们实现职业理想。

最后，职业生涯规划还具有激发动力的作用，有了目标，未来和现在差距一目了然，我们很容易判断自己在哪些地方还需要多大程度的努力。

如今，我们处在一个市场经济、知识经济、信息化社会背景下，这种社会最大的特点就是"变化"。凡事预则立，不预则废。但是在现实生活中，很多人却往往以"计划不如变化快，规划即是鬼话"为理由而不愿意为自己进行职业生涯规划。其实，这是一个严重的误区。正是因为世界变化太快，才需要我们主动为自己的前途负起责任，提前谋划与应对。影响职业生涯发展的因素是很多的，有些是无法预料的，但更多是可以预料，也是可以控制的。积极面对无法预料的因素，主动促进可控因素朝着有利于自身方向转变，是一个积极进取的人应该具备的态度。况且，职业生涯规划并不是制定好了之后，就再也不能调整了。一个切实可行的职业生涯规划应该要随着外界环境的变化灵活地做出调整。

成功绝对不是偶然的，而是选择正确方向加上积极努力的结果。歌德有一句名言：人生最重要的事情就是确定一个伟大的目标，并决心实现它。这句话很好地阐述了我们大学生进行职业生涯规划的意义：通过了解自己、了解职场，为自己设立一个合适的职业目标，并通过大学四年的努力去实现它。

复习思考题

1. 什么是理想的职业准备模式？
2. 试用马斯洛需求层次理论解释人生需求满足与职业发展的关系。
3. 职业生涯规划的作用是什么？

模块一：客观认识自己——
发现自我，扬长避短

"我不知道自己适合做什么工作，只知道自己希望从事这份工作，因为这个单位条件好、有发展前途。"一位正在求职的研究生说。

"我选择这份工作，是因为父母都是做这一行的。"一位刚签订了就业协议的毕业生说。

"我干什么都行，什么都感兴趣。"一位即将毕业的女大学生说。

很多同学在求职时只是一厢情愿地希望从事某种工作，却没有仔细考虑自己是否适合这个工作，是否真正喜欢这份工作。缺乏冷静的考虑和选择，常常导致个人提供的资料引不起用人单位的兴趣，而有些人在工作了多年之后，才发展自己选择错了，职业发展走了弯路。选择适合自己的职业，"认识自我"是重要的第一步。

Topic 1：认识职业自我的意义

一、什么是成功的职业

职业在大多数情况下是一种无法逃避的选择,而职业生涯规划则是一种建立在现实、理性和梦想之上的管理艺术。掌握这门艺术的第一步,首先是正确地认识自己。

为什么会这样说?

在美国,有一个关于成功的寓言故事:

> 为了像人类一样聪明,森林里的动物们开办了一所学校。学生中有小鸡、小鸭、小兔、小山羊、小松鼠等,学校为它们开设了唱歌、跳舞、跑步、爬树和游泳5门课程。第一天上跑步课,小兔兴奋地在体育场跑了一个来回,并自豪地说:我能做好我天生就喜欢做的事!再看看其他小动物,有噘着嘴的,有沉着脸的。放学后,小兔回到家对妈妈说,这个学校真棒!我太喜欢了。第二天一大早,小兔蹦蹦跳跳来到学校,上课时老师宣布,今天上游泳课。只见小鸭兴奋地一下子跳进了水里,而天生恐水、不会游泳的小兔傻了眼,其他小动物也没了招。接下来,第三天唱歌课,第四天是爬树课……学校里的每一天课程,小动物们总有喜欢的和不喜欢的。

就是这么一个简单的小故事,却在美国的职业经理人中广为流传。因为在他们看来,这个故事寓意深远,它诠释了一个通俗的道理:

那就是"不能让猪去学爬树,不能让兔子去学游泳"。要成功,小兔子就应跑步,小鸭子就该游泳,小松鼠就得爬树。判断一个人是不是成功,最主要的是看他是否最大限度地发挥了自己的优势。

成功是什么?成功并不是提倡所有的乌龟都要跑得比兔子快。成功就是做最好的自己,最大限度发挥自己的优势。根据马斯洛的需要层次理论,人最高层次的需求是自我实现,是要充分发挥自己的潜能,实现自己的人生价值。我们判断一个人的职业是否取得了成功,正是要看这份职业是否充分发挥了他(她)的优势和潜能。

姚明出生于上海的一个篮球世家,父母都曾经是篮球运动员。父母身高的特征和酷爱篮球的基因,都毫无保留地传给了他。9岁那年,姚明在上海徐汇区少年体校开始接受业余训练。由于从小受到的家庭熏陶,他对篮球的悟性,逐渐显露出来。5年后,他进入上海青年队;17岁入选国家青年队;18岁穿上了中国国家篮球队队服。2002年6月,姚明以状元身份加盟美国休斯敦火箭队,是NBA历史上第一位外籍状元秀。姚明是中国最具影响力的人物之一,同时也是世界最知名的华人运动员之一。

假如姚明不去打篮球呢?让他去游泳或者跨栏,他还可能这么成功吗?

众所周知,姚明是一个在篮球方面非常有天赋的运动员,而他之所以取得今天的成就,跟从小受到家庭的熏陶和科学的训练密不可分。对于像姚明这样一个身高2.29米的大个子而言,速度、爆发力和灵活性并不是他的优势所在,让他去从事游泳或者跨栏这样的运动项目,显然并不符合他的天赋特征。

所以,要想取得职业成功,光有天赋还不够,还必须把自己的天赋放到最恰当的地方。1909年,美国波士顿大学的帕森斯(Parsons)教授在《职业选择》一书中提出了职业选择的三大要素:

(1)自己了解:能力、能力倾向、兴趣、价值观、个性特征、资源限制以及其他特质等;

(2)获得有关职业的知识:所需的特质和因素,在不同工作岗位上

的优势和劣势,酬劳、机会和前途;

（3）上述两类要素的整合:整合有关自我与职业世界的知识。①

简单来说,帕森斯认为,个人特征要符合职业要求。这也是职业生涯规划最核心的理论基础。

我们每个人都有着不同的特点:有的人安静沉稳,有的人活跃热情;有的人喜欢跟人打交道,喜欢交朋友;有的人喜欢跟机器打交道,喜欢户外运动……这都是因为我们有着不同的兴趣爱好,不同的气质性格,不同的特长和能力。当我们从事的职业和我们的特征吻合时,就可能发挥出能力,容易做出成就;反过来,如果我们从事的职业和我们的特征不符合,就可能导致原有才能的浪费,或者必须付出更大的努力才能成功。

所以,职业生涯规划最重要的准备就是充分了解潜在的真实的自我,首先要从自己的兴趣、性格、价值观到天赋、能力进行全面分析,找到最有可能获得成功的领域。世界上没有庸才,有的只是放错了地方的人才!

二、什么是"我"

斯芬克斯之谜

在希腊神话故事里,众神对人类的一个忠告:"人啊,认识你自己"。一个名叫斯芬克斯的怪物将这句话设计成一个谜语,去盘问每一个从它这里路过的人:"什么东西早晨用四只脚走路,中午用两只脚走路,傍晚用三只脚走路?"如果路过的人回答不出来,就会被吃掉。它吃掉了很多人,直到英雄少年俄狄浦斯给出谜底。

俄狄浦斯回答:"是人。"他解释道:"在生命的早晨,他是个孩子,用两条腿和两只手爬行;到了生命的中午,他变成壮年,只用两条腿走路;到了生命的傍晚,他年老体衰,必须借助

---

① 龙立荣、李晔:《职业生涯管理》,中国纺织出版社2003年版。

拐杖走路,所以被称为三只脚。"俄狄浦斯猜中了怪物的谜语,斯芬克斯只好按照约定跳崖而死。

如今,"人啊,认识你自己"镌刻在太阳神圣殿上,为希腊人所推崇。我们往往认为,自己是最了解自己的,其实我们每个人能够看到的"我"只是自我中很少的一部分,认识自我并不是一件容易的事情。

按照心理学家的观点,我们每个人都不是非常了解自己。

美国心理学家约瑟夫和哈里在20世纪50年代根据"自己知道—自己不知道"和"别人知道—别人不知道"这两个维度,将自我分成了四个部分:公开我、隐私我、背脊我和潜在我。他们认为,每个人都像一栋拥有四个房间的屋子,如图1-1所示。

图1-1 自我的组成

(1)房间1:公开我。自己知道、别人也知道的,属于个人展现在外,无所隐藏的部分。例如,我们的名字、爱好、家庭情况等。

(2)房间2:隐私我。自己知道、别人却不知道的秘密,属于个人内在、私有、不愿被外人发现的部分。例如:我们的希望、心愿、好恶等。即便是一个非常真诚的人也需要隐私我,完全没有隐私我的人在心智成熟的个体中是不存在的。

(3)房间3:潜在我。自己和别人都不知道,属于我们的无意识或潜意识,就像地下的矿藏资源不被人知晓,但是却蕴藏着无限潜能有待开发。

(4)房间4:背脊我。自己不知道、别人却知道的盲点,就像我们的后背一样,自己看不见,别人却可以看得清清楚楚。例如:我们的某些处世方式,别人对我们的感受等。

在上述自我的组成部分中,"公开我"和"隐私我"也许我们自己可以掌握较多的信息,而"背脊我"和"潜在我"则属于自我中的盲点,我们很难获得准备的信息。所以,每个人对自我的认识都不可能是完整全面的,为了更好地认识自我,我们必须借助于其他方法。

三、如何认识自我

认识自我,就是要客观地评价自己,既不高估自己,也不贬低自己。

认识自我,就是要认识自己的优势、劣势、自己的与众不同和发展潜力。

认识自我,就是要认识自己的生理特点,认识自己的理想、价值观、兴趣爱好、能力、性格等心理特点。

自我的生理特点,如身高、体重,能够比较容易地测量出来,那么,怎样能够客观地认识自我的心理特点?了解自我,可以通过以下几种方式进行:

(一)自我分析法

首先,对自己的人生态度、兴趣和成功的理想有充分的认识。对于诸如"我的人生需求到底是什么?""什么对我是最重要的,是挣钱的多少,还是地位的高低,抑或是理想的实现?"等问题进行深入思考,充分认识到自己的人生态度。有时候,兴趣可以弥补能力和知识的欠缺,所以把兴趣和职业方向联系起来至关重要,不要因为经济实惠的利益驱动而抹杀自己的兴趣。对成功的理解,是确定职业的重要砝码。"高薪水、高品位、高自由度、高个性化的工作",这是传统的成功思想,而自我对社会的贡献和社会对自我的满足和承认,才是成功的本质。

其次,要正确地对自己的教育背景、知识、能力、个性、特长等方面进行分析,确定自己最适合的职业。知识影响职业素质,人际关系影响发展前景,特长则是成功的潜质。尽管你对某一职业领域感兴趣,也拥有相应的知识,但如果你的个性和能力表明你不适合从事这项职业,也不宜强求。

再次,要考虑社会的需求。择业时考虑个人因素是合理的,但前提是这种选择是否符合社会的需要。人是现实性、社会性的个体,个人期望与社会需求有效结合,才是最合理的选择。具体而言,把国家经济发展、政治形势、就业政策导向、行业发展前景等与个人主观愿望统一起来,才会使自己成为社会需要的人才。自主择业不等于自由择业,不等于想去哪儿就去哪儿、想干什么就干什么,必须考虑到社会综合因素的限制。

（二）总结经验法

回顾过去的经历,对自己的想法、期望、品德、行为进行理性思考,然后认真地描述和判断自己的特点。在这个过程中,需要个人搜集信息,耐心地分析。比如,问问自己:过去我做过什么自己确实喜爱的工作？喜欢这些工作的哪些方面？现在我仍然喜欢它们什么？我喜欢处理人际关系还是喜欢处理具体问题或处理信息情报的技术？什么能激发我的活力？什么令我感觉倦怠乏味？……另外,要对过去的成功经验和教训进行回顾,分析自己过去有哪些成功,哪些不成功,原因是什么。除了客观因素外,自己在哪些方面需要改进。需要注意的是,要尽量以客观评价为依据,避免因为个人认识或个人动机而出现较大偏差。比如,有的学生成绩一般却自我欣赏,有的学生成绩很好却自感不如他人,自信心不足。

（三）他人评价法

"以铜为镜可以正衣冠,以史为镜可以知兴替,以人为镜可以明得失。"他人就像一面镜子,透过他人对自己的评价可以清楚地了解自我中不为自己所知的一面。首先,依据他人对自己的态度评价自己。我们对于自己的评价往往是以其他人的评价为参照,人们在相互交往中,不断深化对自己的认识。比如,可以了解家长、老师、同学、朋友对自己的评价和态度是怎样的。其次,通过与自己条件相似的人比较来评价自己。如可以和自己的大学同学比较概括出自己的特点。再次,我们还可以到就业指导中心、专业咨询机构进行咨询,这是一种有效而快捷的方式。专家会用他们的学识、经验以及科学的咨询技术给我们提供帮助。在咨询辅导过程中,我们可以获得大量的知识和信息资料,获得对自我以及职业生涯规划的重新认识。更重要的是,在专家的帮助下,可以提高自己的决策能力。

（四）职业测评法

职业测评是心理测验在职业辅导中的具体运用。心理测验是一种力求客观的测量工具，它的特点是能够在较短时间内测出一个人的某方面特点，并且这一特点是在与群体的比较中得到的。通过职业测评，我们能够在短期内获得对自己较为客观的描述和评价。分析自我的特点，再结合职业的要求，我们就可以进行职业选择。但是在具体操作中，要准确理解测评结果和测评报告。通过测验所得的结果，是一种参照性的结果，只是帮助我们做自我分析的方法之一，最好在专业的心理或职业辅导老师的指导下使用职业测评。

补充阅读

心理测验小知识

先来看一个小测验：

当你拿钥匙打开家门的时候，家里出现了4种情景：

A. 水龙头忘记关了，水哗啦啦的流着；

B. 房间里传来孩子的哭声；

C. 客厅的电话铃响了；

D. 外面下雨了，衣服在阳台晾着。

你会先处理哪种情景，请按照先后顺序排列。

答案：选A代表财富；选B代表家庭；选C代表朋友；选D代表权势。

你给出的顺序就代表这四样东西在你心目中的位置。

可是，这就是心理测验吗？

左边的图片是一种大家非常熟悉的工具——血压计。

血压计的功能：测量人的血压，从一个侧面反映人的身体健康。

血压计的特点：

(1) 输出定量的值；

(2) 通过对比一个医学参数范围，给出定性的结论；

(3) 所测量的数值相对稳定，依此推断出的医学结论相对可靠可信。

从某种意义上来说，心理测验就好比一个血压计：

血压计的指数（测到的血压值）是客观的；心理测验测到的结果也是客观的。

将自己的血压与正常的血压范围进行比较，然后会得出一个关于自己血压的结论（偏高或偏低）。心理测验也是把自己的得分结果与常模标准进行比较，判断自己的心理状态与心理特征。而所谓常模，就像正常的血压范围一样，指的是某一心理特质的平常人的分数分布范围。

心理测验是心理测量的工具，在人力资源管理、心理咨询、职业辅导等活动中能帮助当事人了解自己的能力、情绪、行为模式和人格特点等。

真正的心理测验其实在我们身边并不多见。一个好的心理测验，首先要有完善的理论基础。比如后面我们讲到性格，会提到 MBTI 职业性格测验；讲到兴趣，会提到霍兰德职业兴趣测验……这里的"霍兰德"和"MBTI"指的就是相应的理论或理论提出者。然后要遵循严密的编制程序，最后还有一系列严格的检验方法。

衡量一个心理测验的质量，通常会采用信度、效度、难度、区分度这几个指标，感兴趣的同学可以找一些有关心理测验的书籍来阅读。

而像上面那个小测验，其实并不是一个严格意义上的心理测验，用它来作为自我判断的依据是会出问题的。

复习思考题

1. 职业选择的三大要素是什么？
2. 简述什么是公开我、隐私我、潜在我、背脊我。
3. 认识自我的方法有哪些？

Topic 2：认识职业自我的过程

如果将我们每个人的职业生涯比作一部精密的机器,那么对于这部机器而言,兴趣是发动机,性格是稳压器,气质是电子元件,价值观是导航仪,而能力则是燃料。只有这五个部分密切配合,这部机器才可能高速运转。哪怕是其中一个部件不配合,整部机器的运作都会受到影响。

一、探寻兴趣,适应职业

(一)什么是兴趣

兴趣是个体力求认识、掌握某种事物,并经常参与该种活动的心理倾向;或者说,兴趣是一个人积极探究某种事物的心理倾向。我们每个人都有自己的兴趣,比如有的人喜欢读书、写作,有的人喜欢运动、摄影。兴趣是我们每个人的认知需要的心理表现,它使我们对某些事物优先给予注意,并带有积极的情绪色彩。

兴趣对于职业生涯的重要性可能是超乎我们想象的。李开复在2005年出版的《做最好的自己》一书中写道:

> 找到自己真正的兴趣、爱好,并不是一件很容易的事,有时还要经过很多反复和波折,不过一旦发现了兴趣所在,每个人都可以在激情的推动下走向成功。
>
> 拿我自己来说,我读高一的时候一心想做个数学家,刚进

入大学时又打算当一名出色的政治家,可直到大二时我才逐渐发现,自己无法全身心地喜爱数学和政治,学习成绩也只在中游徘徊。与此同时,我接触并喜欢上了计算机,每天疯狂地编程,很快引起了老师和同学的注意。

终于,在大二的一天,我做了一个重大的决定:放弃此前一年多在全美前三名的哥伦比亚大学法律系已经修成的学分,转入哥伦比亚大学默默无闻的计算机系。我告诉自己,人生只有一次,不应浪费在没有乐趣、没有成就感的领域。当时也有朋友对我说,做一个没有激情的工作将会付出更大的代价。

那一天,我心花怒放、精神振奋,我对自己承诺,大学后三年的每一门功课都要拿 A。如果不是那天的决定,今天的我就不会在计算机领域取得这样的成就;如果不是那天的决定,今天的我可能只是美国某个小镇上一名既不成功又不快乐的律师。

(资料来源:李开复:《做最好的自己》,人民出版社 2005 年版)

很多人在选择职业的时候往往容易忽视这样一个事实:工作或职业活动本身也是生活的一部分,对职业兴趣的高低也决定了生活质量的高低。它的意义可绝不仅限于供我们吃穿,实际上它是实现理想的途径,是生活得快乐幸福的途径。而且,它还将在遇到困难时,发挥意想不到的作用,带领我们坚定地走向成功,而不是半途而废。也许刚开始的时候,决定我们职业选择的会是薪水的高低,可是慢慢地就会发现,当我们做自己不喜欢的工作的时候很容易感到疲惫、厌倦,甚至会觉得自己只是一个简单的赚钱机器,即使拿着高薪也不快乐。

兴趣往往是创新的前奏。一个人对某项职业有兴趣,才会热爱这项职业,才会激发起他对该项工作强烈的求知欲、探索欲,才会有所发明,有所创造,有所前进。这既是一种自我开发和展露,又是对工作的促进和推动,就此意义而言,兴趣其实也是一种动力源泉,对人的发展有一种神奇的力量。人们对某种职业感兴趣,就会对该种职业活动表现出肯定的态度,在工作中调动整个心理活动的积极性,开拓进取,努力工作,有助于事业的成功。反之,强迫做自己不愿意做的工作,对精力、才能都是一种浪费。一个擅长技能操作的人,靠他灵巧的双手,在技能领域得心应手,但如果硬把他的兴趣移到思辨型的理论研究或与人交往的营销和公关上来,他会感到无用武之地。

心理学的研究也表明,如果一个人对某一工作有兴趣,能发挥他全部才能的80%—90%,并且能长时间地保持高效率而不感到疲劳;相反,对某工作不感兴趣,在这方面只能发挥全部才能的20%—30%,也容易感到疲劳、厌倦。①

(二)兴趣的类型

美国著名的职业生涯指导专家霍兰德(Holland)认为,所有人按照职业兴趣可以分为六种类型,而所有的职业也可以划分为相应的六种类型。当兴趣和职业匹配的时候,我们的满意度和成就感都会比较高,比较容易发挥出自己的优势;反过来,如果兴趣和职业不匹配,工作会变得索然无味,轻则无精打采、垂头丧气,重则导致职业生涯的彻底失败。

现实型(Realistic),简称R型:

R型的共同特点:有运动和机械操作的能力,愿意使用工具从事操作性工作,动手能力强,做事手脚灵活,动作协调。偏好于具体任务,不善言辞,做事保守,较为谦虚。缺乏社交能力,通常喜欢独立做事,喜欢机械、工具、植物或动物,偏好户外活动。

R型的典型职业:R型的人喜欢使用工具、机器,需要基本操作技能的工作。对于要求具备机械方面才能、体力,或从事与物件、机器、工具、运动器材、植物、动物相关的职业有兴趣,并具备相应能力。如:技术性职业(飞行员、测量师、计算机硬件人员、摄影师、制图员、机械装配工),技能性职业(木匠、厨师、技工、修理工、农场主、一般劳动、机械自动化)。

---

① 陈传德:《大学生职业发展与就业指导》,人民出版社2008年版。

研究型(Investigative),简称 I 型:

I 型的共同特点:喜欢观察、学习、研究、分析、评估和解决问题。I 型的人是思想家而非实干家,通常抽象思维能力强,求知欲强,肯动脑,善思考,不愿动手。喜欢独立的和富有创造性的工作。知识渊博,有学识才能,不善于领导他人。考虑问题理性,做事喜欢精确,喜欢逻辑分析和推理,不断探讨未知的领域。

I 型的典型职业:I 型的人喜欢智力的、抽象的、分析的、独立的定向任务,要求具备智力或分析才能,并将其用于观察、估测、衡量、形成理论、最终解决问题的工作,并具备相应的能力。如:科学研究人员、教师、工程师、实验室助理、电脑编程人员、医生、医学技术人员、系统分析员等。

艺术型(Artistic),简称 A 型:

A 型的共同特点:有艺术、直觉、创造的能力,喜欢运用想象力和创造力,在自由的环境中工作,乐于创造新颖、与众不同的成果,渴望表现自己的个性,实现自身的价值。做事理想化,追求完美,不重实际。有个性、善于表达、怀旧、心态较为复杂。

A 型的典型职业:A 型的人喜欢的工作要求具备艺术修养、创造力、表达能力和直觉,并将其用于语言、行为、声音、颜色和形式的审美、思索和感受,具备相应的能力。不善于事务性工作。如:艺术方面职业(演员、导演、室内设计师、雕刻家、建筑师、摄影家、广告制作人、舞台指导),音乐方面职业(歌唱家、作曲家、乐队指挥、音乐家),文学方面职业(小说家、诗人、剧作家),时尚方面职业(时尚导购员、色彩顾问、造型师)等。

社会型(Social),简称 S 型:

S 型的共同特征:喜欢与人交往,喜欢不断结交新的朋友,善言谈,擅长和人相处,喜欢教导、帮助、启发或训练别人。关心社会问题、渴望发挥自己的社会作用。寻求广泛的人际关系,比较看重社会义务和社会道德。

S 型的典型职业:S 型的人喜欢需要与人打交道的工作,能够不断结交新的朋友,也愿意从事提供信息、启迪、帮助、培训、开发或治疗等事务,并具备相应能。如:教育工作(教师、教育行政人员、培训师),社会工作（咨询顾问、公关人员、临床心理学家），其他服务工作（护士、宗教工作者）。

企业型（Enterprising），简称 E 型：

E 型的共同特征：喜欢和人群互动，比较自信，有说服力、领导力，重视政治和经济上的成就。追求权力、权威和物质财富，具有领导才能。喜欢竞争、敢冒风险、有野心和抱负。为人务实，习惯以利益得失（权利、地位、金钱等）来衡量做事的价值，做事有较强的目的性。

E 型的典型职业：E 型的人喜欢要求具备经营、管理、劝服、监督和领导才能，以实现机构、政治、社会及经济目标的工作，并具备相应的能力。如：项目经理、销售人员、管理人员、商人、电视节目制作人、旅游产品推广、政府官员、企业领导、法官、律师等。

传统型（Conventional），简称 C 型：

C 型的共同特征：尊重权威和规章制度，有写作或数理分析的能力，能够听从指示，完成琐细的工作。喜欢按计划办事，细心、有条理，习惯接受他人的指挥和领导，自己不谋求领导职务。喜欢关注实际和细节情况，通常较为谨慎和保守，缺乏创造性，不喜欢冒险和竞争，富有自我牺牲精神。

C 型的典型职业：C 型的人喜欢从事资料工作，喜欢要求注意细节、精确度、有系统有条理的事物，擅长记录、归档，或根据特定要求或程序组织数据和文字信息，并具备相应能力。如：秘书、办公室人员、记事员、会计、行政助理、图书馆管理员、出纳员、打字员、投资分析员、税务人员等。

任何一种职业大体都可以归属于上述六种类型中的一种或几种类型的组合。而人们一般都倾向于寻找与其兴趣类型相一致的职业，承担令其愉快的工作和角色。霍兰德划分的这六种类型并不是并列的，他提出了一个六边形模型，来说明这些职业兴趣类型之间的关系。六种类型按照特定顺序组成了一个六边形，每两种类型之间距离的长短反映了他们关系的密切程度。

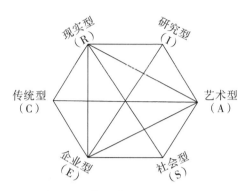

图 2-1 霍兰德职业兴趣六边形

从图 2-1 可以看出,每一种兴趣类型与其他类型之间存在不同程度的关系,大体可描述为三类:

第一种是相邻关系,如现实型与研究型、研究型与艺术型、艺术型与社会型、社会型与企业型、企业型与传统型、传统型与现实型。属于相邻关系的两种类型之间共同点较多。比如同现实型处于相邻位置的是传统型和研究型。这三种类型的人都不太偏好人际交往,工作对象都是事物,这三种职业环境中也都较少机会与人接触,都是一些需要埋头苦干的独立的工作。

第二种是相隔关系,如现实型与艺术型、现实型与企业型、研究型与传统型、研究型与社会型、艺术型与企业型、社会型与传统型。属于相隔关系的两种类型之间共同点就没那么明显了。

第三种是相对关系,在六边形上处于对角位置的类型之间即为相对关系,如现实型与社会型、研究型与企业型、艺术型与传统型。处于相对位置的性格类型共同点就非常有限了。比如现实型与社会型在职业六边形上处于相对的位置,现实型的人愿意使用工具从事操作性工作,不善言辞,缺乏社交能力,而社会型的人喜欢与人交往、善言谈、不断结交新的朋友、愿意教导别人……这两种人基本上是南辕北辙。

(三)兴趣与职业决策

人在职业领域中的许多行为特征都取决于其兴趣类型,我们可以根据兴趣的有关理论和知识对人的行为进行预测,从而进行职业选择、工作转换以及职业规划和培训。

最理想的职业选择：人职协调

依据六边形模型，最为理想的职业选择就是尽可能找到跟自己兴趣类型重合的项目或行业，实现人职协调。比如，现实型的人可以选择餐饮、加工制造；艺术型的人可以开办公关公司、演艺公司、花店、婚庆公司。这时，我们会对自己从事的职业活动表现出肯定的态度，有求知欲、有探索欲，能吸引自己的注意力，会使我们乐在其中，全力以赴。一个感兴趣的行业或一份感兴趣的工作会使我们对自己、对事业都充满信心，不论遇到怎样的困难和挫折，都会义无反顾地追求自己情有独钟的事业。

可接受的职业选择：人职次协调

当然了，就大学生求职的现实而言，过于执着地追求人职协调会在无形中增加我们求职的难度，缩小我们的选择范围。其实我们还有一种可接受的职业选择，就是寻找与兴趣接近的职业。比如社会型的人可以做企业型的工作，由于两种类型在六边形上处于相邻位置，他们的关系密切、共同点很多。我们经过努力和调整也可能适应职业环境，实现人职次协调。

最糟糕的职业选择：人职不协调

最糟糕的职业选择是什么？就是选择了跟自己的兴趣根本对立的职业，让艺术型的人待在办公室里做行政工作，让研究型的人去做销售经理……在这种情况下，人很难适应所处的环境和所做的事情，也不太能感到工作的乐趣，甚至无法胜任工作。这就是人职不协调的结果。

进入陌生的职场，开创自己的事业，其实是一件比较辛苦的和困难的事情。而兴趣、理想与热情正是支持我们坚持到底的动力，甚至决定着事业未来的发展。因此，选择职业一定要以兴趣为先导。我们大多数人实际上都同时具有多种兴趣。如果我们具有的几种兴趣在职业六边形上紧挨在一起，比较接近（比如同时具有社会型和企业型），那么根据兴趣来选择职业将会比较容易。但是也有一些人，会觉得自己的兴趣非常广泛，在根据兴趣进行职业选择时将会面临较多的犹豫不决的情况。这往往是由于几种职业兴趣在职业六边形上的位置隔得比较远，甚至是相互对立的，在选择职业时所面临的内在冲突就会比较多。此时,兴趣在职业选择时发挥的作用就会不太明显,而更多地需要依靠我们后面讲到的性格、价值观等做出决策。

霍兰德职业兴趣测验

霍兰德在自己提出的理论基础之上,开发了在职业测评领域可以说最著名的测评工具——霍兰德职业兴趣测验。通过这个测验,可以得到我们在每种兴趣类型上的得分,分数最高的三种类型就是我们的职业兴趣代码。比如在艺术型上得分最高、第二是社会型、第三是研究型,那么职业兴趣代码就是 ASI。通过对照职业代码表,可以看到 ASI 适合哪些职业。这个测验特别适用于学生和工作经验较少的人。

第一部分:您心目中的理想职业(专业)

对于未来的职业(或升学进修的专业),您也许早有考虑,它可能很抽象、很朦胧,也可能很具体、很清晰。不论是哪种情况,现在都请您把自己最想干的三种工作或最想读的三种专业,按顺序写下来。

1. _____
2. _____
3. _____

第二部分:您所感兴趣的活动

下面列举了若干种活动,请就这些活动判断您的好恶。喜欢请在"是"栏里打√,不喜欢的在"否"栏里打√,请回答全部问题,不必考虑是否擅长或是否干过。

R:现实型活动　　　　　　　　　　　是　　　　　否
1. 装配修理电器或玩具　　　　　　 _____　　 _____
2. 修理自行车　　　　　　　　　　 _____　　 _____
3. 用木头做东西　　　　　　　　　 _____　　 _____
4. 开汽车或摩托车　　　　　　　　 _____　　 _____
5. 用机器做东西　　　　　　　　　 _____　　 _____

6. 参加木工技术学习班
7. 参加制图描图学习班
8. 驾驶卡车或拖拉机
9. 参加机械和电器学习班
10. 装配和修理机器
统计"是"一栏得分：_____

A：艺术型活动　　　　　　　　　是　　　　否
1. 素描/制图或绘画
2. 参加话剧/戏剧
3. 设计家具/布置室内
4. 练习乐器/参加乐队
5. 欣赏音乐或戏剧
6. 看小说/读剧本
7. 从事摄影创作
8. 写诗或吟诗
9. 进艺术（美术/音乐）培训班
10. 练习书法
统计"是"一栏得分：_____

I：研究型活动　　　　　　　　　是　　　　否
1. 读科技图书或杂志
2. 在实验室工作
3. 改良水果品种，培育新的水果
4. 调查了解土和金属等物质的成分
5. 研究自己选择的特殊问题
6. 解算术或玩数学游戏
7. 物理课
8. 化学课
9. 几何课
10. 生物课
统计"是"一栏得分：_____

S：社会型活动　　　　　　　　　　是　　　　　否

1. 学校或单位组织的正式活动　　　____　　　____
2. 参加某个社会团体或俱乐部活动　____　　　____
3. 帮助别人解决困难　　　　　　　____　　　____
4. 照顾儿童　　　　　　　　　　　____　　　____
5. 出席晚会、联欢会、茶话会　　　____　　　____
6. 和大家一起出去郊游　　　　　　____　　　____
7. 想获得关于心理方面的知识　　　____　　　____
8. 参加讲座或辩论会　　　　　　　____　　　____
9. 观看或参加体育比赛和运动会　　____　　　____
10. 结交新朋友　　　　　　　　　 ____　　　____

统计"是"一栏得分：_____

E：企业型活动　　　　　　　　　　是　　　　　否

1. 说服鼓动他人　　　　　　　　　____　　　____
2. 卖东西　　　　　　　　　　　　____　　　____
3. 谈论政治　　　　　　　　　　　____　　　____
4. 制订计划、参加会议　　　　　　____　　　____
5. 以自己的意志影响别人的行为　　____　　　____
6. 在社会团体中担任职务　　　　　____　　　____
7. 检查与评价别人的工作　　　　　____　　　____
8. 结交名流　　　　　　　　　　　____　　　____
9. 指导有某种目标的团体　　　　　____　　　____
10. 参与政治活动　　　　　　　　 ____　　　____

统计"是"一栏得分：_____

C：传统型活动　　　　　　　　　　是　　　　　否

1. 整理好桌面或房间　　　　　　　____　　　____
2. 抄写文件或信件　　　　　　　　____　　　____
3. 为领导写报告或公务信函　　　　____　　　____
4. 检查个人收支情况　　　　　　　____　　　____
5. 打字培训班　　　　　　　　　　____　　　____

6. 参加算盘、文秘等实务培训
7. 参加商业会计培训班
8. 参加情报处理培训班
9. 整理信件、报告、记录等
10. 写商业贸易信
统计"是"一栏得分：_____

第三部分：您所擅长获胜的活动

下面列举了若干种活动，其中您能做或大概能做的事，请在"是"栏里打√；反之，在"否"栏里打√。请回答全部问题，不必考虑是否喜欢。

R：现实型能力　　　　　　　　　　是　　　　　否
1. 能使用电器，电钻或锉刀等木工工具
2. 知道万用表的使用方法
3. 能够修理自行车或其他机械
4. 能够使用电钻床、磨床或缝纫机
5. 能给家具或木制品刷漆
6. 能看建筑设计图
7. 能够修理简单的电器用品
8. 能修理家具
9. 能修理收音机
10. 能简单地修理水管
统计"是"一栏得分：_____

A：艺术型能力　　　　　　　　　　是　　　　　否
1. 能演奏乐器
2. 能参加二部或四部合唱
3. 独唱或独奏
4. 扮演剧中角色
5. 能创作简单的乐曲
6. 跳舞
7. 能绘画、素描或书画

8. 能雕刻、剪纸或泥塑
9. 能设计板报、服装或家具
10. 写得一手好文章

统计"是"一栏得分：_____

I：研究型能力	是	否
1. 懂得真空管或晶体管的作用		
2. 能够列举三种蛋白质含量丰富的食品		
3. 理解铀的裂变		
4. 能用计算尺、计算器、对数表		
5. 会使用显微镜		
6. 能找到三个星座		
7. 能独立进行调查研究		
8. 能解释简单的化学反应		
9. 理解人造卫星为什么不落地		
10. 经常参加学术会议		

统计"是"一栏得分：_____

S：社会型能力	是	否
1. 有向各种人进行说明解释的能力		
2. 常参加社会福利活动		
3. 能和大家一起友好相处并工作		
4. 善于与年长者相处		
5. 会邀请人，招待人		
6. 能简单易懂地教育儿童		
7. 能安排会议等活动顺序		
8. 善于体察人心和帮助他人		
9. 帮助护理病人和伤员		
10. 安排社团组织的各种事务		

统计"是"一栏得分：_____

E：企业型能力	是	否
1. 担任过学生干部并且干得不错		

2. 工作上能指导和监督他人
3. 做事充满活力和热情
4. 有效利用自身的做法调动他人
5. 销售能力强
6. 曾作为俱乐部或社团的负责人
7. 向领导提出建议或反映意见
8. 有开创事业的能力
9. 知道怎样做能成为一个优秀的领导者
10. 健谈善辩

统计"是"一栏得分：_____

C：传统型能力	是	否

1. 会熟练地打印中文
2. 会用外文打字机或复印机
3. 能快速记笔记或抄写文章
4. 善于整理保管文件和资料
5. 善于从事事务性工作
6. 会用算盘
7. 能在短时间内分类和处理大量文件
8. 能使用计算机
9. 能搜集数据
10. 善于为自己或集体做财务预算表

统计"是"一栏得分：_____

第四部分：您所喜欢的职业

下面列举了多种职业，请逐一认真地看，如果是您有兴趣的工作，请在"是"栏里打√；如果是您不太喜欢、不关心的工作，请在"否"栏里打√。请回答全部问题。

R：现实型职业	是	否

1. 飞机机械师
2. 野生动物专家
3. 汽车维修工

4. 木匠 　　　　　　　　　　　　　　　　　　———— 　　————

5. 测量工程师 　　　　　　　　　　　　　　　———— 　　————

6. 无线电报务员 　　　　　　　　　　　　　　———— 　　————

7. 园艺师 　　　　　　　　　　　　　　　　　———— 　　————

8. 长途公共汽车司机 　　　　　　　　　　　　———— 　　————

9. 火车司机 　　　　　　　　　　　　　　　　———— 　　————

10. 电工 　　　　　　　　　　　　　　　　　 ———— 　　————

统计"是"一栏得分：————

S：社会型职业　　　　　　　　　　　　　　是　　　　否

1. 街道、工会或妇联干部 　　　　　　　　　———— 　　————

2. 小学、中学教师 　　　　　　　　　　　　———— 　　————

3. 精神病医生 　　　　　　　　　　　　　　———— 　　————

4. 婚姻介绍所工作人员 　　　　　　　　　　———— 　　————

5. 体育教练 　　　　　　　　　　　　　　　———— 　　————

6. 福利机构负责人 　　　　　　　　　　　　———— 　　————

7. 心理咨询员 　　　　　　　　　　　　　　———— 　　————

8. 共青团干部 　　　　　　　　　　　　　　———— 　　————

9. 导游 　　　　　　　　　　　　　　　　　———— 　　————

10. 国家机关工作人员 　　　　　　　　　　 ———— 　　————

统计"是"一栏得分：————

I：研究型职业　　　　　　　　　　　　　　是　　　　否

1. 气象学或天文学者 　　　　　　　　　　　———— 　　————

2. 生物学者 　　　　　　　　　　　　　　　———— 　　————

3. 医学实验室的技术人员 　　　　　　　　　———— 　　————

4. 人类学者 　　　　　　　　　　　　　　　———— 　　————

5. 动物学者 　　　　　　　　　　　　　　　———— 　　————

6. 化学学者 　　　　　　　　　　　　　　　———— 　　————

7. 数学学者 　　　　　　　　　　　　　　　———— 　　————

8. 科学杂志的编辑或作家 　　　　　　　　　———— 　　————

9. 地质学者 　　　　　　　　　　　　　　　———— 　　————

10. 物理学者 _____   _____
统计"是"一栏得分：_____

E：企业型职业　　　　　　　　　　是　　　　　否
1. 厂长 _____   _____
2. 电视片制片人 _____   _____
3. 公司经理 _____   _____
4. 销售员 _____   _____
5. 不动产推销员 _____   _____
6. 广告部长 _____   _____
7. 体育活动主办者 _____   _____
8. 销售部长 _____   _____
9. 个体工商业者 _____   _____
10. 企业管理咨询人员 _____   _____
统计"是"一栏得分：_____

A：艺术型职业　　　　　　　　　　是　　　　　否
1. 乐队指挥 _____   _____
2. 演奏家 _____   _____
3. 作家 _____   _____
4. 摄影家 _____   _____
5. 记者 _____   _____
6. 画家、书法家 _____   _____
7. 歌唱家 _____   _____
8. 作曲家 _____   _____
9. 电影电视演员 _____   _____
10. 电视节目主持人 _____   _____
统计"是"一栏得分：_____

C：传统型职业　　　　　　　　　　是　　　　　否
1. 会计师 _____   _____
2. 银行出纳员 _____   _____
3. 税收管理员 _____   _____

4. 计算机操作员　　　　　　_____　　_____
5. 会计人员　　　　　　　　_____　　_____
6. 成本核算员　　　　　　　_____　　_____
7. 文书档案管理员　　　　　_____　　_____
8. 打字员　　　　　　　　　_____　　_____
9. 法庭书记员　　　　　　　_____　　_____
10. 人口普查登记员　　　　 _____　　_____

统计"是"一栏得分：_____

第五部分：您的能力类型简评

下面两张表是您在6个职业能力方面的自我评定表。您可以先与同龄者比较自己在每一方面的能力，然后经斟酌后对自己的能力做评估。请在表中适当的数字上画圈。数字越大，表示您的能力越强。

注意：请勿全部画同样的数字，因为人的每项能力不可能完全一样。

表 A

R 型	机械操作能力	7	6	5	4	3	2	1
I 型	科学研究能力	7	6	5	4	3	2	1
A 型	艺术创作能力	7	6	5	4	3	2	1
S 型	解释表达能力	7	6	5	4	3	2	1
E 型	商业洽谈能力	7	6	5	4	3	2	1
C 型	事务执行能力	7	6	5	4	3	2	1

表 B

R 型	体育技能	7	6	5	4	3	2	1
I 型	数学技能	7	6	5	4	3	2	1
A 型	音乐技能	7	6	5	4	3	2	1
S 型	交际技能	7	6	5	4	3	2	1
E 型	领导技能	7	6	5	4	3	2	1
C 型	办公技能	7	6	5	4	3	2	1

第六部分：统计和确定您的职业倾向

请将第二部分至第五部分的全部测验分数按前面已统计好的 6 种职业倾向（R 型、I 型、A 型、S 型、E 型、C 型）得分填入下表，并做纵向累加。

	R 型	I 型	A 型	S 型	E 型	C 型
第一部分						
第二部分						
第三部分						
第四部分						
第五部分 A						
第五部分 B						
总分						

请将上表中的 6 种职业倾向总分按大小顺序依次从左到右排列：
_____型、_____型、_____型、_____型、_____型、_____型

现在，根据上面的测评，由得分最高的三种兴趣类型得出自己的职业代码，例如 RIA、SAI 等。对照职业代码表，判断自己适合的职业类型。首先根据您的职业兴趣代码，在下表中找出相应的职业，例如您的职业兴趣代码是 RIA，那么牙科技术人员、陶工等是适合您兴趣的职业，同时，其他由这三个字母组合成的编号（如 IRA、IAR、ARI 等）对应的职业，也较适合您的兴趣。

RIA	牙科技术员、陶工、建筑设计员、模型工、细木工、制作链条人员
RIS	厨师、林务员、跳水员、潜水员、染色员、电器修理、眼镜制作、电工、防焊接工
RIE	建筑和桥梁工程技师、环境工程技师、航空工程技师、公路工程技师、电力工程技师、信号工程技师、电话工程技师、一般机械工程技师、自动工程技师、矿业工程技师、海洋工程技师、交通工程技术员、制图员、家政经济人、计量员、农民、农场工人、农业机械操作、清洁工、无线电修理、汽车修理、手表修理、管工、线路装配工、工具仓库管理员

代码	职业
RIC	船上工作人员、接待员、杂志保管员、牙医助手、制帽工、磨坊工、石匠、机器制造者、机车（火车头）制造者、农业机器装配工、汽车装配工、缝纫机装配工、钟表装配和检验工、电动器具装配工、鞋匠、锁匠、货物检验员、电梯机修工、托儿所所长、钢琴调音员、装配工、印刷工、建筑钢铁工作、卡车司机
RAI	手工雕刻人员、玻璃雕刻人员、制作模型人员、木工、制作皮革品者、手工绣花者、手工钩针纺织、排字工作、印刷工作、图画雕刻、装订工
RSE	消防员、交通巡警、警察、门卫、理发师、清洁工、屠夫、锻工、开凿工人、管道安装工、出租汽车驾驶员、货物搬运工、送报员、勘探员、娱乐场所的服务员、装卸机操作员、灭害虫者、电梯操作工、厨房助手
RSI	纺织工、编织上、农业学校教师、某些职业课程教师（诸如艺术、商业、技术、工艺课程）、雨衣上胶工
REC	抄水表员、保姆、实验室动物饲养员、动物管理员
REI	轮船船长、航海领航员、大副、试管实验员
IES	旅馆服务员、家畜饲养员、渔民、渔网修补工、水手长、收割机操作工、搬运行李工人、公园服务员、救生员、登山导游、火车工程技术员、建筑工作者、铺轨工人
RCI	测量员、勘测员、仪表操作员、农业工程技术员、化学工程技师、民用工程技师、石油工程技师、资料室管理员、探矿工、煅烧工、烧窑工、矿工、保养工、磨床工、取样工、样品检验员、纺纱工、炮手、漂洗工、电焊工、锯木工、刨床工、制帽工、手工缝纫工、油漆工、染色工、按摩工、木匠、农民建筑工、电影放映员、勘测员助手
RCS	公共汽车驾驶员、一等水手、游泳池服务员、裁缝、建筑工人、石匠、烟囱修理上、混凝土工、电话修理工、爆炸手、邮递员、矿工、裱糊工人、纺纱工
RCE	打井工、吊车驾驶员、农场工人、邮件分类员、铲车司机、拖拉机司机
IAS	普通经济学家、农场经济学家、财政经济学家、国际贸易经济学家、实验心理学家、工程心理学家、心理学家、哲学家、内科医生、数学家
IAR	人类学专家、天文学专家、化学家、物理学家、医学病理学家、动物标本制作者、化石修复者、艺术品管理者
ISO	侦察员、电视播音室修理员、电视修理服务员、验尸室人员、编目录者、医学实验室技师、调查研究者

代码	职业
ISR	水生生物学者、昆虫学者、微生物学家、配镜师、矫正视力者、细菌学家、牙科医生、骨科医生
ISA	实验心理学家、普通心理学家、发展心理学家、教育心理学家、社会心理学家、临床心理学家、目标学家、皮肤病学家、精神病学家、妇产科医师、眼科医生、五官科医生、医学实验室技术专家、民航服务人员、护士
IES	细菌学家、生理学家、化学专家、地质专家、地球物理学专家、纺织技术专家、医院药剂师、工业药剂师、药房营业员
IEC	档案管理员、保险统计员
ICR	质量检验技术员、地质学技师、工程师、法官、图书馆技术辅导员、计算机操作员、医院听诊员、家禽检查员
IRA	地理学家、地质学家、声学物理学家、矿物学家、古生物学家、石油学家、地震学家、声学物理学家、原子和分子物理学家、电学和磁学物理学家、气象学家、设计审核员、人口统计学家、数学统计学家、外科医生、城市规划家、气象员
IRS	流体物理学家、物理海洋学家、等离子体物理学家、农业科学家、解剖学家、食品科学家、园艺学家、植物学家、细菌学家、解剖学家、动物病理学家、作物病理学家、药物学家、生物化学家、生物物理学家、细胞生物学家、临床化学家、遗传学家、分子生物学家、质量控制工程师、地理学家、兽医、放射性治疗技师
IRE	化验员、化学工程师、纺织工程师、食品技师、渔业技术专家、材料和测试工程师、电气工程师、土木工程师、航空工程师、行政官员、冶金专家、原子核工程师、陶瓷工程师、地质工程师、电力工程师、口腔科医生、牙科医生
IRC	飞机领航者、飞行员、物理实验室技师、文献检查员、工商业采购人员
EIS	警官、侦查员、交通检查员、安全咨询员、合同管理员、商人
EAS	法官、律师、公证人
EAR	展览室管理员、舞台管理员、播音员、驯兽员
ESC	理发师、裁判员、政府行政管理员、财政管理员、工程管理员、职业病防治人员、售货员、商业经理、办公室主任、人事负责人、调度员
ESI	博物馆管理员、图书馆管理员、古迹管理员、饮食业经理、地区安全服务管理员、技术服务咨询者、超级市场管理员、零售商店店员、批发商、出租汽车服务站调度

代码	职业
ESA	博物馆馆长、报刊管理员、音乐器材售货员、广告商、售画营业员、导游、(轮船或班机上的)乘务长、飞机上的服务员、船员、法官、律师
ASE	戏剧导演、舞蹈教师、广告撰稿人、报刊和专栏作者、记者、演员、英语翻译
ISI	音乐教师、乐器教师、美术教师、管弦乐指挥、合唱团指挥、歌星、演奏家、哲学家、作家、广告经理、时装模特
AER	新闻摄影师、电视摄影师、艺术指导、录音指导、丑角演员、魔术师、木偶戏演员、骑士、跳水员
AEI	音乐指挥、舞台指导、电影导演
AES	流行歌手、舞蹈演员、电影导演、广播节目主持人、舞蹈教师、口技表演者、喜剧演员、模特
AIS	画家、剧作家、编辑、评论家、时装艺术大师、新闻摄影师、演员、文学作者
AIE	花匠、皮衣设计师、工业产品设计师、剪影艺术家、复制雕刻品大师
AIR	建筑师、画家、摄影师、绘画员、环境美化工、雕刻家、包装设计师、陶器设计师、绣花工、漫画工
SEC	社会活动家、退伍军人服务官员、工商会事务代表、教育咨询者、宿舍管理员、旅馆经理、饮食服务管理员
SER	体育教练、游泳指导
SEI	大学校长、学院院长、医院行政管理员、历史学家、家政经济学家、职业学校教师、资料员
SEA	娱乐活动管理员、国外服务办事员、社会服务助理、一般咨询者、宗教教育工作者
SCE	部长助理、福利机构职员、生产协调人、环境卫生管理人员、戏院经理、餐馆经理、售票员
SRI	外科医生助手、医院服务员
SRE	体育教师、职业病治疗者、体育教练、专业运动员、房管员、儿童家庭教师、警察、引座员、传达员、保姆
SRC	护理员、护理助理、医院勤杂工、理发师、学校儿童服务人员

SIA	社会学家、心理咨询者、学校心理学家、政治科学家、大学或学院的系主任、大学或学院的教育学教师、大学农业教师、大学工程和建筑课程的教师、大学法律教师、大学数学教师、医学教师、物理教师、社会科学教师和大学生命科学教师、研究生助教、成人教育教师
SIE	营养学家、饮食学家、海关检查员、安全检查员、税务稽查员、校长。
SIC	描图员、兽医助手、诊所助理、体检检查员、监督缓刑犯的工作者、娱乐指导者、咨询人员、社会科学教师
SIR	理疗员、救护队工作人员、手足病医生、职业病治疗助手

（资料来源：〔美〕J. L. 霍兰德：《教育与职业计划指导》，杨虚译，《人才研究》1987年第7期）

二、了解性格，塑造个性

（一）什么是性格

性格，是对现实稳定的态度和习惯化了的行为方式。例如，一个人在各种场合都会表现出活泼热情、注重细节、善解人意、随遇而安等，那么这种对人对事稳定的态度和行为方式就是他的性格。性格是一个人最重要、最显著的特征，使一个人区别于另一个人。有很多人，经过多年以后也许我们已经记不住他们的音容笑貌，但我们会记得他是一个什么样的人（比如温暖、正直、友善等）。我们给人留下最深刻印象的，往往就是我们对现实的态度和我们的行为方式。

性格（character）一词源于希腊语，意指经由雕刻所留下的痕迹、标志、记号。后来也用来表示被"雕琢"了的人的特点。这里实际上揭示出了性格的一个非常重要的特征——性格是后天形成的，人生来就像一块白板一样，后天的经历和遭遇在这块白板上雕刻出了我们的性格。因此，性格具有一定的可变性，它受到后天教育和环境的影响，也会因为经历和遭遇的不同而改变。

不过，尽管性格可以因生活环境、学习经历等因素的变化而发生改变。但是，我们不得不承认一个事实：每个人自我塑造的可能性都是有限度的。从职业发展的角度来说，性格属于个体深层次的素质，其形成与大脑生成过程关系密切。人脑的内在结构（所谓神经联结部分即"触突"）在经历先天塑造与后天培养后，到一定年龄将不易改变,因此一个人潜在的性格特征在一定程度上也是持久不变,且与众不同的。通常到了大学阶段,当我们需要考虑职业问题的时候,性格的可塑性已经比较有限了,此时我们可以做的是尽量选择与自己的性格相符的工作,让自己发挥所长,习惯并认同自己的工作,对工作有高度的承诺,因此更能胜任工作。

  阿楠是某周刊的一名资深记者,由于工作很到位,他被提升为主编。按理说,升迁是一件很受鼓舞的事情,然而,由记者转换到编辑的岗位上,他的工作也发生了变化,这让他感到很为难。虽然他的文字表达能力不错,但除了编排版面外,他还需要协调记者的采访,这对他来说不是一件容易的事情。因为他觉得别人有自己的主见和想法,不需要控制和影响其他人,这让他在处理和同事间的人际关系时变得很困难,工作也提不起劲来。于是,阿楠产生了换岗位的想法。

  大家看,不仅刚参加工作的应届毕业生对自己的职业发展存有疑问,很多像阿楠这样有多年工作经历并在岗位上取得了一定成绩的职业人也会产生"我是否该换工作了"的想法。案例中的阿楠,现在影响他工作最根本的问题是他的性格——不喜欢过多地主导别人的工作。即使他对工作很有主见,但他本身缺乏领导和管理的动力,所以也没花多大的心思琢磨自己的领导技巧,导致他的工作开展起来很困难。当我们的行为方式和想法,同现在所做的工作不一致时,就很容易产生这样的矛盾和困惑。

  性格决定了我们怎样去做一件事情,是依赖事实和经验,还是相信直觉和灵感;是把握细节,还是把握整体风格;是客观的公正的,还是主观的仁慈的……这些特征组合成了我们对人对事的态度和行为方式,进而决定了我们适合什么样的工作。

  (二)性格的类型

  关于性格的心理学理论较为丰富,比如九型人格、大五人格、16PF等。在职业选择与企业人力资源开发领域,应用最广泛的是"梅尔-布瑞格斯心理类型指标"(Myer-Briggs Type Indicator,简称MBTI)理论。

MBTI 以瑞士著名心理学家卡尔·荣格(Carl G. Jung)的心理类型理论为基础,发展了荣格的理论,将之变成了一个深入浅出的测量工具,并广泛地应用于职业发展、职业咨询、团队建议、婚姻教育等方面。MBTI 是目前国际上应用最广的人才测评理论之一,据不完全统计,仅美国每年就有超过二百万份的使用量。

依据 MBTI 理论,性格主要包括四个方面的内容,也就是四个维度:

维度 1:我们与外部世界相互作用的方式

我们与外部世界相互作用的方式有两种:外向型(Extraversion)和内向型(Introversion)。外向型(E 型)的人主要从外部世界中获得能量,需要通过经历来了解世界,所以他们更喜欢大量的活动,与外界的人或物打交道,倾向于在谈话中思考。内向型(I 型)的人从自己的内心世界获得能量,关注内心的想法,因此他们的许多活动是精神性的,倾向于在头脑内安静地思考以加工信息。

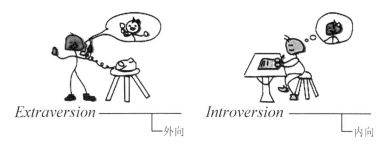

图 2-2　外向型和内向型的典型形象

表 2-1　外向—内向的观察线索

E 外向	I 内向
交流时,大部分时间在说	交流时,听多说少(感兴趣话题例外)
语速快,嗓门也越来越高	话少,语速平缓,略有停顿
说话时手势动作多而大	说话时手势动作少而小
通常总是生机勃勃	通常比较矜持
总是把心中所想大声说出来	想说的总是放在心里
先行动,再思考	先思考,再行动
注意力容易分散	注意力很集中

续表

E 外向	I 内向
可以迅速地转换到不同项目上	一次只能从事一项工作
喜欢人多的场合	喜欢独立空间消磨时间
经常占据着话题的中心	经常避免引起人的注意
喜欢插话	听的时候很多
由自己来结束一个话题	开始说话前没有任何前奏

维度2：我们获取信息的主要方式

我们获取信息的主要方式有两种：感觉型（Sensing）和直觉型（iNtuition）。感觉型（S型）的人相信感官能告诉他们关于外界的准确信息，也就是看得见摸得着的事物，注重事实和细节。他们重现在，关心此时此地发生的事情。直觉型（N型）的人总是自然地去辨认和寻找事物背后的含义、联系和可能性，喜欢通盘考虑而非关注具体细节，他们重视系统性，更注重将来的可能性。

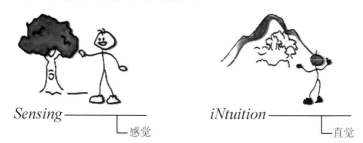

图2-3 感觉型和直觉型的典型形象

表2-2 感觉—直觉的观察线索

S 感觉	N 直觉
交谈方式清楚、直接	交谈方式复杂，常用复杂句式
思维连贯	思想复杂、思维跳跃性很强
重视真实性、常以事实和实例来说明问题	喜欢比喻推理暗示
语言在他们看来只是交流工具	喜欢用语言表达自己
对自己的身体非常敏感	精力集中于自己的思想
喜欢从事实际性的工作	喜欢从事创造性的工作

续表

S 感觉	N 直觉
喜欢阅读非小说类书籍	喜欢阅读小说（尤其是科幻侦探类）
直接，直奔主题	用不同方式反复说明自己
留心细节和事实	喜欢从规律、系统来分析问题
对过去的事情记忆准确	总在展望未来
在他人说完之前耐心倾听	帮别人补充要说的话

维度 3：我们的决策方式

我们决策的方式主要有两种：思考型（Thinking）和情感型（Feeling）。思考型（T 型）的人通过对情境做客观的逻辑分析来做决定，他们努力寻求客观尺度作为衡量标准，较少受个人感情的影响。情感型（F 型）的人关注他人或个人的感受，并以此为依据进行判断，他们更在意事情对他们自己和他人产生的影响。

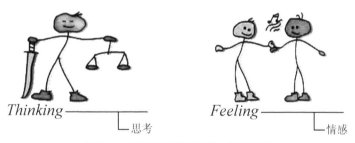

图 2-4　思考型和情感型的典型形象

表 2-3　思考—情感的观察线索

T 思考	F 情感
行为冷静、和人有距离感	行为温和、待人和善
冷静、看上去缺乏感情	对他人感觉很敏感、感情容易受伤害
待人接物生硬、不老练	一般温柔而婉转
公事公办	很注重社交细节
喜欢辩论	尽量避免争论、冲突和矛盾
说话直截了当，直奔主题	谈话中关注对方的情绪反应

续表

T 思考	F 情感
很少问人时机是否合适	会询问时机合适与否,以免给人带来不便
很少赞扬别人	慷慨地赞扬别人
常常给人感觉很自信	常常给人感觉缺乏自信或没魄力
言语客观	话语中带有很强的道德评判
很少称呼别人的名字	经常称呼别人的名字
喜欢需要谋略的工作	喜欢从事帮助他人的工作

维度4：我们看待并适应外部世界的方式

我们看待并适应外部世界的方式主要有两种：判断型(Judging)和知觉型(Perceiving)。判断型(J型)的人倾向于以一种有序的、有计划的方式对外界加以控制，他们期望看到问题被解决，习惯做决定，往往认为"非此即彼"。知觉型(P型)的人倾向于对外界进行探索，他们保持开放性，不断地收集信息，并努力使事件让其自然变化，以出现更好的事件。

图 2-5　判断型和知觉型的典型形象

表 2-4　判断—知觉的观察线索

J 判断	P 知觉
比较正式和传统	比较随便,不符合传统
比较严肃	喜欢玩乐
权力欲强,喜欢将一切控制在手	适应力很强
喜欢做决定,表现得有决断	做事拖拉,总拖延着不做出决定

续表

J 判断	P 知觉
态度明确,观点强硬	5 分钟热度,缺乏毅力和决心
通常很匆忙,喜欢快节奏	喜欢慢节奏
外表整洁、衣服平整、头发一丝不乱	外表随意,衣服穿上一定要舒服
桌面、汽车里通常很干净	桌面、汽车里经常乱七八糟
喜欢确定目标,然后去努力实现	经常改变目标
喜欢规则、制度和组织	认为规章、制度、组织是对人的束缚
制定时间表,随时核对工作进度	可能会制定时间表,但很少按时完成
行为慎重,走路很快	走路很悠闲
身姿挺拔	形容懒散
寻求能满足他们控制欲望的工作	寻找那些有趣的工作

在现实生活中,MBTI 每个维度的两种行为方式其实我们都会用到,只不过其中一种我们用得更频繁、更熟练,这就是我们的偏好。将四个维度上的偏好加以组合,就形成了我们的性格类型,它反映了我们在一系列心理过程和行为方式上的特点。在某个维度上偏好某种行为方式并没有好坏或对错之说,每种倾向都有它的潜能以及可能的盲点,比如感觉型的人重视细节但相对缺乏大局感,而直觉型的人善于通盘考虑问题却忽视细节。重要的是,我们需要扬长避短,选择与自己的行为方式最匹配的职业活动。

(三)性格与职业决策

将 MBTI 四个维度上的特征进行排列组合,可以得到表 2-5 所示的 16 种性格类型。为了帮助大家更好地把握这些类型,表 2-5 还同时给每种类型都概况了一个典型的职业形象。

表 2-5　16 种性格类型及其典型职业形象

ISTJ Inspector 稽查员	ISFJ Protector 保护者	INFJ Counselor 咨询师	INFP Healer/Tutor 治疗师/导师
ESTJ Supervisor 督导	ESFJ Provider/Seller 供给者/销售员	ENFJ Teacher 教师	ENFP Champion/Advocate/ Motivator 倡导者/激发者
ISTP Operator 操作者	ISFP Composer/Artist 作曲家/艺术家	INTJ Mastermind/ Scientist 智多星/科学家	INTP Architect/ Designer 建筑师/设计师
ESTP Promotor 发起者/创设者	ESFP Performer/ Demonstrator 表演者/示范者	ENTJ Field Marshal/ Mobilizer 统帅/调度者	ENTP Inventor 发明家

每个人的性格中既有与别人相同的地方,又有自己独特的地方;既有积极的部分,又有消极的部分。性格无所谓好坏,关键要看是否放对了地方。想象一下,如果把诸葛亮与张飞的位置换一下,让诸葛亮带兵出征,要张飞在帐中出谋划策,结果会怎么样?职业活动有许多种,符合性格、符合习惯的职业会让我们最舒服、游刃有余。

补充阅读

根据本节学习内容,将 MBTI 每个维度当中,你最偏向的哪个字母填入下面横线上,这样就得到了你的职业性格类型。再对照性格代码表,了解自己适合的职业领域。

E或I　　　S或N　　　T或F　　　J或P

```
E=外向      I=内向
S=感觉      N=直觉
T=思考      F=情感
J=判断      P=知觉
```

性格代码表

ISTJ	ISFJ	INFJ	INFP
• 商业 • 销售、服务 • 教育 • 法律、应用科学 • 卫生保健	• 卫生保健 • 社会服务/教育 • 商业/服务 • 设计/技术	• 咨询、教育 • 宗教 • 创造性的职业 • 健康保健、社会服务 • 商业 • 技术服务	• 创造性职业、艺术 • 教育、咨询 • 宗教 • 健康保健 • 技术服务

ESTJ	ESFJ	ENFJ	ENFP
• 营销/服务 • 科学技术/自然物理 • 管理 • 专业人员	• 卫生保健 • 社会服务/咨询 • 商业 • 销售/服务业 • 文书	• 信息传播 • 咨询顾问 • 教育/服务业 • 卫生保健 • 商业/咨询 • 技术服务	• 创造性职业 • 营销/策划 • 教育/咨询 • 健康保健/社会服务 • 企业/商业 • 技术服务

ISTP	ISFP	INTJ	INTP
• 销售/服务/活动 • 技术 • 健康护理 • 商业/金融 • "手工"/贸易	• 手工艺/技工 • 健康护理 • 科学技术 • 销售/服务 • 商业	• 商业/金融 • 技术 • 教育 • 健康保健/医药 • 专业性职业 • 创造性职业	• 电脑应用及开发 • 健康护理及技术 • 专家/商业 • 学术研究 • 创造性的职业

ESTP	ESFP	ENTJ	ENTP
• 销售/服务 • 金融 • 娱乐/体育 • 商贸/手工类 • 商业	• 教育/社会服务 • 健康护理 • 娱乐业 • 商业 • 服务业 • 环境科学家	• 商业 • 金融 • 咨询/培训 • 专业性职业 • 技术	• 企业家/商人 • 销售/创作 • 计划和开发 • 政治

（根据以下参考资料整理：〔美〕保罗·D.蒂戈尔、巴巴拉·巴伦·蒂戈尔：《就业宝典》，中信出版社2002年版；〔美〕奥托·克劳格、珍妮特·M.苏森、希尔·路特莱奇：《赢在性格》，浙江人民出版社2005年版）

三、捕捉气质,提升效率

"气质"这个概念,大家乍一看也许觉得并不陌生。比如我们经常会说:某某人"真有气质""有文人气""有贵族气质"……似乎气质是可以用"有"和"没有"、"好"和"不好"来进行概括与评价。但实际上上面这些表述中所提到的气质,更多的类似"风度""风貌"和"气度",并不是我们这里要讲的心理学意义上的气质。心理学上所说的气质,源于医学,属于自然科学范畴,可能更接近我们平常所说的"禀性""脾气"或"性情",某种程度上来说它比性格更难克服,对我们从事职业活动的效率会有较大影响,因而非常值得关注。

那么究竟什么是气质?我们首先来看一个关于看戏的小故事。

一个关于看戏的小故事

有四个人一起去看戏,眼看马上要迟到,大家急匆匆奔得满头大汗。谁知一到剧场,门刚刚关上。

第一个人见到这样的情景,跳进门口,被检票员拉住。只见他情绪激动,大动作加上大嗓门,面红耳赤地与检票员争吵起来,甚至企图推开检票员,冲过检票口,径直跑到自己的座位上去,并且还不停地埋怨说,戏院时钟走得太快了。

第二个人看到这种场面,明白检票员不会放他进去,心想这样去争没有好处,便悄悄从边门溜了进去,跑到楼上另寻一个适当的地方来看戏剧表演。

第三个人见检票员不让他从检票口进去,心想:何必多费周折,不要急嘛,反正第一场戏不太精彩,在休息室里坐下来看会儿书,等第一场结束后再进去也不迟。

第四个人在一旁迟疑了半晌,他闷声不响地走出门去,又回头看看,然后摇摇头,叹了一口气:"唉,我这个人做事总是倒霉,偶尔来一次戏院也会碰到这种情况。"于是,愁眉不展,拖拉着疲乏的身子,慢吞吞地回家了。

同样碰到看戏迟到不能入场这样一件事,一个要冲进去,一个要溜进去,一个愿意再等等进去,还有一个干脆回去了……为什么会有这样不同的表现呢?这里涉及的是个体一种非常重要的心理特征——气质。

(一) 什么是气质

不同气质的婴儿会如何哭闹?

哭声大而急,手足动作快而强烈——胆汁质
哭声大但不急,手足动作灵活——多血质
哭声细而慢,手足动作迟缓幅度小——黏液质
哭声无力细小,手足动作小而少——抑郁质

如果我们花上几分钟的时间去观察医院新生儿室里面的婴儿,我们发现的第一个现象可能是,即使刚刚出生的婴儿也是不一样的。他们有的好动,有的爱哭,有的总是安静快乐,有的总是动作激烈……婴儿刚刚出生,他们还没有受到外界的种种影响,所以他们的这种差别是与生俱来的。越来越多的研究者认为,我们生来就具有形成某些特定行为类型的广泛的倾向性,并且这些特定的行为类型在一个人的一生中相对稳定,影响其人格特质的发展。所以,可以这么讲,一些人可能生来好交际而另一些人可能生来害羞,这就是气质的差别。

气质是指人们心理活动的速度、强度、稳定性和灵活性等方面的心理特征。它表现为情绪产生的快慢、情绪体验的强弱、情绪状态的稳定性和情绪变化的幅度,也表现在行为动作和言语的速度和灵活性上。具有某种气质的人,通常会在内容很不相同的活动中表现出同样的特征。比如一个安静迟缓的人,在学习、工作、考试、演说、体育比赛等不同的活动中,都会稳定地表现出安静迟缓的特征。

Jenny 在大学毕业的五年里,前后已经换了十几份工作。最长的一份干了一年多,而最短的才三天。Jenny 很有挫折感,她想知道自己为什么这么失败。气质测验的结果显示,Jenny 是典型的完美型(抑郁质)人。一般而言,完美型的女性都是思想家,她们对待目标严肃认真,强调做事的先后次序

和组织,崇尚美感与才智。另外,完美型的人天生悲观,总是预计将来可能面对问题的最差局面,她们敏感、容易忧虑。抑郁质的人喜欢清单、表格、图示和数据,习惯井井有条与有条不紊,而 Jenny 大部分时间是在广告、公关行业工作,跳跃、速战、灵活的工作氛围与她的气质格格不入;另外她习惯将上司、同事没有针对性的话语误认为是"对她有意见或不满",因而,常常为一两句不经意的话与同事闹别扭或争吵。很多认识 Jenny 的人都认为她是个不好相处的人。

案例中 Jenny 现在主要的困境在于,职业气质和工作岗位不符合。Jenny 的气质属于抑郁质,抑郁质的人往往文静内敛,条理性强,做一些需要耐心细致的工作是比较适合的。而正如案例中所说,Jenny 现在所处的广告、公关行业,工作氛围的跳跃性会比较强,比较灵活多变,这样的职业环境会让抑郁质的人非常不安,工作效率也不会太高。此外,抑郁质的人非常敏感,在这种高效的、对事不对人的工作环境中,也往往容易"觉得受到伤害",让自己和其他同事都不愉快。每个岗位都有各自不同的要求,职业气质和岗位的契合是很关键的。气质决定了工作的性质和效率,决定了是否能够做好工作。也许在职业选择的初期,这种影响不如兴趣、性格那么显著,但进入工作领域之后,这种作用就非常大了。

(二)气质的类型

人的气质是有明显差异的,这些差异属于气质类型的差异。对气质类型的划分,有不同的见解,因而也形成了不同的气质理论。比如:神经活动说、体型说、激素说、血型说、活动特性说等。在我国心理学界,现在较为普遍的观点认为,气质的生理机制是高级神经活动类型。气质是神经类型特征在人的行为上的表现,反映了神经活动的快慢、强弱、稳定性和灵活性。

表 2-6　高级神经活动与气质类型

高级神经活动类型				气质类型
强型	不平衡型	不可遏止型		胆汁质
	平衡型	灵活性高	活泼型	多血质
		灵活性低	安静型	黏液质
弱型	脆弱型			抑郁质

胆汁质,又称不可遏止型:

胆汁质的神经活动特点是强而不平衡型(冲动型),感受性低,有一定耐受性,反应快而不灵活,情绪兴奋性高,抑制能力差,外倾性明显,行为有一定的可塑性。

胆汁质的行为特点是兴奋而热烈,精力充沛,能经得住强刺激;行为果断,有魄力;善于主动与人交往,乐群性高;直率急躁,情绪难以控制;思维、语言、动作反应快,但不灵活、不准确。性情粗犷,宽宏大量。

多血质,又称活泼型:

多血质的神经活动特点是强而平衡、灵活型(活泼型),感受性低,耐受性高,反应快而灵活,情绪兴奋性高,外倾性明显,行为可塑性大。

多血质的行为特点是活泼好动;善于交往,容易适应新环境;容易接受新事物,兴趣易转移;情绪发生快,但体验不深刻。思维敏捷,随机应变,热情奔放。

黏液质,又称安静型:

黏液质的神经活动特点是强而平衡、安静型(不灵活型),感受性低,耐受性高,反应速度缓慢,具有稳定性,情绪兴奋性低,内倾性明显,行为有可塑性。

黏液质的行为特点是安静稳重,交往适度;善于忍耐,能克制自己;注意力稳定不易转移;情绪慢而微弱,不易外露;思维、动作反应慢而且不灵活。

抑郁质,又称脆弱型:

抑郁质的神经活动特点是弱型(抑制型),感受性高,耐受性低,速度慢,刻板而不灵活,情绪兴奋性高而体验深,内倾性特别明显,行为可塑性小。

抑郁质的行为特点是羞涩好静但孤立;情绪发生慢不外露,体验特别深,即使是微不足道的小事也容易引起情绪波动;动作反应慢但准确;注意自己的内心世界,有内秀。

(三)气质与职业决策

表 2-7 不同气质的优点和缺点

气质类型	优　点	缺　点
胆汁质	有毅力、坚强、勇敢	暴躁、易着急
多血质	乐观、开朗、灵活、善交际、热情	不稳定、缺乏持久性、易动摇
黏液质	稳重、安静、可靠	固执、刚愎自用
抑郁质	敏感、细心	自卑、脆弱

每个人都有着不同的气质,气质并没有好坏之分,如表 2-7 所示,任何一种气质类型的人都既有优点又有不足。四种气质在工作中也是各有利弊,关键在于要认识到自己的优缺点,适当地扬长避短。

胆汁质的人,适合从事与人打交道,工作内容和环境充满变化性的工作,如导游、推销员、节目主持人等,而不太适合要求长期安坐、持久耐心细致的工作。适合做开拓性的工作,如进入商界会有不错的成绩。

多血质的人是杰出的活动家,适合与外界打交道,适合从事灵活多变、富有刺激性和挑战性的工作,外交、管理、记者、律师、公关与人事工作等很适合他们。不太适合做细致、单调的机械性工作。

黏液质的人严格遵守既定的生活秩序和工作制度,是最佳的合作者,也是最容易得到上司认同的下属。通常很难作出惊天动地的大事情,却是不可缺少的贡献者,适合做稳定的、按部就班的、静态的、需付出细心谨慎工作,如文秘、行政主管、收银员、出纳、会计等,不太适合需要经常策划创造的工作。

抑郁质的人能与别人很好的相处,胜任别人的委托,能克服困难,但优柔寡断。成为艺术家的比率比较大,但尤其不适合当运动员,适合一些需要细心观察和感受的工作,如护士、心理咨询员、幼儿教师等。还有一些安静、细致的工作,如编辑、化验员、仓库管理员等。

　　生活中很少有人简单地属于哪一种类型,一般的人都是好几种气质的混合,只是在这几种气质中,更倾向于其中的一种,在选择职业时,也要根据自己的气质特点来选择合适的职业。特定气质的人从事相对应的某些职业时,会特别有效率。反之,倘若从事了与气质不相称的工作,工作的成效可能会大打折扣。

● 补充阅读

气质测验

　　下面60道题,可以帮助你大致了解自己的气质类型。请认真阅读各个题目,根据自己的真实情况作答,并尽快地完成,不要在一个题目上停太长时间。如果题目所陈述的内容,你认为很符合自己情况的,记2分;比较符合的,记1分;介于符合与不符合之间的,记0分;比较不符合的,记-1分;完全不符合的,记-2分。

1. 做事力求稳妥,一般不做无把握的事。
2. 遇到可气的事就怒不可遏,想把心里话全说出来才痛快。
3. 宁可一个人干事,不愿很多人在一起。
4. 到一个新环境很快就能适应。
5. 厌恶那些强烈的刺激,如尖叫、噪音、危险镜头等。
6. 和别人争吵时总是先发制人,喜欢挑衅别人。
7. 喜欢安静的环境。
8. 善于和别人交往。
9. 是那种善于克制自己感情的人。
10. 生活有规律,很少违反作息制度。
11. 在多数情况下,情绪是乐观的。
12. 碰到陌生人觉着很拘束。
13. 遇到令人气愤的事,能很好地自我克制。
14. 做事总是有旺盛的精力。

15. 遇到事情总是举棋不定,优柔寡断。
16. 在人群中从不觉得过分拘束。
17. 情绪高昂时,觉着干什么都有趣;情绪低落时,又觉得干什么都没意思。
18. 当注意力集中于一事物时,别的事很难使我分心。
19. 理解问题总比别人快。
20. 碰到问题总有一种极度恐怖感。
21. 对学习、工作怀有很高热情。
22. 能够长时间做枯燥单调的工作。
23. 符合兴趣的事情,干起来劲头十足,否则,就不想干。
24. 一点小事就能引起情绪波动。
25. 讨厌那种需要耐心细致的工作。
26. 与人交往不卑不亢。
27. 喜欢参加热闹的活动。
28. 爱看感情细腻、描写人物内心活动的文艺作品。
29. 工作学习时间长了,常感到厌倦。
30. 不喜欢长时间谈论一个问题。
31. 愿意侃侃而谈,不愿窃窃私语。
32. 别人总是说我闷闷不乐。
33. 理解问题常比别人慢些。
34. 疲倦时只要短暂休息就能精神抖擞,重新投入工作。
35. 心里有话,宁愿自己想,不愿自己说出来。
36. 认准一个目标,就希望尽快实现,不达目的,誓不罢休。
37. 学习或工作同样一段时间后,常比别人更疲倦。
38. 做事有些莽撞,不考虑后果。
39. 老师或他人讲授新知识、技术时总希望他讲的慢些多重复几遍。
40. 能够很快忘记那些不愉快的事情。
41. 做作业或完成一项工作总比别人花时间多。
42. 喜欢运动量大的剧烈体育活动,或者参加文艺活动。

43. 不能很快地把注意力从一件事情上转移到另一件事情上去。
44. 接受一个任务后,就希望把它迅速解决。
45. 认为墨守成规比冒险强些。
46. 能够同时注意几件事物。
47. 当我烦恼时,别人很难使我高兴起来。
48. 爱看情节起伏跌宕、激动人心的小说。
49. 对工作认真严谨,且抱着始终一贯的态度。
50. 和周围人的关系总是相处不好。
51. 喜欢复习学过的知识,重复做熟练的工作。
52. 喜欢做变化大、花样多的工作。
53. 小时候会背的诗歌,我似乎比别人记得清楚。
54. 别人说我"出语伤人",可我并不觉得这样。
55. 在体育活动中,常因反应慢而落后。
56. 反应敏捷,头脑机智。
57. 喜欢有条理而不甚麻烦的工作。
58. 兴奋的事常使我失眠。
59. 老师讲新概念,常常听不懂,但弄懂以后就很难忘记。
60. 假如工作枯燥马上就会情绪低落。

确定气质类型的方法:

1. 将每题得分填入"气质评分表"相应的"得分"栏内。
2. 计算每种气质类型的总分。
3. 如果某种气质得分明显高于其他几种(相差 5 分以上),则可判断具有该种气质倾向。同时,如果该种气质得分超过 20 分,则为典型的该项气质;如果得分在 10—20 分之间,则为一般的该项气质;如果得分在 10 分以下,则为略倾向于该项气质。
4. 如果两类气质得分接近,又明显高于其他两种(相差 5 分以上),则为两种气质的混合型;如果三种气质得分均明显高于第四种,则为三种气质的混合型。

气质评分表

胆汁质	题号	2	6	9	14	17	21	27	31	36	38	42	48	50	54	58	总分
	得分															
多血质	题号	4	8	11	16	19	23	25	29	34	40	44	46	52	56	60	总分
	得分															
黏液质	题号	1	7	10	13	18	22	26	30	33	39	43	45	49	55	57	总分
	得分															
抑郁质	题号	3	5	12	15	20	24	28	32	35	37	41	47	51	53	59	总分
	得分															

（资料来源：张拓基、陈会昌：《关于编制气质测验量表及其初步试用的报告》，《山西大学学报》1985年第4期）

四、发现价值，追求卓越

（一）什么是价值观

通常当我们谈到价值观的时候，总觉得有太多的不可把握性，比较抽象，埋藏在未知中。其实价值观也不像我们想象中那么神秘莫测。首先我们通过一个小故事看看价值观的作用。

渔夫与商人的对话

一个美国商人坐在墨西哥海边一个小渔村的码头上，看着一个墨西哥渔夫划着一艘小船靠岸。小船上有好几尾大黄鳍鲔鱼，这个美国商人问渔夫要多少时间才能抓这么多？墨西哥渔夫说，才一会儿工夫就抓到了。美国人接着问道，你为什么不待久一点，好多抓一些鱼？墨西哥渔夫不以为然，这些鱼已经足够我一家人生活所需啦！

美国人又问：那么你一天剩下那么多时间都在干什么？墨西哥渔夫解释：我呀？我每天睡到自然醒，出海抓几条鱼，回来后跟孩子们玩一玩，再跟老婆睡个午觉，黄昏时晃到村子里喝点小酒，跟哥儿们玩玩吉他，我的日子可过得充实又忙碌呢！

美国人不以为然,帮他出主意,他说:我是美国哈佛大学企业管理硕士,我倒是可以帮你忙!首先,你应该每天多花一些时间去抓鱼,到时候你就有钱去买条大一点的船,再买更多渔船。然后你就可以拥有一个渔船队。然后你可以自己开一家罐头工厂。如此你就可以控制整个生产、加工处理和行销。然后你可以离开这个小渔村,搬到墨西哥城,再搬到洛杉矶,最后到纽约。在那里经营你不断扩充的企业。

墨西哥渔夫问:这要花多少时间呢?回答:十五到二十年。

然后呢?

美国人大笑着说:然后你就可以在家当"皇帝"啦!时机一到,你就可以宣布股票上市,把你的公司股份卖给投资大众。到时候你就发啦!你可以几亿几亿地赚!

然后呢?

美国人说:到那个时候你就可以退休啦!你可以搬到海边的小渔村去住。每天睡到自然醒,出海随便抓几条鱼,跟孩子们玩一玩,再跟老婆睡个午觉,黄昏时,晃到村子里喝点小酒,跟哥儿们玩玩吉他喽!

墨西哥渔夫疑惑地说:我现在不就是这样了吗?

(资料来源:转引自 http://www.doc88.com/p-486421945687.html)

为什么美国商人跟墨西哥渔夫谈不拢呢?在美国商人看来非常重要的人生追求、奋斗历程、名誉地位等,在墨西哥渔夫眼中似乎毫无意义。这就是价值观的差别,他们所看重的东西完全不一样。

价值观是人们用来区分好坏标准并指导行为的心理倾向系统。心理学将价值观归为个性倾向性的一种。① 个性倾向性决定人的心理活动的选择性、对事物不同的态度以及各种行为模式,标志着一个人憧憬什么、企求什么、争取什么、坚信什么、喜欢什么、嫌弃什么和什么驱使他活动等。其中,价值观为人自认为正当的行为提供充分理

---

① 黄希庭:《心理学导论》,人民教育出版社1997年版。

由,是浸透于整个个性中支配着人的行为、态度、观点、信念、理想的一种内心尺度。这种尺度具有以下四种特征:

首先,价值观具有主观性,每个人对于得失、荣辱、祸福、善恶的标准都不一样,主要取决于自身需要。其次,价值观具有选择性,价值观是我们出生后在社会实践中逐渐萌发和形成的。儿童时期的价值观主要源于对父母和亲近的人的模仿,到了青年期,随着自我意识成熟,我们会主观地、有意识地进行自由选择。再次,价值观具有稳定性,一个人的价值观一旦形成,相对稳定、持久,不易发生变化。最后,价值观具有社会历史性,时代的变化、生活的变迁会改变人们的观念,所以价值观会表现出一定的社会属性。

(二)价值观的类型

对价值观的科学研究最早可追溯到20世纪30年代阿尔波特等人所做的工作。30年代初,美国心理学家阿尔波特等人按照德国哲学和心理学家斯普拉格的六种生活方式类型,制定了一份"价值观研究量表",用来测量六种基本价值观(理论型、经济型、审美型、社会型、政治型和宗教型)的相对强度。

理论型:

理论型的人以探求事物本质为人的最高价值,他们是经验的、理性的、批判的,主要兴趣在于发现真理。通过观察、分析、推理,他们致力于探索事物的联系与区别。这种人好钻研,求知欲强,能自制。理论型的人活动和生活的主要目的是将自己的知识系统化、条理化,他们多忽视生活的其他方面。

经济型:

经济型的人以谋求利益为最大价值,他们趋向于现实——实用事物,是务实人士。对行之有效的各行各业的实际事物,都给予关注。他们认为一切工作都要从实际的需要出发,否则应当抛弃。他们重视财力、物力、人力和效能,对一切事物都从经济观点出发,判断其有用程度。

审美型:

审美型的人以感受事物的美为人生最高价值,他们的主要兴趣在于使事物变得更有魅力。具有此种价值取向的人重视形象的美与心灵的和谐,善于审视美好的情景和欣赏多种情趣。他们认为美的价值高于其他事物,以优美、对称、整齐、合宜等标准来衡量一切,因此对任何事物都从艺术的观点加以评论。

社会型:

社会型的人以善于与人交往和帮助别人为人生最大的价值追求,他们对增加社会福利最感兴趣。具有此种价值取向的人以爱护他人、关怀他人为高尚的职责。他们多投身于社会,交往于人际,以提供服务为最大乐趣。他们多表现随和、善良、不自私、宽宏大量,并且愿意献身于他人。

政治型:

政治型的人以利用别人和掌握权力为最高价值,他们有尽力获取权力、强烈的支配和命令别人的欲望。政治型的人往往对权力具有极大的兴趣,实权成为其基本的动机。他们多有领导他人和支配他人的愿望和才能,自我肯定、有活力、有信心。对人对己要求严格,讲原则,守秩序;但也会自负,轻视他人,利己而专横。

宗教型:

宗教型的人以过超脱的生活为最大的价值,他们的主要兴趣在于创造最高和绝对满意的体验。宗教型的人重视命运和超自然力量,他们大多有坚定的信仰(宗教或其他类似的经验)而宁愿从现实生活中退却。他们的显著态度是领悟于宇宙万物,自愿克服一切低级冲动,乐于自我否定而沉思于自认高尚的各种经验。

(三) 价值观与职业决策

不能放弃最看重的东西

刘先生2004年毕业于浙江某高校环境工程专业。那年高校毕业大军占据了求职队伍的大半江山,竞争压力非常大,而刘先生学的环境工程专业又比较冷门,找工作的难度相对更大。后来,父母托关系帮他在当地的自来水厂找了份工作,刘先生原以为这份工作是做污水处理以及相关技术的,而且自来水厂是事业单位,虽然工资不是特别高,但是各方面的福利待遇很不错。当时,刘先生很庆幸找到了这样一份工作。工作了一段时间之后,刘先生发现这份工作毫无技术含量,自己就是在厂里打杂的。可是碍于关系及薪水待遇的问题,刘先生迟迟没有选择其他工作,这样一拖就是三年。于是,刘先生开始觉得进退两难。

按照阿尔波特等人的价值观分类不难看出,刘先生身上理论型的价值取向是非常明显的。理论型的人喜欢钻研,求知欲强,所以刘先生对自己的专业适应得很好,刚在自来水厂找到工作的时候也相信自己可以做好污水处理和相关技术工作。只是没想到,进入自然水厂之后,刘先生并没有从事自己认同的技术工作,而是在"毫无技术含量"地"打杂",这样的工作显然与刘先生的职业价值观不吻合。价值观就好像一个过滤器,决定了什么对我们最重要,什么对我们不重要,什么是有意义、有价值的,什么是无聊、乏味的。如果我们的价值观与所从事的职业相吻合,我们会觉得很开心、很带劲。如果不相吻合,那么就会感到很无奈、很痛苦,而这些感受通常是金钱和威望不能弥补的。

不同的职业在满足我们的价值愿望时,效果是不一样的。表2-8列举了三种大家比较熟悉的职业,比如牧师可以满足我们宗教、社会等方面的价值需求,但不能实现理论、经济等价值;采购代理商能满足我们经济、理论方面的价值需求,但可能对审美、宗教等价值需求则难于满足;而工业工程师除了能满足理论、政治方面的价值需求外,宗教、社会等价值需求都很难满足。

表2-8 三种典型职业的价值排序

排序	牧师	采购代理商	工业工程师
1	宗教	经济	理论
2	社会	理论	政治
3	审美	政治	经济
4	政治	社会	审美
5	理论	审美	宗教
6	经济	宗教	社会

现实中,没有哪个人能够绝对地属于哪一种价值类型,我们大都是不同类型、不同程度的组合。有时候也许我们会希望所有价值观能获得全方位的满足,但事实上,任何一种职业都很难同时满足多种价值追求,我们只能选择满足其中最重要的一部分。因此,如果要通过价值观选择职业,我们首先要明确自己最看重的价值和最不看重的价值,然后再选择那些能相对满足自己所重视的价值的职业。比如,理论型的人适合做科学家、大学教师、时事记者;经济型的人适合经商、投资等活动;审美型的人可以选择艺术类、策划类的职业;社会型的人做社工、职业咨询师会比较愉快;而政治型的人适合做职业经理人、政府官员;宗教型的价值取向在我们国家比较少,在西方牧师是典型的宗教型职业。

价值观决定了我们想要什么样的生活,职业决定了我们实际上会过什么样的生活。所以一定要选最适合自己价值观的职业,它决定了你能否过想要的生活。

拍卖你的生涯

朋友参加过一堂很别致的讲座,对我详细地描绘了一番。

她说:讲座叫做"拍卖你的生涯"。外籍老师发给每人一张纸,其上打印着数十行字。

1. 豪宅。
2. 巨富。
3. 一张取之不尽用之不竭的信用卡。
4. 美貌贤惠的妻子或英俊博学的丈夫。
5. 一门精湛的技艺。
6. 一个小岛。
7. 一所宏大的图书馆。
8. 和你的情人浪迹天涯。
9. 一个勤劳忠诚的仆人。

10. 三五个知心朋友。
11. 一份价值50万美元并每年可获得25%纯利收入的股票。
12. 名垂青史。
13. 一张免费旅游世界的机票。
14. 和家人共度周末。
15. 直言不讳的勇敢和百折不挠的真诚。
……

大家先是愣愣地看着这些项目,之后交头接耳地笑,感觉甚好。本来嘛,全世界的美事和优良品质差不多都集中在此了。

老师拿起一只小锤子,轻敲讲台,蜂房般的教室寂静下来。老师说(他能讲不很普通的普通话),我手里是一只旧锤子,但今天它有某种权威——暂时充当拍卖锤。我要拍卖的东西,就是在座诸位的生涯。

课堂顿起混乱。生涯?一个叫人生出沧桑和迷茫的词语。我们大致明白什么是生存,什么是生活,但很不清楚什么是生涯。我们只是一天天随波逐流地过着,也许70岁的时候,才恍然大悟,生涯已在朦胧中越来越细了。

老师说,一个人的生涯,就是你人生的追求和事业的发展。它可以掌握在你自己手中。性格就是命运。生涯从属于你的价值观。通常当人们谈到生涯的时候,总觉得有太多的不可把握性,埋藏在未知中。其实它并非想象中那般神秘莫测。今天,我想通过这个游戏,让大家比较清晰地看到自己的爱好,预测自己的生涯。

大家听明白了,好奇地跃跃欲试。

我相信在每一个成人的内心深处,都潜伏着一个爱做游戏的天真孩童,只不过随着时光流逝,蒙上了世故的尘土。

成年以后的我们,远离游戏,以为那是幼稚可笑的玩闹。其实好的游戏,具有开蒙人的智慧、通达人的思维、启迪人的感悟、反省人的觉察的力量。当我们做游戏的时候,就更接近了真我。

老师说:"我现在象征性地发给每人1000块钱,代表你一生的时间和精力。我会把这张纸上所列的诸项境况,裁成片,一一举起,这就等于开始了拍卖。你们可以用自己手中的积蓄,购买我的这些可能性。100块钱起叫,欢迎竞价。当我连喊三次,无人再出高价的时候,锤子就会落下,这项生涯就属于你了。注意,我说的是可能性,并非真正的事实。它的意思就是——你用999元竞得了豪宅,但并不等于你真的拥有了一片仙境般的别墅,只是说你将穷尽一生的精力,来为自己争取。相信只要你竭尽全力,把目标当成整个生涯的支撑点,达致的可能性甚大。"

教室里的气氛,骚动之后有些沉凝。这游戏的分量举轻若重,它把我们人生的繁杂目的,约分并形象化了——拼此一生,你到底要什么?

老师举起了第一项拍卖品——拥有一个小岛。起价100元。

全场寂静。一个小岛?它在哪里?南半球还是北半球?大西洋还是太平洋?面积若何?人口多少?有无石油和珊瑚礁?风光怎样?

疑声鹊起,大家迫切希望提供更详尽的资料,关于那个小岛,关于风土人情。老师一脸肃然,坚定地举着那个纸片,拒绝做更进一步的解说。

于是,我们明白了。小岛,就是小小的平平凡凡的一个无名岛。你愿不愿以一生作赌,去赢得这块海洋中的绿地?

终于,一个平日最爱探险、充满生命活力的女生,大声地喊出了第一个竞价——我出200!

一个男生几乎是下意识地报出:500!他的心思在那一瞬很简单,买下荒凉岛屿这样的事件,就该是男子汉干的事。

但那名个子不高但意志顽强的女生志在必得了。她涨红着脸,一下子喊出了……1000!

这是天价了。每个人只有1000块钱的储备,也就是说,她已定下以毕生的精力,赢得这个小岛的决心。别的人,只有望洋兴叹了。

那个男生有些悻悻地,说,竞价应该一点点攀升,比如她要出600,我喊700……这样也可给别人一个机会。

老师淡然一笑说,我们只是象征性的拍卖,所以可能不合规矩。大家要记住,生涯也如战场,假如你已坚定地确认了自己的目标,就紧紧锁定它。机遇仿佛闪电的翎毛。

大家明白了竞争的激烈,肃静中有了潜藏的紧迫和若隐若现的敌意。

拍卖的第二项是美貌贤惠的妻子和英俊博学的丈夫。

我原以为此项会导致激烈的竞拍，没想到一时门可罗雀。也许因为它太传统和古板，被其他更刺激的生涯吸引，大伙不愿在刚开场不久，就把自己的一生拴入伴侣的怀抱。好在和美的家庭，终对人有不衰的吸引力，在竞争不激烈的情形下，被一位性情温和的男子以700元买去。

我把指关节攥得紧紧，如果真有一把钞票，会滴下浑浊的水来。到底用这唯一的机会，买回怎样的生涯？扒拉一下诸样选择中，自己属意的栏目有限，和同志们所见略同也说不准。定谋贵决，一旦确立了自己的真爱，便需直捣黄龙，万不可游移吝惜。要知道，拍的过程水涨船高步步为营。倘稍一迟缓，被他人横刀夺爱，就悔之莫及了。

拍到"取之不尽用之不竭的信用卡"时，引起空前激烈的争抢。聪明人已发现，所列的诸项，某些外延交叉涵盖，可互相替代。有同学小声嘀咕，有了信用卡，巨富不巨富的，也不吃紧了，想干什么，还不是探囊索物？于是信用卡成了最具弹性和热度的饽饽。一时群情激昂，最后被一奋勇女将其自重围中掳走。

其后的诸项拍卖，险象环生。有些简直可以说是个人价值取向甚至隐秘的大曝光。一位众人眼中极腼腆内向的男同学，取走了免费旅游世界的机票，让人刮目相看。一位正在离婚风波中的女子，选择了和情人浪迹天涯，于是有人暗中揣测，她是否已有了意中人？一位手脚麻利助人为乐的同学，居然选了勤快忠诚的仆人，让全体大跌眼镜。细一琢磨，推算可能他总当一个勤快人，已经厌烦，但又无力摆脱这约定俗成的形象，出于补偿的心理，干脆倾其所有，买下对另一个人的指挥权吧。一旦咀嚼出这选择背后的韵味，旁观者就有些许酸涩。

一位爱喝酒的同仁，一锤定音买下了"三五个知心朋友"，让我在想象中，立即狠狠掴了自己一掌。从前，我劝过他不要喝那么多的酒，他笑说，我喜欢和朋友在一起。我不死心，便再劝，他却一直不改。此番看了他的选择，我方晓得朋友在他的心秤上如此沉重。我决定——该闭嘴时就闭嘴吧。

光顾了看别人的收成，差点耽误了自己地里的活计。同桌悄悄问，你到底打算买何种生涯？

我说,没拿定主意啊。我想要那座图书馆。

同桌说,傻了不是?我看你不妨要那张价值50万美元且年年递增25%的股票,要知道这可是一只会下金蛋的火鸡。只要有了钱,什么图书馆置办不出来呢?你要把图书馆换成别的资产,就很困难了。如今信息时代,资料都储藏在光盘里,整个大英博物馆也不过是若干张碟的事。图书馆是落后的工业时代的遗物了……

他话还没说完,老师举起了新的一张卡片。他见利忘友,立刻抛开我,大喊了一声:嗨!这个我要定了。1000!

我定睛一看,他倾囊而出购买回来的是——一门精湛的技艺。

我窃笑道,你这才是游牧时代的遗物呢,整个一小农经济。

他很认真地说,我总记着老爸的话,家有千金,不如薄技在身。

我暗笑,哈,人啊,真是环境的产物。

好了,不管他人瓦上霜了,还是扫自己门前的雪吧。同桌的话也不无道理。有了足够的钱,当然可以买下图书馆或是任何光碟。但你没有这些钱之前,你就干瞪眼。钱在前?还是图书馆在前?两者的顺序便有了原则的不同。我愿自己在两鬓油黑耳聪目明之时,就拥有一座窗明几净汗牛充栋庭院深深斗拱飞檐的图书馆。再说,光碟和图书馆哪能同日而语?我不仅想看到那些古往今来的智慧头脑留下的珍珠,还喜欢那种静谧幽深的空间和气氛,让弥漫在阳光中的纸张味道鼓胀自己的肺……这些,用钱买来的新书和光碟,仿得出来吗?

正这样想着,老师举起了"图书馆",我也学同桌,破釜沉舟地大喊了一声:1000!

于是,宏大的图书馆就落到了我的手中。那一刻,虽明知是个模拟的游戏,心中还是扩散起喜悦的巨大涟漪。

拍卖一项项进行下去,场上气氛热烈。我没有参加过实战,不知真正的拍卖行是怎样的程序,但这一游戏对大家心灵的深层触动,是不言而喻的。

当老师说,游戏到此结束。教室一下静得不可思议,好像刚才闹哄哄的一干人,都吞炭为哑或羽化成仙去了。

老师接着说,有人也许会在游戏之后,思索和检视自己,产生惊讶的发现和意料外的收获。有一个现象,不知大家发现没有,有三项生涯,当我开价100元之后,没有人应拍,也就是说不曾成交。这种卖不出去的物品,按规矩,是要拍卖行收回的。但我决定还是把它们留下。也许你们想想之后,还会把它们选作自己的生涯目标。

这三项是:

1. 名垂青史。
2. 和家人共度周末。
3. 直言不讳的勇敢和百折不挠的真诚。

同学大眼瞪小眼,刚才都只专注于购买各自的生涯,不曾注意被遗落冷淡的项目。听老师这样一说,就都默然。

我一一揣摩,在心中回答老师。

和家人共度周末?

老师别恼。不曾购买它以作自己的生涯,原因可能是多方面的。有人以为这是很平淡的事,不必把它定做目标。凡夫俗子们,估摸着自己就是不打算和家人共度周末,也没有什么地方可去。一件被迫的几乎命中注定的事,何必要选择?还有的人,是一些不愿归巢的鸟,从心眼里不打算和家人共度周末。现今只有没本事的人,才和家人共度周末。有本事的人,是专要和外人度周末的。

青史留名?

可叹现代人(当然也包括我),对史的概念已如此脆弱。仿佛站在一个修鞋摊子旁边,只在乎立等可取,只在乎急功近利。当我们连清洁的水源和绵延的绿色,都不愿给子孙留下的时候,拥挤的大脑中,如何还存得下一块森严的石壁,以反射青史遥远的回声?

勇敢和真诚?

它固然是人类曾经自豪和骄傲的源泉,但如今怯懦和虚伪,更成了安身立命的通行证。预定了终生的勇敢和真诚,就把一把利刃悬在了颅顶,需要怎样的坚韧和稳定?! 我们表面的不屑,是因为骨子里的不敢。我们没有承诺勇敢的勇气,我们没有面对真诚的真诚。

游戏结束了,不曾结束的是思考。

在弥漫着世俗气息的"我"之外,以一个"孩子"的视角,重新剖析自己的价值观和生存质量,内心就有了激烈的碰撞和痛苦的反思。

在节奏纷繁的现代社会,我们一天忙得视丹成绿,很难得有这种省察自我的机会。这一瞬让我们返璞归真。

人生的重大决定,是由心规划的,像一道预先计算好的框架,等待着你的星座运行。如期改变我们的命运,请首先改变心的轨迹。

(资料来源:毕淑敏:《爱怕什么》,华夏出版社2000年版)

五、提升能力,把握未来

上帝为每一只笨鸟都准备了一个矮树枝

对别的孩子来说,生在一个爸爸是政府官员、妈妈是大学教授的家庭,相当于含着金钥匙。但对我却是一种压力,因为我并没有继承父母的优良基因。

两岁半时,别的孩子唐诗宋词、1—100已经张口就来,我却连10以内的数都数不清楚。上幼儿园的第一天我就打伤了小朋友,还损坏了园里最贵的那架钢琴。之后,我换了好多家幼儿园,可待得最长的也没有超过10天。每次被幼儿园严词"遣返"后爸爸都会对我一顿拳脚,但雨点般的拳头没有落在我身上,因为妈妈总是冲过来把我紧紧护住。

爸爸不许妈妈再为我找幼儿园,妈妈不同意,她说孩子总要跟外界接触,不可能让他在家待一辈子。于是我又来到了一家幼儿园,那天,我将一泡尿撒在了小朋友的饭碗里。妈妈出差在外,闻讯赶来的爸爸恼怒极了,将我拴在客厅里。我把嗓子叫哑了,手腕被铁链子硌出一道道血痕。我逮住机会,砸了家里的电视,把他书房里的书以及一些重要资料全部烧了,结果连消防队都被惊动了。

爸爸丢尽了脸面,使出最后一招,将我送进了精神病院。一个月后,妈妈回来了,她第一件事是跟爸爸离婚,第二件便是接我回家。妈妈握着我伤痕累累的手臂,哭得惊天动地。在她怀里我一反常态,出奇的安静。过了好久,她惊喜地喊道:"江江,原来你安静得下来。我早说过,我的儿子是不被这个世界理解的天才!"

上了小学,许多老师仍然不肯接收我。最后,是妈妈的同学魏老师收下我。我的确做到了在妈妈面前的许诺:不再对同学施以暴力。但学校里各种设施却不在许诺的范围内,它们接二连三地遭了殃。一天,魏老师把我领到一间教室,对我说:"这里都是你弄伤的伤员,你来帮它们治病吧。"

我很乐意做这种救死扶伤的事情。我用压岁钱买来了螺丝刀、钳子、电焊、电瓶等,然后将眼前的零件自由组合,这些破铜烂铁在我手底下生动起来。不久,一辆小汽车、一架左右翅膀长短不一的小飞机就诞生了。

我的身边渐渐有了同学,我教他们用平时家长根本不让动的工具。我不再用拳头来赢得关注,目光也变得友善、温和起来。

很多次看到妈妈晚上躺在床上看书,看困了想睡觉,可又不得不起来关灯,于是我用一个星期帮她改装了一个灯具遥控器。她半信半疑地按了一下开关,房间的灯瞬间亮了起来,她眼里一片晶莹,"我就说过,我的儿子是个天才。"

直到小学即将毕业,魏老师才告诉了我真相。原来,学校里的那间专门收治受伤设施的"病房"是我妈妈租下来的。妈妈通过这种方法为我多余的精力找到了一个发泄口,并"无心插柳柳成荫"地培养了我动手的能力。

我的小学在快乐中很快结束了。上了初中,一个完全陌生的新环境让我再次成为批评的对象——不按时完成作业、经常损坏实验室的用品,更重要的是,那个班主任是我极不喜欢的。比如逢年过节她会暗示大家送礼,好多善解人意的家长就会送。

我对妈妈说:"德性这么差的老师还给她送礼,简直是助纣为虐!你要是敢送,我就敢不念。"这样做的结果是我遭受了许多冷遇,班主任在课上从不提问我,我的作文写得再棒也得不到高分,她还以我不遵守纪律为由罚我每天放学打扫班级的卫生。

妈妈到学校见我一个人在教室扫地、拖地,哭了。我举着已经小有肌肉的胳膊对她说:"妈妈,我不在乎,不在乎她就伤不到我。"她吃惊地看着我。我问她:"你儿子是不是特酷?"她点点头,"不仅酷,而且有思想。"

从此,她每天下班后便来学校帮我一起打扫卫生。我问她:"你这算不算是对正义的增援?"她说:"妈妈必须站在你这一边,你不是一个人在战斗。"

初中临近毕业,以我的成绩根本考不上任何高中。我着急起来,跟自己较上了劲儿,甚至拿头往墙上撞。我绝食、静坐,把自己关在屋子里,以此向自己的天资抗议。

整整四天,我在屋内,妈妈在屋外。我不吃,她也不吃。

第一天,她跟我说起爸爸,那个男人曾经来找过她,想复合,但她拒绝了。她对他说:"我允许这个世界上任何一个人不喜欢江江,但我不能原谅任何人对他无端的侮辱和伤害。"

第二天,她请来了我的童年好友傅树:"江江,小学时你送我的遥控车一直在我的书房里,那是我最珍贵、最精致的玩具,真的。现在你学习上遇到了问题,那又怎样?你将来一定会有出息,将来哥们儿可全靠你了!"

第三天,小学班主任魏老师也来了,她哭了:"江江,我教过的学生里你不是最优秀的,但你却是最与众不同的。你学习不好,可你活得那么出色。你发明的那个电动吸尘黑板擦我至今还在用,老师为你感到骄傲。"

第四天,屋外没有了任何声音。我担心妈妈这些天不吃不喝会顶不住,便蹑手蹑脚地走出了门。她正在厨房里做饭,我还没靠前,她就说:"小子,就知道你出来的第一件事就是想吃东西。"

"妈,对不起,我觉得自己特别丢人。"

妈妈扬了扬锅铲子:"谁说的!我儿子为了上进不吃不喝,谁这么说,你妈找他拼命。"

半个月后,妈妈给我出了一道选择题:"A:去一中,本市最好的高中。B:去职业高中学汽车修理。C:如果都不满意,妈妈尊重你的选择。"我选了B。我说:"妈,我知道,你会托很多关系让我上一中,但我要再'辜负'你一次。"妈妈摸摸我的头,"傻孩子,你太小瞧你妈了,去职高是放大你的长处,而去一中是在经营你的短处。妈妈好歹也是大学教授,这点儿脑筋还是有的。"

就这样,我上了职高,学汽车修理,用院里一些叔叔阿姨的话说:将来会给汽车当一辈子孙子。

我们住在理工大学的家属院,同院的孩子出国的出国、读博的读博,最差的也是研究生毕业。只有我,从小到大就是这个院里的反面典型。

妈妈并不回避,从不因为有一个"现眼"的儿子对人家绕道而行。相反,如果知道谁家的车出现了毛病,她总是让我帮忙。我修车时她就站在旁边,一脸的满足,仿佛她儿子修的不是汽车,而是航空母舰。

我的人生渐入佳境,还未毕业就已经被称为"汽车神童",专"治"汽车的各种疑难杂症。毕业后,我开了一家汽修店,虽然只给身价百万以上的座驾服务,但门庭若市——我虽每天一身油污,但不必为了生计点头哈腰、委曲求全。

有一天,我在一本书中无意间看到这样一句土耳其谚语:"上帝为每一只笨鸟都准备了一个矮树枝。"是啊,我就是那只笨鸟,但给我送来矮树枝的人,不是上帝,而是我的妈妈。

(资料来源:枫叶教育网,www.fyeedu.net/info/159738-1.htm)

这是个非常感人的故事,它让我们明白——每个来到这个世界的人都可以是快乐的天才,关键要学会找到合适的"树枝"。每个人都有其独特的能力,以及自身独有的优势。比如,有的人言语能力一般,但数理能力超强;有的人社会交往能力一般,但动手能力却非常出色……因此,成功的关键一步是要清楚了解自己的能力,并想办法最大限度地发挥自身的优势。能力,是一个人可否进入职业的先决条件,是能否胜任职业工作的主观条件。无论从事什么职业总要有一定能力作保证。没有任何能力,根本谈不到进入职业工作,对个人来讲也就无所谓职业生涯可言。

(一) 什么是能力

能力是指人们成功地完成某种活动所必须具备的个性心理特征。它总是和人们的某种活动相联系，并表现在活动中。能力是看不见、摸不着的，它必须借助外在的活动才能表现出来。我们了解一个人的能力必须"听其言，观其行"。比如，一个人只有具备较好的曲调感、节奏感和想象力，并且歌声优雅动听，我们才能说他具有音乐能力。掌握活动的速度和成果的质量被认为是能力的两种标志。

与职业相关的能力可以分为两种：一般能力和特殊能力。

一般能力指大多数职业活动所共同需要的能力，是人所共有的最基本的能力，适用于广泛的职业活动范围，符合多种职业活动的要求，并保证人们比较容易和有效地掌握知识。一般能力以抽象概括能力为核心，它和认识活动紧密地联系着。观察力、记忆力、思维力、想象力、注意力都是一般能力，一般能力也就是通常说的智力。

特殊能力指为某项专门职业活动所必需的能力。它只在特殊职业活动领域内发生作用，是完成有关职业活动必不可少的能力。我们要从事特定的职业，仅凭一般能力是不够的，还必须具备一定的特殊能力。比如做一个建筑设计师，除了智力要达到一定要求之外，还需要一定的形象思维能力、绘画能力和数理能力；想要当一名教师，除了智力之外，还需要一定的言语表达能力、社会交往能力和组织管理能力。通常我们将特殊能力区分为一般言语能力、数理能力、空间判断能力、察觉细节能力、书写能力、运动协调能力、动手能力、社会交往能力、组织管理能力等九个方面。

每个人的能力都是有差异的，这种差异首先体现在能力的类型上。无论是一般能力还是特殊能力都存在类型差异。比如在记忆力方面，根据每个人记忆材料的方法可分为：(1) 视觉型。视觉识记的效果较好，画家多属于这种类型。达·芬奇在十几岁时，到一个寺院游玩，看到很多壁画和雕刻。回家后他全部默画下来，不仅轮廓、比例、细节一样，而且彩色明暗也很逼真。法国风景画家柯罗德·罗兰不是对实物风景作画，而是回画室后根据视觉表象画风景画。(2) 听觉型。听觉识记的效果较好，音乐家多属于这种类型。例如，贝多芬在完全耳聋后,仍能根据听觉表象创作出第九交响曲。(3)运动型。有运动觉参加时识记效果较好,运动员属于这种类型。(4)混合型。运用多种表象时识记的效果较好,大部分人是属于混合型。我们的特殊能力也存在类型差异。一个人可以具有多种特殊能力,但其中会有1—2种占优势。即便是同一种特殊能力,也含有多种成分,其中各种成分对活动的作用是不同的。比如击剑运动能力由观察力、反应速度、攻击力量和意志力等所组成。曾经有心理学家研究了三个具有同样水平和同样运动成绩的击剑运动员,发现他们的能力组成因素及发展水平各不相同。一个反应速度并不突出,但具有高度发展的观察力和正确地估计情况与及时做出动作的能力;另一个则以一般的灵活性与坚韧性为特点;第三个则有强烈的攻击力量和必胜的信心。正是这些不同类型的能力,决定了我们每个人适合做不同类型的职业。换句话说,能力的类型决定了我们的职业类型。

能力的个体差异还体现在发展水平上。同样一种能力在整个人群中的相对水平有高下之分。比如同样是组织管理能力,管理一个团队、一个办公室,与管理一个企业、一个国家所涉及的管理能力水平就有很大的差别。而我们具有的某种能力在群体中的地位,就决定了我们在相关职业活动中的竞争力。

(二)职业能力的识别

一个人要想胜任一定的工作或在工作中取得一定的成就,就必须具备一定的能力,例如记忆能力、观察能力、理解能力、思维推理能力等。因此在很多职位的任职资格中都有对能力的规定。职业能力测验是个人了解自己能力倾向的一种非常有效的方法。根据测验分数,我们可以了解自己的长处和短处。这在决定自己职业发展方向时,具有非常重要的参考价值。目前,职业能力测验也被广泛用于人才选拔和员工考评当中。从应用角度看,能力测验主要有两类:智力测验和特殊能力测验。智力测试的目的在于测量一般能力的高低。不过在校园招聘时,很少会看到有企业或单位对大学生进行智力测验。因为认知能力和学习活动是密切联系的。能够考上大学并完成大学的学业,这已经在一定程度上证实了大学生在认知方面的能力。因此招聘方的考察重点往往会是特殊能力。在这里我们介绍几种常用的能力测验。

学术能力倾向测验(Scholastic Aptitude Test,简称SAT)

SAT相当于我们国家的高考,由美国教育测验服务中心主持。分语言和数学。语言包括反义词、句子填充、类比推理、阅读理解等内容,考查学生在词汇量、阅读理解、逻辑思维以及做出判断和结论的能力。数学包括算术、代数和几何等内容,考查学生在数学运算、推理能力以及应用数学概念与知识解决问题的能力。SAT皆为多重选择题,限时3个小时。

分辩能力倾向测验(Differential Aptitude Test,简称DAT)

DAT由美国心理公司制订,主要适用于初中和高中生的教育咨询及就业指导。包括8个分测验:言语推理;数的能力;抽象推理;文书速度与准确性;机械推理;空间关系;语言运用:拼写;语言运用:文法。每个分测验单独施测并单独记分。通过测验绘制出DAT能力剖面图,既可直观提供个人在8种能力倾向上的内部差异,又可表明个人在每种能力倾向上相对于同年级团体的相对位置。

一般能力倾向成套测验(General Aptitude Tests Battery,简称GATB)

GATB是由美国劳工部就业保险局设计而成的综合性职业性向测验。可测量9种能力倾向因素。将个人的9种能力因素标准分与某一个特别职业常模(见表2-9)所要求的能力因素的切割分数相比,可能评为高、中、低三档,高为合格员工,职业成功机会大;中为接近合格,可以胜任工作;低为不合格,应转行。GATB共提供了36个职业群。

表2-9 GATB各职业群的能力倾向最低基准表

职业能力群	各能力倾向的最低分								
	智力	言语	数学	知觉书写	空间	形状知觉	运动协调	手指	手工
人文系统的职业	125	125	100						
需言语能力的事务职业	125	110		100					
自然科学系统专门职业	125		125		100				
需数的能力的事务职业	125		110	100					

续表

职业能力群	各能力倾向的最低分							
	智力	言语	数学	知觉书写	空间	形状知觉	运动协调	手指	手工
机械事务职业	90			90			90		
美术作业的职业	90				90	90			
设计、制图、电气职业			110		110			90	
造型、手指作业的职业					90	90		90	

此外,在企业招聘活动中常用的特殊能力测试还包括,文字能力测试,主要测试应聘者处理办公室日常例行工作的能力,如打字、记录、整理、保管和通知联络等;心理运动能力测试,主要是用于测量一个人运动反应的速度、灵活性、协调性和其他身体运作方面的特征;艺术能力测试,主要是测试对美感组织的鉴赏能力,包括图画各部分的平衡、对称、调和、异同等;视力测试,采用挂图量表进行测量。进行特殊能力测试需要一些心理测试仪器的配合运用。

(三)大学生一般能力的拓展

将职业能力区分为一般能力和特殊能力只是我们从心理学角度认识能力的一种视角。尤其从一般能力的内涵来讲,仅将认知方面的能力纳入大多数职业活动所共同需要的能力,显然是不足以应对激烈的求职竞争的。如今,无论要在哪个行业里面站住脚,除了要在智力上达到一定要求之外,还必须拥有社会所需要的各种通用能力。从某种意义上来说,一般能力的内涵已经拓展为无论什么专业的学生要想顺利就业并尽快有所成就,都必须具备一些共同的基本能力。

表达能力

表达能力是指运用语言或文字阐明自己的观点、意见或抒发思想的能力,包括口头表达能力、文字表达能力、数字表达能力、图示表达能力等几种形式。对于大学生来说,表达能力的重要性不言而喻。不仅在参加工作走向社会后,会立即强烈地意识到这一点,而且在求职就业的时候也会有深切的感受。比如求职自荐信的撰写,个人材料的准备,回答招聘人员的问题,接受用人单位的面试等,每一个环节都需要较强的表达能力。

培养表达能力,关键在于提高表达的准确性、鲜明性和生动性。准确,是对人们表达能力最基本的和最首要的要求。没有准确的表达,信息就不能如实传递出来,也就失去了表达应有的作用。同时表达又需要有人来接受。只有鲜明生动的表达,才能更好地排除人们接收信息时带来的各种障碍,有利于表达目的的实现。因此,我们在培养表达能力时要尽可能向准确、鲜明、生动的方向努力。

动手能力

动手能力也就是实际操作能力,它是人的智力转化为物质力量的关键,是专业工作者必须具备的一种实践能力。在现实生活中,尤其是教学、科研、生产第一线,大学毕业生实际动手操作能力的强弱,将直接影响到其作用的发挥。比如,作为一名科技人员,只懂得技术原理不行,没有操作能力,在很多情况下是不能完成技术任务的;作为一名教师,只有丰富的知识是不够的,还要有能把自己的知识传授给学生的能力。学化学的人都知道,实验能力的强弱对实验的效果有很大的影响;学电子的要使用烙铁,要求焊接速度快、质量好;操作仪器,特别是精密仪器的人,手指的灵活程度对调试就有影响等。因此,我们必须重视动手能力的培养。

一个人实际操作能力水平的高低主要体现在操作的速度、准确和灵活三个方面。要提高自己的动手能力关键在于多看、多练。看得多、接触得多,就可以掌握一些基本的操作程序和方法,练得多才可能真正提高自己的动手操作能力和技巧。找工作的时候,在实际操作上如果有一手或几手过硬的本领,一定会受到用人单位的青睐。

适应能力

适应社会和改造社会是对立统一的两个方面。无法想象一个不能接纳社会的人能够改造世界。同学们在跨出校门之前大都有"海阔凭鱼跃,天高任鸟飞"的远大抱负,但真正在生活的激流中奋勇前进时,往往会发现现实生活不尽如人意,发现自己对现实生活的不适应。初入社会的学生,在以改造社会为己任的同时,适应社会的意识较弱,适应能力不够,面对现实生活中的消极现象常常产生不安、不满的情绪。实际上，适应社会正是为了担当社会赋予人们的职责与使命；适者生存，生存正是为了发展。只有注重自己适应社会的能力，走向社会后才能尽可能地缩短自己的适应期，充分地发挥自己的聪明才智。

适应社会的能力是素质、能力的综合反映，适应社会能力的强弱与思想品德、文化知识、活动能力、创造能力、处理人际关系的能力以及健康状况等密切相关。需要指出的是，对社会、对环境的适应，是主动的、积极的适应，不是消极地等待和对困难的屈服，更不是对落后、消极现象的认同，甚至同流合污。适应要同发展结合起来，要同改造联系起来。如果只讲适应，不思进取和改造，社会和个人都无法进步。

人际交往能力

人际交往能力实际上就是我们与他人相处的能力。社会上的人际关系远不如学校中的同学、师生关系那么简单。步入社会后，我们要与各种各样的人发生这样那样的关系。能否正确、有效地处理、协调好职业生活中人与人的各种关系，不仅影响我们对环境的适应状况，而且影响着我们工作的效能、心理的健康、生活的愉快和事业的成败。刚刚走上工作岗位时，由于初谙世事，阅历较浅，缺少经验，同学们往往会在各种错综复杂的关系面前茫然失措，苦于无法适应，常常感叹"工作好搞，关系难处"。因此，在学校里面就开始自觉地培养良好的人际交往能力非常重要。

培养良好的人际交往能力要做到三条：一是要积极大胆地参与。大学校园是优秀青年的聚集地，宽松的文化氛围为同龄人的交流提供了良好的条件，各种社团活动活跃，各种社会实践机会繁多。我们应该珍惜机会，抓住机遇，大胆参与。二是要诚实守信。在人际交往重要以诚相待、以诚取信。"人无信而不立"，在处世过程中不诚实的行为，很可能导致自己终身的遗憾。三是要平等待人。人与人之间无论职位高低，工作性质如何，彼此都是平等的。如果没有这种平等的待人观念，就难以与别人建立良好的人际沟通，更不用说建立良好的人际关系。对于刚刚毕业的大学生来说，必须十分注重尊重、爱护和关心他人，从而获得他人的尊重和支持，为自己营造一个宽松、和谐的生活工作环境。

组织管理能力

尽管不是每个人大学毕业后都会从事管理工作,但可以说每个人在将来的工作中都不同程度地需要组织管理才能,这是现代社会对人才提出的要求。近年来,大学毕业生中的学生干部、社团活跃分子普遍受到用人单位的欢迎,其重要原因就是用人单位非常看重组织管理能力。

要培养自己的组织管理能力,要积极主动,抓住机遇,怀着一颗为同学服务的爱心。只要善于观察、善于取人之长补己之短,组织管理能力就能够得到提高。

创新能力

创新能力是在多种能力发展的基础上,利用已知信息,创造新颖、独特、具有社会价值的新理论或新产品的能力;它是一种综合性的、高层次的思维能力和行动能力,是以智能为基础具有一定科学依据的"异想天开"。

从社会角度来讲,经济的发展、科技的进步离不开发明创新。从个人角度来说,成功、成才依赖创新。创新能力包含多方面的内容,如强烈的好奇心,细微的观察力,深刻的洞察力,大胆设想、勇于探索的精神以及提出问题、研究问题、解决问题的能力等。大学生要自觉地培养这些能力,为就业后能够创造性地工作打下扎实的基础。

决策能力

决策能力就是对未来行为目标的决断和选择的能力。良好的决策能力可以实现对目标及其实现手段的最佳选择,因此能少走弯路、少犯错误,以较小的代价取得进步与成功。人的一生往往会碰到各种需要自己当机立断、痛下决心来决断的事情。对于即将毕业的大学生来说,走向社会,这是人生的一大转折点。面临求职择业,何去何从,别人的意见和忠告各种各样,最终要靠自己拿主意。显然,这是对自己决策能力的一次检验。在未来的工作中,各种问题以及它们的变化进展都需要自己迅速做出反应,及时予以处理。

培养决策能力要从日常小事做起,不要事无巨细都请别人为自己拿主意,要养成多谋善断的习惯。这样日积月累,以后遇到重大事情时,才不至于无所适从。

顽强的毅力

任何工作都不是仅仅只有想法就可以实现的,都需要脚踏实地、一步一步地工作,这就需要顽强的毅力。与社会相比,学校生活的压力相对少些,所以更应该积极、主动地锻炼自己吃苦耐劳的精神和顽强拼搏的毅力。要有进取心和求知欲望。平时还可以有意识地多参加一些诸如长跑、游泳、登山等需要耐力的项目,主动地锻炼自己的毅力。

计算机和外语能力

在校期间要刻苦学习,不断更新已有的知识。特别是计算机,近几年来发展很快,已被广泛应用于各个领域。不论是科研、教学还是生产,都离不开计算机,因此要努力学习计算机的最新知识,以适应社会发展的需要。随着我国社会的发展与对外开放,特别是加入 WTO 之后,对外交流越来越多,因此还要努力学习外语,没有较高的外语水平,很多工作就难以胜任。目前许多岗位在招聘时会将计算机和外语看作基本的硬件要求,如果没有相应的证书,很难通过第一轮简历筛选。

近几年来,大学生积极从事社会实践、勤工助学活动的形势喜人。在社会实践活动中学生们开展了各种形式的社会调查;校内外相结合的科学研究、科技协作、科技服务;以参加校内建设为主要内容的生产劳动;担任家庭教师等为主的智力服务活动;担当实验室辅助工作人员,从事力所能及的科研活动等,在广阔的社会舞台上锻炼了自己。

补充阅读

测一测你的职业能力倾向

本测验把人的职业能力倾向分为 9 种,每种能力由一组 4 道题目反映。

测验时,请仔细阅读每一题,采用"五等评分法"对自己的能力进行评定,然后分别计算出自评等级。

（一）一般学习能力倾向（G）	弱	较弱	一般	较强	强
1. 快而容易地学习新内容	1	2	3	4	5
2. 快而正确地解数学题目	1	2	3	4	5
3. 对课文的字、词、段落篇章的理解、分析和综合能力	1	2	3	4	5
4. 对学习过的材料的记忆能力	1	2	3	4	5

（二）言语能力倾向（V）	弱	较弱	一般	较强	强
1. 善于表达自己的观点	1	2	3	4	5
2. 阅读速度和理解能力	1	2	3	4	5
3. 掌握词汇量的程度	1	2	3	4	5
4. 你的语文成绩	1	2	3	4	5

（三）算术能力倾向（N）	弱	较弱	一般	较强	强
1. 做出精确地测量	1	2	3	4	5
2. 笔算能力	1	2	3	4	5
3. 口算能力	1	2	3	4	5
4. 你的数学成绩	1	2	3	4	5

（四）空间判断能力倾向（S）	弱	较弱	一般	较强	强
1. 解决立体几何方面的习题	1	2	3	4	5
2. 画三维度的立体图形	1	2	3	4	5
3. 想象盒子展开后的平面图	1	2	3	4	5
4. 想象三维度的物体	1	2	3	4	5

（五）形态知觉能力倾向（P）	弱	较弱	一般	较强	强
1. 发觉相似图形中的细微差别	1	2	3	4	5
2. 识别物体的形状差异	1	2	3	4	5
3. 注意物体的细节部分	1	2	3	4	5
4. 观察物体的图案是否正确	1	2	3	4	5

（六）书写知觉（Q）	弱	较弱	一般	较强	强
1. 快而准地抄写资料（如姓名、日期、电话号码）	1	2	3	4	5
2. 发现错别字	1	2	3	4	5
3. 发现计算错误	1	2	3	4	5

	弱	较弱	一般	较强	强
4.能很快查找编码卡片	1	2	3	4	5

（七）眼手运动协调能力倾向（K）

	弱	较弱	一般	较强	强
1.玩电子游戏	1	2	3	4	5
2.打篮球、排球、足球一类活动	1	2	3	4	5
3.打乒乓球、羽毛球运动	1	2	3	4	5
4.打字能力	1	2	3	4	5

（八）手指灵巧度（F）

	弱	较弱	一般	较强	强
1.灵巧地使用很小的工具	1	2	3	4	5
2.穿针眼、编织等使用手指的活动	1	2	3	4	5
3.用手指做一件小工艺品	1	2	3	4	5
4.使用计算器的灵巧程度	1	2	3	4	5

（九）手腕灵巧度（M）

	弱	较弱	一般	较强	强
1.用手把东西分类	1	2	3	4	5
2.在推拉东西时手的灵活度	1	2	3	4	5
3.很快地削水果	1	2	3	4	5
4.灵活地使用手工工具	1	2	3	4	5

计分方法：

1. 选"强"得5分，选"较强"得4分，以此类推。
2. 计算每一类能力倾向的自评等级：自评等级＝总分÷4
3. 将自评等级填入下表：

职业能力倾向	自评等级	职业能力倾向	自评等级
G		Q	
V		K	
N		F	
S		M	
P			

部分职业所需的最低能力标准

职业	职业能力								
	G	V	N	S	P	Q	K	F	M
生物学家	1	1	1	2	2	3	3	2	3
建筑和工程技术专家	2	2	2	2	3	3	3	3	3
系统分析和计算机程序员	2	2	2	2	3	3	4	4	4
经济学家	1	1	1	4	4	2	4	4	4
心理学家	1	1	2	2	2	3	4	4	4
社会工作者	2	2	3	4	4	3	4	4	4
法官	1	1	3	3	3	3	3	4	4
律师	1	1	3	4	3	3	3	4	4
职业指导专家	2	2	3	4	4	3	4	4	4
内、外、牙科医生	1	1	2	1	2	3	2	2	2
护士	2	2	3	3	3	3	3	3	3
医院药剂师	2	2	3	3	3	3	3	3	3
作家和编辑	2	1	3	3	3	3	3	4	4
秘书	3	3	3	4	3	2	3	3	3
出纳员	3	3	3	3	3	3	3	3	4
商业经营管理	2	2	3	4	4	3	4	4	4
画家、雕刻家	2	3	4	2	2	5	2	1	2

(资料来源:根据"一般能力倾向成套测验"(GWTB)编写)

复习思考题

1. 什么是兴趣?可以分为哪几种类型?
2. 什么是性格?MBTI理论从哪几方面解释人的性格?
3. 什么是一般能力?什么是特殊能力?二者有什么区别?

Topic 3：认识职业自我的结果

前面我们分别从职业兴趣、职业性格、职业气质、职业价值观,还有职业能力这五个方面帮助大家认识了自我。对于职业生涯规划、对于找工作来说,认识职业自我的意义在于能够帮助我们找准自己的个人定位,挖掘自己的核心竞争力。什么是核心竞争力?有同学可能要问了:我尊老爱幼,热心助人,而且我长得帅是不是也可以作为核心竞争力?怎么界定个人核心竞争力呢?其实需要通过分析我们的个性特征、成就、工作经验和专业知识来确定自己的核心竞争力。就像华山论剑时,你要知道自己可以施展出来的最厉害的功夫,并将它发挥出来,才能获得成功。

NBA巨星迈克尔·乔丹在效力于芝加哥公牛队并三次赢得总冠军之后,决定退出篮球界转而尝试棒球和橄榄球。不可否认,乔丹是一名伟大的运动员,他深信自己的运动天赋会使他在其他项目上依然表现出色,但是事实证明,除了篮球没有一项运动能使他的才能发挥得如此淋漓尽致。幸运的是,乔丹很快意识到了这一点,他回到了NBA,并带领公牛队取得了第2个三连冠。

这里的乔丹是一个很有趣的例子。当他对自己的定位准确时,达到了自己职业生涯的高峰;中途他对自己的定位迷失了,职业生涯也陷入了低谷;而当他再一次回到自己的正确的轨道上时,他又创造了自己职业生涯的第二个高峰。

准确的自我定位可以帮助我们找到正确的职业方向。我们说现在的求职竞争越来越激烈,在很大程度上已经演变为个人核心竞争力的竞争。挖掘自身的核心竞争力就是要进行准确的自我定位,找到自己的优势和劣势所在。

因此,在这一部分,我们主要解决两个问题:第一,如何进行个人定位进而明确自己的优势领域?第二,如何在优势领域的基础上,进一步挖掘自己的核心竞争力?

一、明确优势领域

怎样找到自己的准确定位呢?这就需要对自己的兴趣、性格、气质、价值观还有能力进行深刻的理解。

兴趣是我们做事的动力源泉,性格决定了我们的行为风格和工作方式,气质涉及工作的性质和效率,价值观关系到我们最看重哪些需求的满足,而能力是我们完成职业活动的基础。如图 3-1 所示,对于我们的职业选择和生涯规划,兴趣和价值观决定了我们想做什么,性格、气质和能力决定了我们能做什么,这两个圆环的交汇处就是最适合我们的定位,决定我们应该做什么。

图 3-1 职业定位原理图

接下来,我们将结合一个具体的案例,介绍如何整合各方面的信息进行职业自我定位。

> 小李是某高校计算机专业的学生,在临近毕业时常常对自己的职业动向难以选择。就现在来说计算机专业属于热门,找一份差不多的工作并不难,但由于自己是女生,在就业时肯定又不如同班的男生,同时自己对教师的职业比较喜欢。

在这种存在多种矛盾的情况下,她该怎么进行职业前程的规划?

这是一个非常典型的案例,许多同学到了毕业找工作的时候都会面临着类似的情形。对此,我们将可以有两种方法来进行分析:一是客观测评法,通过职业测评结果来进行分析整理;二是主观整合法,通过具体情况来进行分析整理。

方法一:客观测评法

首先,我们请小李分别做了关于兴趣、性格、气质、价值观和能力的测评,所有测评采用的都是本书中介绍或者"补充阅读"中的版本。表3-1呈现了她的一系列测评结果。

表3-1 小李的职业测评结果汇总表

职业测评	测评结果	典型职业或形象
兴趣	社会型、研究型、艺术型(SIA)	社会学家、心理咨询者、学校心理学家、政治科学家、教师、大学或学院的系主任、大学教师、助教、成人教育教师
性格	内向/直觉/情感/知觉(INFP)	治疗师、导师
气质	抑郁质、多血质	护士、心理咨询师、幼儿教师、编辑、化验员
价值观	理论型、社会型、审美型	教师、艺术工作、科研、工程师
能力	智商115 言语能力、形态知觉能力、书写能力	教师、编辑、记者、科研

当我们有了上述五份测评报告之后,接下来的工作就比较简单了——尽可能寻找各测评报告重叠的部分。在本案例中,小李适合的工作类型是各类咨询教导类的工作,比如:教师、管理咨询、心理咨询、职业辅导、教育咨询等。当然,如果我们结合案例给出的背景,最适合的显然是中小学的计算机老师。

职业测评的方法简单便捷,结果一目了然。但有的时候,同学们会觉得它能提供的信息太少,直接得出一个冷冰冰的结果,很难让人信服。所以,在做职业指导的时候,往往还会配合其他方法,给同学们提供更加丰富的信息。

方法二:主观整合法

主观整合法是在分析自我时,结合具体的个人背景、事例、求职信息来进行分析。总的来说,需要同学们通过回答五个问题来分析职业定位。

第一个问题:我是谁?(Who am I?)

第二个问题:我想要做什么?(What do I want?)

第三个问题:我能够做什么?(What can I do?)

第四个问题:我有哪些支持?(What can support me?)

第五个问题:最终我可以做什么?(What can I be in the end?)

针对上述五个问题,小李同学回答了以下内容:

1. Who am I?

某重点高校计算机专业毕业生;

优秀学生干部,学业成绩优秀,英语程度达六级水平;

辅修过心理学、管理学;

参加过高校演讲比赛,拿过名次;

家庭状况一般,既不属于有钱之类,也不属于生活拮据的那种,父母工作稳定,身体健康,暂时还不需要有人特别照顾;

自己身体健康;

性格不属内向,但也不是特别活泼,喜欢安静。

2. What do I want?

很想成为一名教师,这不仅是儿时的梦想,而且比较喜欢这种职业;

其次可以成为公司的一名技术人员;

如果出国读管理方面的硕士,回国成为一名企业管理人员也是可以接受的(出国是社会热潮,很多人羡慕的一种状态。没有考虑需要付出的努力,是否适合、喜欢等)。

3. What can I do?

做过家教,虽然不是自己的专业,但与孩子交流有天生的优势,做家教时当学生成绩进步时很有成就感;

当过学生干部,与手下人相处比较融洽,组织过几次有影响的大型活动;

实习时在公司做过一些开发,虽然没有大的成就,但感觉还行。

4. What can support me?

家里亲戚推荐去一家公司做技术开发;

GRE 考得还可以,已经申请了国外几所高校,但能不能有奖学金还很难说,况且现在签证比较困难;

去年曾有几所学校来系里招聘教师,但不是当老师,而是要去学校做技术维护,今年不知会不会有学校再来招聘教师;

有同学开了一家公司,希望自己能够加盟,但自己不了解这个公司的具体业务,也不知道它有多大的发展前途。

5. What can I be in the end?

分析出四种可能的选择:

(1)到一所学校当老师。

(2)到公司做技术人员。

(3)去同学的公司加盟创业。

(4)出国读书,回国后做一名企业管理人员。

当回答完上述五个问题之后,小李自己突然发现对这四种可能的选择进行分析似乎没有那么困难了:

选择一:到一所学校当老师,小李觉得自己有这方面的兴趣和理想,在知识和能力方面并不欠缺,与师范专业的毕业生相比,自己有专业方面的优势,讲授知识时可以让学生更加深入地了解更多前沿的知识,特别是现在计算机在中学生中有了相当的普及和基础,这都为自己当老师提供了可能。从性格和气质来看,教师职业和自己比较相符,能够满足自己的价值需求,自己也有信心成为学生心目中理想的好老师;不足的就是缺乏作为一名教师的基本训练以及一些技巧,但这可以逐步提高。

选择二:到公司做技术人员,收入上会好一些,但这种行业起伏较大,同时由于技术发展较快,得随时对自己进行知识更新,压力较大,小李表示自己信心不足,兴趣也不是很大。

选择三:去同学的公司加盟创业,意味着要丢掉专业从最底层做起,风险较大,这与自己求稳的心理性格不符,同时小李表示自己的家庭恐怕也会有阻力。

选择四:出国读书,回国后还是做一名企业管理人员。小李认为这里的不确定因素较多,比如能否获得奖学金?能拿到全奖还是半奖?去了能否适应高强度的学习顺利毕业?回国之后能否顺利找到工作?管理工作是否适合自己?……这些问题都存在疑虑且自己可把握性较小,自己始终处于被动状态。

如果单纯从职业发展上来看,这四种选择都有其合理性,但如果从个体特征而言,第一种选择显然更符合小李本人的职业取向,能够让她得到最大的满足,在工作中也最容易投入,做出一定的成就后会有很大的成就感。从职业前途来看,教师这个职业也日益受到社会的尊重,社会地位呈上升趋势。从性格气质上看,这种职业也比较符合她。主要困难是非师范生进入这个职业的有一个门槛需要跨越,如果她能确定自己的目标,努力去弥补职业技巧方面的差距,一定能够实现自己的职业理想。

总的来说,上述两种方法都可以帮我们分析职业自我,并且各有优劣。一般来说,低年级的同学经历比较少,如果采用主观整合的方法,很多问题会感到难以回答。所以低年级的同学建议采用客观测评的方法,找到自己的优势领域,然后在大学四年里针对性地在这个范围内努力。等升上高年级之后,可以再采用主观整合的方法,对大学四年进行整理和总结,检验测评结果的准确性,调整并确定求职目标。

二、挖掘核心竞争力

每个人都有自己的兴趣性格和能力特点,也就有自己最适合的工作类型。找到适合自己的工作类别之后,我们还需要进一步分析自己的优势和劣势,提高自己在激烈竞争环境中求职的成功率。

优势:是指自己出色的方面,尤其是与竞争对手相比具有优势的方面,如较强的组织能力、坚强的毅力、良好的身体素质等。优势直接决定了我们的核心竞争力。

劣势:是指与竞争对手相比处于落后地位的方面,如英语比较烂、交际能力差、起步较晚等。劣势会削弱我们的核心竞争力,影响核心竞争力的发挥。

(一)充分发挥自己的优势

几乎所有的求职面试中都会涉及这样一个问题:你认为自己的优势是什么？比如诚实、守信、自我激励、富有创造精神等。每一个求职者都必须很好地准备这个问题。我们首先来看构成个人优势的四块基石,它们会帮助你更好地挖掘自身的优势,方便你的自我定位。

```
核心竞争力的四块基石

个性特征          成就
工作经验          专业知识
```

图3-2　大学生核心竞争力的基础

这四块基石看起来简单,但在没有精心思考之前,有多少人能够很准确地得到自己的答案呢？最简单的了解自己的方法就是把你大学阶段的生活做一个系统而全面的回顾和总结。这份总结其实是围绕着三个问题进行的:第一个问题是,你在大学期间做了哪些事情;第二个问题是,为什么会做这些事情;第三个问题是,通过做这些事情有什么收获。每个问题都还可以伸展开去,引申出许多小的问题。通过这些问题的回答和提炼,你会很清楚地了解自己的四块优势基石到底在哪里。

个性特征

个性特征跟我们前面所说的性格有重叠的地方,但不完全是同一个东西。个性特征可以分为两部分:一般的个性特征和与工作相关的个性特征。一般的个性特征反映你的性格,你是个热情的人吗？你相信直觉吗？与工作相关的个性特征描述的是你性格中与工作相关的优势,比如团队领导能力、战略思维能力、责任心、处理细节的能力、沟通能力等。怎样针对特定的职业目标分析自己的个性特征,我们来看下面这个范例。

A同学在充分了解自己的基础上,把管理咨询工作定为自己的职业目标。咨询行业的竞争是十分激烈的,特别是一些跨国公司,有很多经管和经济学科班出身的人跃跃欲试。A同学认为自己身上有这么几种性格成分和咨询行业的素质要求配合得很好。

表3-2　A同学的个性特征分析

一般个性特征	与工作相关的个性特征	说明其个性特征的经历
1. 开朗随和	帮助他人解决问题的热情与信念	19年的求学经历一直由班长、大队长、学习委员、社团秘书长、学生会主席等身份跟随。从最早逐渐学习要为大家服务,到后来总是主动想到要为身边的同学解决困难,最后就是有点抑制不住地要为大家主动地做点实事。帮助他人已经不知不觉地成了个人特征的一部分了。在咨询行业,需要的恰恰就是这种把客户的事情完全当作自己的事情来做,全身心地提供解决方案的热忱和执着。
2. 精力充沛	对信息的高度敏感和关联组织能力	每天都会用至少一个小时的时间在重要的新闻网站上关注时事信息。而且逐渐培养自己把关于同一事物的不同报道片段迅速地整合在一起,提取出更为全面信息的能力。这对于咨询行业来说也是至关重要的素质之一。
3. 对世界充满好奇	善于学习、能够迅速地接受新事物	对于财经领域和管理领域的最新动态具有高度的敏感性,很快就明白招聘人员的真正需求。

每个求职者都需要这样全面、客观、深刻地分析自己的特征,找到自己对于特定行业和职位的优势在哪里。你想做销售,那么对于销售

工作,你身上哪些个性特征能体现出优势?你想报考公务员,你又有哪些个性优势能支持你通过笔试和面试?

成就

成就在很大程度上揭示了你各方面的才能。一般来说有工作经验的人在这方面有较大优势,而学生的特点是经历少,那怎么从有限的经历和取得的成绩中挖掘出有效的信息呢?

下面这个案例是一个通信专业的毕业生,我们看看他对自己的成就是怎么分析的。

成就对于求职的成功也有着重要的影响。对于经历相对较少的学生来说,一方面要一边求职,一边争取在知名企业实习的机会,另一方面要运用一点逆向思维,尽可能从有限的经历和获得的成就中挖掘出有效信息。什么逆向思维?在这里简单来说就是先看这个职位这个行业需要什么能力素质,在从自己的经历中去挖掘这些素质。

表3-3 通信专业毕业生对自己的成就分析

成就	个人素质
1.在美的实习期间,作为讲师为客户进行培训,得到客户和公司的双重认可	独立、坚强;极擅长英语;精力旺盛,善于与人沟通
2.在校网络中心从事电脑、局域网维护工作,扎实的技术知识得到老师的高度认可	扎实的通信计算机教育背景
3.在CCTV青少部彤彤工作室任灯光助理	学习能力强、扎实的通信计算机类教育背景
4.在校期间多次获得奖学金、文体积极分子及校运动会冠军。曾获得新东方学校优秀学员奖,托福高分、GRE高分	学习刻苦努力,学习能力强,专业背景好

工作经验

这一点主要是针对有工作经验的人来说的,要尽可能地量化已有的工作经验来突出自己的优势。例如,你曾兼职做销售,那么具体卖出了多少个产品?你曾经在报社实习,那么具体写了几篇稿子?采访了几个人?你曾经组织过某个活动,那么具体管理了多少个人?协调了多少件事情?对于没有工作经验的学生来说,重要的是突出能够证明相应能力的经历。

专业知识

专业知识与工作经验不同,它更关注你知道和掌握了什么,而不是你曾经做过、获得过什么。没有工作经验的学生可以着重强调专业知识这一块优势。随着市场竞争的日益激烈,许多公司都越来越希望招收的新员工能够很快地投入工作,他们可不愿意将大量的时间和精力投入到对新员工的引导和培训中去。因此,很多公司都倾向于招收一些具有相关专业背景和专业素质的人。在求职的时候,"你是学什么的"这往往是人力资源部门工作人员注意的第一个问题。尤其是第一轮筛选简历的时候,专业往往是最重要的参考数据。

我们可以看看一些人力资源经理的说法:

中外运敦豪(DHL)(世界上最大的快递物流公司之一)

> 前些年DHL所招收的应届毕业生,大多是英语专业或英语特别好的人。因为DHL是一个全球性的企业,没有语言基础很难开展工作。但近些年随着大学生英语水平的普遍提高,我们更倾向于要一些物流专业或对物流非常熟悉的人了。比如我们在开设物流专业的西安交通大学和北京物资学院招收大量毕业生。这些人一般很快就能上手工作,能够为公司节省大量的时间和精力。

我们不需要在上述四个方面都具有优势,只需要在某一个方面或者某几个方面具有竞争力即可。每个人都有自己独特的优势,关键是如何挖掘出这些优势并很好地将它们加以利用,将有限的精力投入到那些你最有可能获得成功的领域,从而提高求职的效率。

(二)客观认识自己的劣势

中国人有句老话"金无足赤,人无完人",每个人都有自己的经验和优势,同样每个人也都有自己的劣势和不足。聪明的求职者都不会把自己的硬伤体现在简历上,但是也无须刻意回避,你也回避不了,招聘人员往往会花很多时间去围着这个问题打转。比如:"你没有工作经验、你成绩不好、你英语没有过四级、你是女生等"。这种情况最好事先做准备,把最怕别人问的问题,把自己觉得最致命的劣势都提前想清楚。最不可取的就是采取逃避、退缩的方式。

曾经有一位应届毕业生打来电话:

他说:"老师,我的英语到现在还没过四级,我觉得没有单位会要我,所以我都没怎么出去找工作。"当时已经是12月份了,他身边的同学、同寝室的人都在忙着找工作,甚至已经签订就业协议了,而他呢,还待在寝室里不肯出去。

于是老师问:"你是什么专业的?"

他回答:"我是会计专业的。"

老师哑然失笑:"你是会计专业的,又是个男生,有什么理由缩在宿舍里?现在是女生找工作难,冷门专业找工作难,你的专业又好,也不会有性别歧视,这个样子实在有点好笑呀。"

他继续坚持:"很多单位都要英语过四级的。"

老师问他:"英语你是不是准备放弃了?"

他回答:"不是,我今年一月份还要考一次。"

"那不就行了吗!如果真的有单位觉得你什么都好,就是英语没过四级他不能接受,你可以大方地向他们保证,这一次四级我一定会尽力考过,这也可以在一定程度上增强自己复习的动力。况且很多单位也很清楚,拿到四级证并不代表你的英语水平怎么样,他们只是把这个当作一般条件列出来,如果你表现得够好,人家觉得这个小伙子不错,挺勤快挺踏实的,这些用人单位也会是很务实的,可能根本不会再追究你的四级证了。"

这个同学现在的问题不是条件多么不好,而是心态上没有调适好,不敢面对自己的劣势,不懂得展现自己的优势,只会一味地回避。这在我们身边其实是个很典型的现象:成绩不好,有功课重修,甚至没有学位证书，这些对于本科生来说，确实算是很大的硬伤。但也不能完全否定自己，更加不能作为逃避的借口。

对待差距，我们要抱着客观的态度，也要有一定的处理步骤：

第一步，纵横对比，寻找差距。

比如，有同学想去应聘一个金融类企业的营销职位，但是他学的是营销，只有营销方面的知识，没有金融方面的背景，这就是你和公司标准之间的一个差距。

又比如，别的求职者手中都有六级证书，而某位同学英语一般，过不了六级，这就是和其他求职者之间的一个差距。

通过这种纵向和横向的比较，首先把所有的差距都找到，都列出来。

第二步，区分差距，确定方向。

上述这些差距，有些是无法在短期内弥补的：比如，有些同学本科学的是管理类专业，从来没有接触过技术类的知识，那么对于一些有很高技术要求的 IT 类企业，虽然薪水很高，但却是没有办法得到录用函的。又比如，有的人英语一直很差，连四级都过不了，那么对于一些诱人的外企职位，也就只能望洋兴叹了。

当然也有一些不足是可以在短期内弥补的。举个例子来说，很多人都会在面试的时候觉得紧张，进而影响到正常发挥。而面试紧张就是属于一种可以在短期内加以弥补的小瑕疵，有种非常简单的应对方法——镜子技巧。所谓镜子技巧，就是我们首先对着镜子练习面试；等过一段时间，对着镜子讲得非常熟练了，再开始尝试对着室友练习；等对着室友也不紧张了，再尝试对着全班同学讲……通过这样层层递进的练习，渐渐弥补面试紧张这个小小的不足。

第三步，集中精力，各个击破。

对于可以短期弥补的差距，我们要找到迅速提高的方法，抓紧时间改善。

而对于不能弥补的差距，则要找到规避和淡化差距的方法。这里有两种处理方法：一种方法是通过强调自己其他方面的优势来回避这个差距的不利影响，比如我虽然英语不太好，但我计算机玩得不错，我勤快踏实，要让别人准备用你的劣势拒绝你的同时，发现你的长处。

另一种方法是坦率地承认自己在某些方面的差距,并展示自己学习的能力和决心。

一个学习营销的同学去应聘销售的职位

她非常诚恳地承认了自己对营销领域更了解一些,对销售所知不多。她请面试官简单介绍一下销售领域的情况。之后根据他的介绍展开讨论,提出了一些自己的猜测和设想,体现出了分析能力、迅速掌握不熟悉领域的信息和寻找突破口的能力,这样就很好地扬长避短了。

有缺点并不可怕,可怕的是以此为借口退缩不前。

有这样一种说法:但凡说"我已经尽力"的人,多半是还没有尽全力的人。衷心地希望每位同学在找工作不顺利,打算放弃之前,都要问问自己:我是不是已经用上所有力量了?

复习思考题

1. 用主观整合法对自己做一次自我分析。
2. 大学生的核心竞争力主要来自哪些方面?
3. 求职时该如何处理自己的劣势与不足?

模块二：准确把握职场——
了解环境，顺应时势

把一只青蛙放到一个盛满90℃水的容器里，青蛙马上就跳出来，根本不会被烫伤。但是，将一只青蛙放在一个盛满凉水的容器里，然后用电源慢慢地给容器加热，控制在每两天升温一度的状态，那么即使水温到了90℃，虽然这时青蛙几乎被煮熟了，它也不会主动从容器中跳出来。

青蛙对于剧烈的变动反应非常敏捷，但是却没有办法察觉环境发生的缓慢变化。尽管环境在不断地恶化，但是它却始终沉浸在最开始的认识里，不愿意也没有能力进行改变。其实人也是一样，在一个环境里面待得太久，就不愿意再做改变了。在大学毕业生中，也经常会有这样的情况发生。因为四年都待在学校里，与外面的接触不紧密，很多人都不知道外面工作的那个世界到底是什么样子，因此在求职的过程中屡屡碰壁。

Topic 4：工作世界的基本知识

一、为什么要了解工作世界

为什么我们要了解工作世界？

原因一：建立危机意识

通过全面的职场调研，能及早获得最具体、最有实效性的充分信息，让我们早日认识到残酷的现实，建立危机意识。做一只能早点发现水已经变热的青蛙。

管理学中的"鲇鱼"效应

很久以前，挪威人从深海捕捞的沙丁鱼，总是还没到达岸边就已经口吐白沫，渔民们想了无数的办法，想让沙丁鱼活着上岸，但都失败了。

然而，有一条渔船总能带着活鱼上岸，他们带来的活鱼自然比死鱼的价格贵出好几倍。这是为什么呢？这条船又有什么秘密呢？

船长退休后人们才知道，原来他们在沙丁鱼槽里放进了鲇鱼。鲇鱼是沙丁鱼的天敌，当鱼槽里同时放有沙丁鱼和鲇鱼时，鲇鱼出于天性会不断地追逐沙丁鱼。在鲇鱼的追逐下，沙丁鱼拼命游动，激发了其内部的活力，从而活了下来。

这就是危机意识的作用。有研究证实，在发生战争和经济危机的时候，人们的自杀率和离婚率都会降低，其实也是同样的道理。危机意识会使人产生更强的意志力和更多积极的行动。而我们大学生通过了解职场,建立一定的危机意识,也能够促成我们在求职过程中产生更强大的意志和更多积极的行动。

原因二:降低机会成本

通过了解工作世界,还可以降低我们职业发展过程中的机会成本。

> 有很多蚂蚁都在往一个树枝上面爬。这个树枝有很多根高低不同的枝杈,每个蚂蚁都想爬到最高的那个枝杈上面去。可是往往要等到爬到一个枝杈的顶端了,才发现这个不是最高的。这个时候如果想到更高的枝杈上面去,该怎么办呢?首先必须得退下来,原来爬得有多高,现在就要退回多少。以前的努力非但没有帮助,反而成为前进的障碍。

所以,一开始就做出一个正确的职业决策,会让我们少走很多弯路。大学生求职的一份特殊意义在于,这是我们的第一份工作,它将会在很大程度上决定你今后的职业发展方向。许多同学在毕业的时候都会说,我对这份工作并不满意,我对这个行业不感兴趣,我迟早要跳槽……可就是这些信誓旦旦说要跳槽的人,过五年、十年、二十年再去看他,发现很多人就这样在自己不满意不喜欢的岗位上工作了一辈子。因为等到真正进入职场之后,很多人才能感受到,换工作并不是一件非常轻松的事情。

> **专家观点:**
>
> 人是有沉没成本的。你干熟了某件事,就离不开它了。为什么?这是你的核心竞争力,你里面有学习曲线。你再干别的,你的机会成本太高了。你肯定干最熟的事,有性价比。用金融业的话来说,人做一个选择,是把未来的所有东西贴现了。

从经济学的角度来讲,换工作有巨大的成本问题。一方面是不可预测的转移成本,比如要花时间和精力去搜集职业信息、需要面临转换环境的压力,等等;另一方面是已经在旧的工作中积累的沉没成本,是已经付出的不能挽回的成本,比如为适应原岗位所学的东西、公司人脉、上升机会,等等。如果能够在求职之前就对职场多一些了解和认识,尽可能做出适合自己的选择,则可以最大限度地降低机会成本,避免走弯路。

二、职业的内涵

(一) 什么是职业

职业是参与社会分工,利用专门的知识和技能,为社会创造物质财富和精神财富,获取合理报酬,作为物质生活来源,并满足精神需求的工作。

职业的内涵实际上向我们交代了四种关系:

第一,个人与社会的关系。个人通过职业来参与社会分工。社会分工是社会进步、生产效率提高的标志,因为一个人没有时间、精力什么都做。比如说某个人想要穿皮鞋,不可能自己一个人从养牛做起,养牛、杀牛、制皮、染色、设计鞋样、制鞋……不可能整个流程都由自己完成,而需要有别人参与。有一种需求就会产生一种社会分工,对不同需求的分工,是个人和社会的关系。

第二,知识技能与创造的关系。在职业活动中,我们利用专门的知识技能创造物质财富和精神财富。由此才产生了职业化的概念。

第三,创造财富和获得报酬的关系。我们为社会创造了物质财富和精神财富,才有资格获得报酬,而且是获得合理报酬。

第四,工作和生活的关系。通过工作获得合理报酬,然后再来满足自己物质和精神生活的需求。

判断一种人类活动是不是一个职业,主要就是看这种活动能否体现出上述四种关系。

> **想一想:**
> 小偷是不是一种职业?
> 学生是不是一种职业?

通过职业的内涵,我们会发现,职业不仅是一种谋生手段,还体现出一定的社会贡献。这也是为什么职业除了谋生之外,还在很大程度上决定了我们开不开心。

(二)职业的要素

职业的内涵可以帮助我们更好地理解职业,而对于同学们来说,在求职的时候更为关注的还是职业所涉及的工作环境、工资待遇、晋升通道等具体信息。

为了保证完整地获取一个职业包含的所有信息,我们可以采用一种叫做"PLACE"的方法。"P"代表职位(Position),"L"代表工作地点(Location),"A"代表升迁状况(Advancement),"C"代表雇佣状况(Condition of employment),"E"代表雇佣条件(Entry requirements)。

(1)P——职位:一个人进入一个职业,最终要落实到一个一个具体的岗位之中,因此了解一个职业首先要评估一下该职业在社会中具体包含哪些职位。职位不同,承担的职责、所需技能会有很大的差异。比如,"人力资源从业人员"这一职业在组织内的典型职位设置是:人力资源助理、人力资源专员、人力资源经理、人力资源总监等。其中有些组织还将人力资源专员细分为:招聘专员、培训专员、薪资福利专员等。

(2)L——工作地点:包括地理位置、环境状况、室内或室外、工作地点的变化性、安全性等。比如,人力资源从业人员的工作地点主要在室内,地点比较固定,一般都是在办公室工作,条件舒适,不过可能要经常出差。

(3)A——升迁状况:包括工作的升迁通道、升迁速度等。人力资源从业人员在公司内的典型晋升通道为:人力资源助理→人力资源专员→人力资源主管→人力资源经理→人力资源总监。其升迁速度往往不如生产、销售等部门。

(4)C——雇佣状况:包括薪水、福利、进修机会、工作时间、工作稳定性、工作保障等;比如通过某猎头公司了解到,薪酬福利专员在北京收入为8—10万,薪酬主管在北京收入为10—15万,人力资源薪酬福利总监可达30—50万。

（5）E——雇佣条件：包括所需的文化程度、资格证书、训练、能力、人格特质、职业兴趣、价值观等。从事人力资源工作需要至少本科学历，受过管理学和心理学的训练，要比较乐群、灵活、性格外向，要善于倾听和富有全局观念，具有良好的沟通能力和协调能力等。

三、职业的种类

世界上一共有多少种职业？这个问题恐怕没有人能够回答上来。

在社会未迈入工业化以前，职业的种类较少，工作内涵也极为简单，通常的职业都是父母传授给子女，或由学徒直接向师傅学习，因此并不会产生择业的种种问题。自产业革命之后，工业科技日渐发达，机器日新月异，而生产过程也日渐复杂，产品种类及生产量也大量的增加。因此，工作世界里的行业种类与职业，更趋复杂与专业。

英国在1841年将职业分列了431种。1850年，美国进行了专门的职业普查，划分了15大行业、323种职业；1860年又增至584种；1965年确定为21741种；而1980年的《美国百科全书》认定美国有25000种职业。法国自1982年开始采用了新的职业分类方法，将职业分为8个大类、24个种类、42个详细类别。加拿大1982年出版的《加拿大职业分类辞典》，将职业分为23个主类、81个子类、499个细类，7200多个职业。

参照国际标准和方法，我国国家统计局和国家标准局于1986年首次颁布了中华人民共和国国家标准《职业分类与代码》，将全国职业分为8个大类、63个中类、303个小类。1992年，原家劳动部会同国务院各行业部委组织编制了《中华人民共和国工种分类目录》，这个目录根据管理工作的需要，按照生产劳动的性质和工艺技术的特点，将当时我国近万个工种归并为分属46个大类的4700多个工种。到了1995年2月，我国劳动和社会保障部、国家统计局和国家质量技术监督局联合中央各部委共同成立了国家职业分类大典和职业资格工作委员会，组织社会各界上千名专家，经过四年的艰苦努力，于1998年12月编制完成了《中华人民共和国职业分类大典》，并于1999年5月正式颁布实施。① 《中华人民共和国职业分类大典》把我国职业划分为由大到小、由粗到细的四个层次：大类(8个)、中类(66个)、小类(413个)、细类(1838个)(详见表4-1)。细类为最小类别,亦即职业。

表4-1 《中华人民共和国职业分类大典》对我国职业的分类

大类	中类	小类	细类
第一大类：国家机关、党群组织、企业、事业单位负责人	5	16	25
第二大类：专业技术人员	14	115	379
第三大类：办事人员与有关人员	4	12	45
第四大类：商业、服务业人员	8	43	147
第五大类：农、林、牧、渔、水利业生产人员	6	30	121
第六大类：生产、运输设备操作人员及有关人员	27	195	1119
第七大类：军人	1	1	1
第八大类：不便分类的其他从业人员	1	1	1

可见,职业本身就是种类繁多、数量庞大的。与此同时,这些职业还会随着时代发展和社会变迁不断地新旧更替。一些旧的职业因为不再有社会需求而逐渐走向没落,甚至完全消失。比如,打字员、电报员、寻呼台话务员等。而一些新的职业也在不断地涌现,比如职业玩家、时尚导购员、色彩顾问、短信写手等。在2008年出版的《中华人民共和国职业分类大典(2007增补本)》中就收录了2007年新发布的31个新职业。② 这样,包括以往收录的77个新职业,总共收录了108个新职业。

正因为职业的种类如此之多,并且总处于不断的变化之中,我们在认识职场时必须有一定的方法和技巧,尽可能将探索职场的焦点聚集到那些与自己密切相关的信息上去。

---

① 国家职业分类大典和职业资格工作委员会：《中华人民共和国职业分类大典》,中国劳动社会保障出版社1999年版。
② 《中华人民共和国职业分类大典(2007增补本)》,中国劳动社会保障出版社2008年版。

中国联通寻呼关闭,寻呼机告别历史舞台

2007年3月22日是中国联通公司申请停止30省寻呼业务关闭公示的最后一天,此后,寻呼服务业务在全国30个省市正式停业。寻呼,这个曾经在中国辉煌了十几年的行业,最终画上了一个句号,成为被历史淹没的众多行业中的一员。

当年,那些声音甜美的寻呼小姐,在这样一场由盛及衰的行业变迁中,她们的人生际遇也在发生着巨大的变化。寻访济南最后的寻呼小姐,沿着时间的轨迹溯流而上,找寻这个女性行业留在人们记忆中的点点滴滴。

3个寻呼小姐的生存轨迹

张秀婷,这位曾经的寻呼小姐,如今是珍珠台信息部经理。1996年,她进入珍珠台,工作一年以后,转做公共信息服务,也就是人们过去常见的股票、新闻、天气预报和幽默故事等。

现在,她带领的员工每天依然要从网站和报纸上寻找国内外要闻、娱乐信息和股票行情。工作的内容与在珍珠台做公共信息服务时,没有太大的区别。唯一的不同是,对文字水平的要求高了,除了接听用户电话、当场作答外,现在的公共信息服务员要有近似于网站编辑的文字水平。她们需要把包括股市行情在内的所有文字信息编辑后再发送到每一位用户的机子上。

麻昭君,19岁进入寻呼行业时,这个行业已经有了盛极转衰的先兆,那是1999年。珍珠台的寻呼小姐数量从1996年的五六十人降到了三四十人。当年,麻昭君刚从一所专科学校市场营销专业毕业,因为羡慕寻呼小姐声音甜美、工作环境好,就一门心思要寻找一份这样的工作。据麻昭君回忆,2002年她离开珍珠台时,台里的寻呼小姐仅剩下二十多人。

转行后,麻昭君还曾做过超市收银员,现在是联通公司的客服人员。不用直接面对客户,每天只与公司内部员工打打交道。这样的日子,麻昭君以前并没有想过。但对于那一段做寻呼小姐的日子,她依然心存感激，认为是寻呼台教会了她很多东西，让她学会如何应对客户的要求，学会了客服人员常用的温柔语调，尤其是学会了快速听打的能力。正是这些，帮她得到了今天这样一份收入颇丰又相对稳定的工作。

在南郊集团做办公室内勤的王霞，算是当年的寻呼小姐中转型较为彻底的一个。从1996年到2003年，她在珍珠台待了整整七年。经历了从鲁信台到珍珠台、从寻呼机到股票机跨越的时代。而她的工作也从服务行业转向行政类岗位。

记者初次采访时，她正在家里照顾刚满周岁的女儿，忙得不可开交。采访过程中，婴儿耐不住成人之间漫长的谈话，几次哭闹，她不时要抱着女儿走一走，拍着孩子的肩膀，嘴里轻轻地"哦，哦"着，那柔美亲切的声音，一下子让人想起十年之前，通过寻呼台听到的那些年轻温柔的声音。

鼎盛期月薪可达2000元以上

1994年，是几乎每一个受访者公认的寻呼业兴旺的起点。据张秀婷回忆，当年的寻呼小姐月薪可达2000—3000元，按每接听一个传呼提成5分钱计算，平均每天接听寻呼电话的数量在1200个以上。因接听电话太多，为防止寻呼小姐们嗓子过度疲劳，各寻呼台专门组织专家对她们进行培训，要求每个寻呼小姐在接听电话时必须使用假声。

1996—1997年，珍珠台寻呼小姐的日工作量在800个左右，最勤快的寻呼小姐，每天的工作量也刚刚过1000个。而到了2000年以后，每个寻呼小姐日接电话量锐减至300个左右，薪水也降低至700元以下。寻呼小姐的跳槽、转行正是从那一年开始。

1996年，济南市曾经举办过一届全市寻呼小姐技能比赛，当时有40家寻呼台参加，平均每个台约有五六十位寻呼小姐，一些大型寻呼台甚至有上百名寻呼员。以此计算，当年在济南，至少有2500—3000名女性从事寻呼工作，她们中的大多数人年龄不超过25岁。据麻昭君介绍，2002年她准备转行时，珍珠台里的寻呼小姐只剩下一半左右，而其他台的情况大致相当。

其实，整个寻呼行业的转变，从另一组数据中可以看得更为清楚。

据山东省通信管理局统计,1999年初,山东省寻呼台数量为108家,用户一度高达500万。济南最多时曾有30多家寻呼台。而到了2003年,这一数字大大缩减。2005年,联通、铁通等大寻呼台全面清退在济南的寻呼频率。截至目前,在山东无委办仍保留资料的仅剩珍珠台和两个股票寻呼台,其他寻呼台均已关闭或暂停使用。

兴也寻呼衰也寻呼

曾几何时,寻呼在济南人眼中是时尚、派头的代名词,腰间别着一个大块头摩托罗拉BP机,简直比现在拿着3G手机还要惹人注目。

"有事call我"是当年最流行的话语。而寻呼小姐则是无数女孩心中的理想职业,其热门程度甚至与空姐不相上下。但随着寻呼行业的式微,寻呼小姐的收入也随之一落千丈。

麻昭君开玩笑说,寻呼业对于像她这样年龄的女性来说,可谓是"兴也寻呼,衰也寻呼"。当寻呼行业走向衰败之际,她身边90%以上的同事被迫转行,其中年龄最大者已年近30岁,转行需要她们付出比年轻人更多的努力。一些有专业基础的寻呼小姐转行做了收银员、会计、公司内勤和行政人员,另一部分女性则自己做起了小生意。

珍珠台业务销售经理李宁分析,珍珠台之所以存在至今,得益于转型快。从1995年开始,珍珠台就转向经营股票机,直到2002年以后股市行情出现变动,大批股民逃离股市,股票信息不再被人们关注,珍珠台才出现了寻呼小姐急于跳槽的情况。

随着寻呼服务的全面叫停,寻呼小姐已经成为一个历史性的名词。记者寻访的多位寻呼小姐,有的还依然坚守在股票机寻呼业务中,但绝大多数人已转向了各行各业。这个曾经以甜美声音吸引着无数人的、最具女性特色的行业已人去楼空。

(资料来源:凤凰网湖北频道综合,2013年9月5日)

复习思考题

1. 为什么大学生需要了解职场?
2. 什么是职业?职业的要素有哪些?
3. 简述我国的职业分类。

Topic 5：认识工作世界的维度和方法

"我本科的专业是应用地球物理，读研时专业是油藏描述。求职时，我先对石油行业的单位进行了解，锁定了重点目标后，就通过各种渠道搜集信息。"周国文从西安一所高校毕业后，顺利地进入中国石油中油国际海外研究中心。周国文说，从一开始找工作，他就清晰地认识到一定要有明确的定位，要有自己的目标，"千万不能随大流"。

汪洋也有同样的看法，他毕业于北京的一所高校，现就职于中国移动通信集团。"研二那年，毕业后从事什么工作的问题一直困扰着我。机关、高校、外企、国企，看上去都不错，该如何取舍呢？经过对自己实力的分析，结合兴趣爱好，我决定放弃高校和外企，主攻机关和国企。一是因为我在学校已经生活了近20年，想换个新的环境；二是进外企，心里总觉得不是很情愿。"

北京外国语大学毕业、现就职于某知名外企的张弛对此也深有感触。她说："现在，很多大学生只要看到有单位来要人就去报名，也不管那份工作适合不适合，喜欢不喜欢，他们觉得这样能得到更多的机会，其实这样做很不科学。求职是件很耗神耗力的事情，一个人的精力是有限的，要把有限的精力用在最重要的机会上。求职过程中的心态也很重要，一个人如果接二连三地被拒绝，心态肯定受影响，容易形成恶性循环。普遍撒网的人，能对每次考试都尽心尽力吗？能都进行充分的准备吗？我想答案是否定的。竞争如此激烈，尽心尽力才能赢。所以，要明确目标，充分准备。"

上面几位毕业后顺利进入名企的同学有一个共同特点，那就是他们在确定职业目标时首先基于某种标准对求职信息进行了梳理。这种标准或者是行业，或者是组织类型，最终结果不仅帮助他们锁定了最适合自己的目标，也大大提高了探索工作世界的效率。

研究工作世界是有技巧的。一份工作，它的特征是由多个维度的因素共同作用的结果，行业、组织类型、职业路径、地域……比如，同样是工程师，既可能是在汽车行业，也可能是在 IT 行业；既可能是在国有企业，也可能是在外资企业；既可能是单纯搞技术，也可能是技术型销售。当工程师这个职业嵌套在不同行业、不同组织、不同职业路径中时，其工作内容、工作环境、工资待遇等都会有所差异，甚至差别很大。对于大部分同学来说，我们在了解职场的时候，没有必要去了解所有的行业、所有的企业和所有的细节，而是应该从自我特征出发，尽量缩小自己需要搜集的信息的范围。接下来这部分的重点，就是介绍大学生在研究工作世界时应该关注的几个主要维度，以及每个维度的研究方法。

一、行业和工作类型

在正式开始求职之前，应该对主要目标行业的工作有个基本的认识。然而，做到这一点是颇有些难度的。对于同学们来说，首先遇到的一个难题就是"市场上到底有一些什么样的职位呢？"每个人或许都道听途说地知道一些，但是从来没有几个人能够完全说清楚。因此，建议同学们就此展开一下调查，并且这种调查不要等到大学四年级才开始。

说到调查，很多同学的感觉就是工作世界所囊括的信息量实在是太丰富了，面对这么多种工作职位，我们应该从哪儿调查起呢？表 5-1 提供了一个工作信息表的模板，可以帮助大家提高调查的效率。

界定一个职业的两个标准：从纵向上来讲，它属于哪个行业？从横向上来讲,它属于哪个职能部门?

表 5-1 工作信息表模板

职能＼行业	金融	服务	IT	通信	零售	矿物	汽车	咨询
市场								
技术								
行政								
管理								

(一)如何确定行业

行业与职业不同,行业是组织的集合。从事同类产品的生产销售类组织或提供类似服务的组织达到一定的数量才形成一个行业。例如,家电行业,就包括生产电视机、空调、冰箱、洗衣机等不同类型具体产品的若干家企业。在同一行业内,可以从事不同的职业。例如同在保险业,可以作保险业务员,也可以是人力资源部经理。

有的同学对咨询行业感兴趣,有的同学比较看好金融行业,有的同学专业对口通信行业……不同的人可能在不同的行业、不同的组织中从事同一种职业,也可能在同一行业或同一组织中从事不同职业。了解将来可能从事的职业属于哪一个行业,可以提高我们探索工作世界的效率。因为,同一行业的职业在工作对象、工作方式和工作要求方面都具有较大的相似性。在确定自己未来将要投身的行业时,我们主要可以基于以下几个方面来考虑:

一是自我特征。在前面我们探讨过如何确定自己的职业定位,每个同学都可以根据自己的兴趣、性格、气质、价值观和能力等自我特征,大致锚定自己今后想要从事的行业。比如咨询、服务行业大都是要为客户解决问题的,喜欢帮人、全心全意为客户提供解决问题方案的人会比较适合。广告行业往往比较讲求创意,工作氛围也较为高效率和跳跃,适合喜欢接受新鲜事物、乐于挑战和富有创新精神的人。

二是专业。旅游管理专业的同学,毕业后多半去了服务行业;金融专业的同学,一般会去金融行业求职;而像矿物、通信、IT 这类技术性比较强的行业,多半是理工科的同学未来的发展方向。专业从某种程度上来说,对一个人未来从事的行业还是有较大影响的。尽管很多同学会表示,不喜欢的自己的专业,或者觉得自己的专业比较冷门、不好找工作,甚至表示今后求职的时候会放弃自己的专业。但是,这样的同学仍然需要学好自己的专业。因为作为刚刚毕业的大学生,大都没什么工作经验和背景,专业往往会是这个社会识别我们的名片。一般不建议同学们完全放弃自己的专业,但是可以在选择职业的时候打一点擦边球,在自己的专业领域内选择更适合自我特征的职位。

三是行业发展前景。大部分同学求职时,都会对行业的未来发展状况有个预判。一般来讲,大家都倾向于选择发展前景比较好、整体福利待遇水平比较高的行业,不太喜欢竞争激烈、薪资水平偏低的行业。由于科学技术的飞速发展,会使某些行业如同夕阳西下,逐渐萎缩;更有许多极具发展前途的朝阳行业不断出现、发展起来。同时还要注意国家政策的影响,要了解国家对某一行业是支持、鼓励和引导,还是限制、控制和制约。要尽量选择那些有前景、发展空间较大的行业。例如,我国近年来狠抓环境保护,推行可持续发展战略,保护生物多样性,在农业生产中控制化学制品的使用,开发"绿色食品"等,使环境保护产业如初生朝阳,充满生机,导致环保设备生产、环保技术咨询等行业迅速发展,从而提供了大量就业岗位。而这时如果不了解情况,为了一时利益,盲目进入那些污染后果严重的行业谋职,必将会给自己的职业生涯造成严重的不良后果。随着我国经济、社会文化和科学技术的发展,产业结构也将不断发生变化。经常关注权威机构发布的分析和预测,关注未来有较大的发展潜力的行业和急需的人才,应该是我们大学生平时经常做的一件事情。

(二)如何确定工作类型

无论在哪个行业里面,工作都会大致划分为几个类似的职能方向:市场、技术、行政、管理……所以,在确定了行业范围之后,接下来还应该结合自我特征,大致确定今后想要从事的工作类型。比如,某同学结合自己的专业和个人特征,将今后职业发展的方向定位在了汽车行业中的销售岗位。那么就意味着今后他只需要重点关注汽车行业中的销售类职位。工作信息表的作用就在于,可以缩小我们搜集职场信息的范围,让我们的职场调研工作更具有针对性。

我们可借助"工作世界地图"(world-of-work map)从理论上认识这个问题。"工作世界地图"是全世界范围内应用最广泛的职业分类系统。它是由美国大学考试中心(American College Test, ACT)1985年建立的,将职业分为6个职业门类、12个职业群、23个职业簇。

图5-1 工作世界地图

(资料来源:谢宝国:《大学生涯规划与职业发展》,电子工业出版社2011年版)

如图5-1所示,"工作世界地图"根据数据—主意(data-idea)和人群—事物(people-thing)两个维度区分出四个主要分类象限。

数据(data)是指文字、数字、符号等资料的收集、整理与归档等程序,使之有助于进一步分析和统整;

主意(idea)是指想法的启发、观念的传播、思考的运作、创意的发挥、真理的探究等认知历程;

人群(people)是指和其他人们所有接触与沟通,包括了解、服务、协助或教导,以及说服、组织、管理或督导等;

事物(thing)是指处理物品、材料、机械、工具、设备和产品等与人或观念无关的实物。

与人有关的工作在西边,与事物有关的工作在东边。某一工作在地图上的位置越偏向西边,则表示该工作越要求与人打交道;越偏向东边,与人交往越少,与事物打交道越多。需要运用智慧创意的工作位于南,要求从业者喜欢思考、好分析;而随着工作的位置在地图上朝北偏移,创意会逐渐减弱,越来越强调秩序。所以,通常说的管理、理财类的工作位于北方。

"工作世界地图"可以跟我们前面介绍的许多职业自我认知理论结合起来,帮助同学们做出具体工作类型的选择。以霍兰德的职业兴趣理论为例,后勤和服务类职位要求从业者具备社会型(S型)特征;管理和销售类职位要求从业者具备企业型(E型)特征。当然,更多工作属于交叉型工作,因此可能需要从业者具备多个方面的特点。

(三) 特别关注:选择技术类职位还是市场类职位

在毕业生同学中,常常会有关于做技术还是做市场的讨论。有的人觉得技术的工作太枯燥,有的人对于市场尤其是销售两个字存有偏见,主要想法是"学了这么多年的技术反而跑去做销售,专业不是都浪费了吗?"下面我们分别谈谈技术类和市场类职位的特点。

1. 技术类职位的特点——相对稳定

技术类人才我们一般称为专业技术人才。主要有:工程类、造型类、设计类、技术类、工艺类、品质类、电子电工类、道路桥梁类、程序类、IT类、水利水电类、设备维护类等,以及其他技术性的重要操作岗位等。

企业界里，对技术人才历来是相当重视的。从最近这些年看，国内明显对技术人员开始重视起来，代表技术类职业根本的研发资金占国民经济的比重逐年升高。虽然对技术越来越重视，但与国外比较起来，还是存在相当大的差距，至少在目前的情况下，国内高精尖的科技人才还是相当匮乏的。造成这种局面的主要原因在于整个国家的经济结构发展过快，教育机制无法跟上，无法形成一整套的社会系统；另外高技能人才的开发、激励机制和环境建设有待加强，导致企业近期急需的高技能人才不能更多更快地培养出来，与社会发展的需求还存在极大的差距。

从个人发展角度来说，技术人员的收入相对稳定。技术人员的工资是按月发放的，一般以基本工资为主。在奖金方面，外企比较喜欢年终奖的做法，一般是多发一到三个月的工资。只要把合同里面的月薪乘以 13—15 就基本可以算出技术人员一年的收入了。相比较而言，国内企业则更习惯采用月度奖、季度奖或项目奖金的方式。灵活一点的单位会按照项目或季度利润的百分比发奖金，但更多单位习惯于按照技术人员的工资和职位确定奖金的额度。

而在职位方面，在组织蓬勃发展之时，技术人员的职位也不会因此提高。因为技术人员的升职很慢，从技术人员升到技术管理人员，需要有一定的组织能力，积累一定的经验。除非是特别紧缺的人才，可能会遇到破格提拔的机会。不过反过来，在组织遭遇发展瓶颈或者经济萧条之际，技术人员被解雇的可能性也比较小。因为任何一个组织，如果没有了技术人员，基本就到了倒闭的边缘。

根据目前国内的技术人才培养格局，一方面，各企业组织直接通过市场直接挖掘技术人才，另一方面，通过内部培养技术人才，以适应公司发展的需要。很多企业组织会为本单位的技术人员，提供各项职业培训、专业培训、技能培训，以期望整体的技术发展能够跟上市场竞争的需求。

由于技术人才培养的长期性，以及技术人员招聘的困难性，企业方面普遍对技术人才设置了较高的入职门槛，在招聘方面主要有如下要求：

- **职业道德方面**。这几乎是所有企业组织都很在意的方面，没有哪个组织能够容忍自己的技术人员泄露本单位的机密技术,越是核心技术越是如此。因此,一个经常跳槽的技术人才是所有组织普遍忌讳的。

- **工作经验方面**。一般单位都会有要求的,对本行业、本岗位的经验要求少则二年,多则五年甚至十年。如果是本单位有较为完备的技术人员培养体系,也会直接对应届毕业生进行招聘,比如大家熟知的华为每年都会有大规模的校园招聘活动。
- **工作态度方面**。能够吃苦耐劳、任劳任怨是技术类岗位非常需要的一个特征。技术类工作较为辛苦,不仅需要足够的钻研精神,往往还需要长时间、高强度的工作,加班是比较常见的。
- **专业技能方面**。这个方面的要求,一般都比较高。因为技术方面的难培养性,没有几年时间,根本不可能学到比较好的扎实的技术基础,更别提技术扩展了。专业技能的提高是时间磨炼出来的结果,同时必须有相应岗位的实际操作经验,才有在职时间积累价值,在这方面,各个组织心中都有杆自己的秤。比如说,一些德国公司公认的标准是,一个合格的工程师至少需要八年时间培养。
- **软件操作方面**。即使有了几年工作经验,并不能保证该人就具备很好的软件操作能力。比如说工程界的 Pro/E 软件,很多公司并不想在这方面纠缠过多,不希望招聘的技术人员还不会使用 Pro/E 软件。这是因为这类软件的培训周期太长,如果花时间去培训一个员工的操作技能,一方面并不清楚什么时候可以培训到位,另外一方面,该员工也不一定能够学得好,用人风险太大。
- **语言方面**。现在很多组织都会与国外合作伙伴、客户打交道,或者本身就是海外公司,整个工作环境都需要使用外语。如果不懂得外语(尤其是英语),明显是不合适招入公司的。而且语言跟技术一样,并不是通过培训可以立刻改善的。

各行各业都有其差异性,所以不排除一些行业或组织对技术人员会有一些特殊的招聘要求。但总体而言,各类组织在招聘技术人员时,上述这些一般性的招聘条件都是会考虑的。

那么,同学们在应聘技术类岗位时应该注意哪些事项呢?

首先,相关的求职材料带齐,准点到场;服饰得体,自然大方,不能给人以不稳重的感觉；在面试过程中，给人诚实可靠的感觉，是非常重要的。

其次，重点展示相关的岗位知识、技能操作、专业素养等。技术类岗位应聘过程中最重要的是以确切的事实说话，讲述理由、证据、事实、数据、案例等。如果没有特别的把握，不要去应聘与自己专业背景无关的工作岗位，淘汰概率很高；如果有相关工作经验和背景的话，应该充分介绍出相应的履历，以供对方判断。

还有一点非常重要，在求职过程中，应传递出这样的信息：希望能够在该组织中长期服务。因为从技术类岗位的特征来说，岗位和业务经验是非常重要的，没有组织愿意接受一个只肯为本单位服务一年或两年的技术人员，这样的人会加大组织的人力资源成本和风险。

2. 市场类职位的特点——起伏大，风险与收益均较高

市场类的主要职位有销售类、市场分析类、策划类、投资类等与市场业务相关联的职业岗位。从个人发展角度而言，市场类职位的特点是起伏比较大，风险与收益并存。市场人员的收入并不稳定。以销售人员为例，销售人员的收入一般是基本工资加提成的模式。销售本领欠佳的人，每月收入可能还不如初级技术人员，但那些销售能力超强的人，也能得到非常高的月收入。销售人员的业绩不仅和个人能力有关，还会和经济的起伏有关。经济飞速发展的时候，再差的销售人员也能有相当不错的业绩，但是在经济不景气的时候，最先被裁掉的往往就是销售人员，因为购买力下降、市场缩小就等于不需要那么多销售人员了。

在职位方面，市场类职位同样存在较大差异。比如对于那些所谓的销售天才，可能得到飞速的提升，而无法做出成绩的人也会被迅速淘汰。

市场类职位属于一个组织的前端，前端控制不好，后端的组织规划也就不成立了，因而各类组织都非常重视前端的市场控制。尤其对于一些规模比较小的组织或者新成立的公司，整个组织的运作核心就是市场销售，市场销售就是组织的命脉所在。

对组织而言，良好的专业知识、良好的交际能力、头脑灵活且学习

能力强,这三点是对市场人员最基本的聘用条件。同时,由于市场类职位的前端性,组织在招聘培养市场人员时,一方面考虑的是该人员是否有培养价值,另外一个重点是该人员的忠诚度方面。一个有能力但忠诚度不高的市场人员,给企业所造成的打击往往是致命性和颠覆性的。

不过,对于市场人员的招聘条件往往并非刚性的。市场类的职位普遍是以成绩来说话的,如果在既定时间内无法达到组织的期望,是没有办法留下来继续工作的。

应聘市场类的职位主要有如下注意事项:

首先,需要穿戴整齐,给人以干净利落的形象;

其次,说话简练干脆,尽量在几句话之内把自己的目的要求说清楚;

再次,市场类职务普遍比较注重主动性、亲和性,可以主动地引导加插话题,让面试变成平时的客户聊天;

最后,对于市场人员来说,业绩是唯一的考核指标。即使成功地加入一家组织,成为该组织的一名市场人员,后面的路依然很漫长。和技术类职位不一样的地方在于,市场类职位具有极大的不确定性,同时又有极大的机缘性。

一般来说,如果自我判断是一个交际能力强的人,喜欢与人沟通,偏爱有挑战性的工作,则适合去做市场类的工作;如果渴望收入和职位的稳定,更愿意享受工作和生活的平衡,则可能更适合技术类的职位。

补充阅读

中国未来职业发展趋势展望

未来 10 年我国在科学技术方面有重大发展潜力的领域

(1)生物技术。生物技术主要是基因工程、蛋白质合成工程以及生物制品开发为核心的研究领域,将对 21 世纪人类社会的发展产生重大的影响。生物技术的发展将使人类从根本上解决威胁人类的疾病,改善人类的生产、生活、甚至人类未来的命运。

(2)以信息技术为主导的高技术,该领域的主要技术包括计算机和互联网技术、人工智能技术等。在1998年至2000年两年的时间里,计算机技术和国际互联网技术在世界各国得到迅速发展,以这些技术为主的公司和企业在这两年的时间里,技术和资产得到了迅猛的发展,代表高技术发展的美国纳斯达克股票和计算机、互联网的股票价格成倍上涨,我国的网络股票和从事计算机生产和经营的股票也大幅度上涨。尽管2000年下半年至今,代表计算机和互联网技术的股票大幅度回落。但是,从信息技术的未来发展趋势看,信息技术在未来的科学技术领域仍将飞速发展,并逐渐将当前知识经济中存在的"泡沫"不断平息,使信息技术真正引导世界经济与技术发展的潮流。

(3)新材料科学领域。材料科学是与人们日常生活和科学技术发展密切相关的应用科学领域。人类生产生活中需要各种特殊的高性能的材料,如工业和高科技领域需要的各种合金材料,超导材料,用于制造各种芯片的半导体材料,生活中的各种高分子合成材料(用于服装、洗涤用品、美容保健品等),最近成为新材料技术热点的纳米技术,这些新材料科学技术的发展带来的高技术产品,给人类的生活提供了方便,提高了人类的生活质量和效率。在未来发展中,新材料科学将仍成为科技发展的主导领域。

(4)新能源及相应技术开发领域。作为传统能源的石油、天然气、煤炭等能源用尽的时候,而人类生产生活的主导能源仍是这些能源,人类将无法生存。在未来的发展中,人类必须寻找新的能源替代这些即将耗尽的能源。其中,核聚变能、太阳能、海洋能源、风能、水电能源等将成为未来能源开发的主导领域,并在此基础上,寻找和开发新的能源。

(5)空间技术。21世纪将是人类开发外太空的时代,空间技术的发展将为人类开发和利用太空资源提供技术手段。随着科学技术的发展,人类对太空的利用也越来越多,效率也不断提高,如遍布于地球外层空间的用于通讯、军事、地理遥感、天气观测、天文观测等领域的各种卫星,用于做各种材料合成实验、科学实验和太空中转站的太空站,在地球以外空间进行空间探索的宇宙飞船,等等。在未来的发展中,人类还将对太空进行进一步的开发。如建立太阳能太空发电站、在太空建立人类居住的太空城、开发外太空的行星、天然卫星、小行星等天体上的矿物资源和能源等,这一切都需要先进的空间技术支持。

(6)海洋技术与海洋资源开发。海洋资源是人类赖以生存的重要资源库,它是人类的食品和原材料的重要来源,而目前人类对海洋资源的开发是非常有限的,对海洋资源的合理开发和利用将对人类社会经济与技术的发展产生重要的影响。

专家预测,上述六个领域的技术在未来的社会发展中可以形成九大科技产业,这些产业包括:生物工程产业、生物医药产业、光电子信息产业、智能机械产业、软件产业、新材料开发与制造产业、核能与太阳能等新能源开发产业、空间技术与开发产业、海洋技术与开发产业。

21世纪中国最有发展前景的行业

根据社会学家和经济学家的预测,随着中国市场经济的发展和经济结构的调整,各行业在社会发展中的地位和发展潜力也在发生变化。某些行业社会需求加大促进了这些行业的蓬勃发展,并成为未来社会发展的主导产业。据有关专家的预测,21世纪最有发展潜力的行业主要有:

(1)网络信息咨询与服务业。当今的时代是一个信息时代,信息网络技术的发展使人们对网络信息的依赖也越来越大,网络信息服务也成为社会上的一个重要的行业。这个行业包含了网上购物、商业信息服务、广告媒体服务、技术信息咨询与服务等。

(2)房地产开发业。随着住房政策改革和住房的商品化,房地产开发业成为一个繁荣兴旺的行业,购房也成为每个家庭的一件头等大事,房地产开发业也因此面临无限的商机,并因此带动了与之相关的房地产开发、咨询、销售业务、物业管理、租借、二手房转让行业的迅速发展。房地产开发具有巨大的市场,也具有较高的利润回报,因此,受众多投资者的青睐。

(3)社会保险业。随着国家经济的进步和社会保障体系的不断完善,人们的安全防护意识也不断提高,保险意识越来越强。对于一般的家庭来说，都意识到了花少量投入，保证家庭财务和成员的生命财产安全。因此，保险业也日益受到人们的重视。

（4）家用汽车制造业。国家经济的飞速发展和人们物质生活的不断提高，家庭对汽车的需求量也呈不断上升趋势，个人对家用汽车的需求将在今后相当长的时间内持续上升，给家用汽车制造业带来前所未有的机会，商家也将从中获得丰厚的利润。同时，家用汽车市场的发展还将带动汽车配件、维修以及相关的技术产品生产业等行业的发展。

（5）邮政与电信业。在当今的快节奏高效率的时代，人们对信息传递快捷性、同步性的要求越来越高，对相关通信产品（如电话、手机、传真机）以及通信服务的需求也越来越高，目前中国的电话与移动电话人均拥有率远低于世界平均水平，中国通信市场的开发潜力巨大，这将给通信业带来新的机遇和丰厚利润。

（6）老年医疗保健品业。专家预测到2000年，我国老龄人口将达到1.3亿左右，中国也随之步入人口老龄化的社会。老年人比例的增加带来很多医疗、保健、社区服务等方面的需求的增加。因此，从事老年人保养品、药品、生活必需品、社区服务等将具有很大的发展前景，并形成一个独特的产业。

（7）妇女儿童用品业。随着人们对生活质量要求的提高，尤其是女性朋友和儿童对服装、化妆品、洗涤用品以及她（他）们生活中的一些必需品的需求也越来越大。在这些用品上的投入也比较高，并带动相关的产业的迅速发展，在未来的社会发展中，这一行业的仍然有巨大的发展潜力。

（8）旅游休闲及相关产业。人们生活水平的提高以及节假日数量的增多，外出旅游休闲成为人们生活中的一件很平常的事情。人们旅游休闲的机会也越来越多，这不仅带动了旅游业的发展，同时也代用了服务业、运动产品、体育场馆、旅行社、旅游产品等行业的繁荣发展，形成了一个促进经济发展的强大产业。

（9）建筑与装潢业。国内城市的居民住房的商品化，带动了装修业的发展，室内装饰产品和装修工程承包业成为一个获利丰厚的行业。据有关部门的统计资料表明，当前城市居民装修住房的投入大约在 2—5 万元左右不等,并促进了装饰材料业的发展。

(10) 餐饮、娱乐与服务业。社会生活节奏的加快使人们对快餐业的需求增加。虽然国外的西式快餐业在中国迅速发展,但是,西餐式的快餐业更多的是针对儿童市场。对于中国人来说,更习惯于中国式的快餐,因此中式快餐业在未来社会发展中将占有重要的地位。

(资料来源:根据豆丁网相关文档整理,www.docin.com/p-536985698.html)

二、企业/单位类型

(一) 不同类型企业/单位的特征

企业/单位类型是按照不同组织的性质、所有制形式及其导致的不同制度与文化来划分的。除去政府机关、事业单位和一些公益组织之外,最常见的主要有国有企业、民营企业、外资企业这几种不同的企业形式。不同类型的企业组织在招聘的时候有很多不一样的地方,在工作氛围、员工福利等方面也有许多不同的做法,表 5-2 对常见的三类企业各方面情况做了一些初步的整理。

表 5-2 不同类型企业的差别

	薪水	福利	培训机会	招聘流程	管理制度	工作氛围	住房与户口
外企	较高	一般	较多	较复杂规范	规范而明确	人际关系相对简单,工作强度大	规模大的企业能解决
国企	较低	较高	一般	较刻板和随意	明确而刻板	人际关系相对复杂	一般都能解决
民企	一般	一般	较少	有的较规范,有的主要凭直觉	较不规范	节奏较快	大多不能解决

从上表可以看出,不同类型的企业各方面的特点是很不一样的。例如,外资企业的招聘流程非常复杂和正规,而部分民营企业则相对简单。外资企业的薪水水平普遍更高一些,工作强度比较大;国有企业工作相对轻松一点,人际关系较为复杂,福利比较优厚等。此外,政

府机关、事业单位等在选人、用人、培养人方面也有着各自的特征。这些都应该是同学们进行职场调研时关注的重点。

(二) 如何选择企业/单位类型

在招聘的时候,不同类型的企业或单位也有不同的偏好,如果在求职的时候能充分地注意到这些因素,并对不同类型的公司进行分类比较,就能最有效地发挥自己的优势,避免自己的劣势,进而大大提升求职的成功率。比如,对于本科生和研究生的不同学历来说,政府机关可能十分看重其中的差别,而企业则往往不会一味追求更高的学历。

我很优秀,又恰是所需

现就职于厦门海关的小黄是行政管理专业的研究生,他的抉择,就充分体现了供求分析的思想。他是这样考虑的:择业的关键在于充分认识自己的优劣得失,做到"扬长避短"。企业,尤其外企的确是很能锻炼人的地方,待遇丰厚,发展空间广阔。然而企业注重的是业绩而不是学历,在充满激情与活力的本科生面前研究生未必有什么竞争优势,甚至在年龄上已经处于劣势了。对于行政管理专业的研究生来说,企业并没有什么太大的需求。相对而言,高校或政府却较为注重学历,作为研究生有很大优势。而且,去高校或政府本身也是"有利可图"的。高校具有浓厚的学术氛围,适合潜心钻研,从长远看有利于自己所学专业知识的有效延续,而且按照规定研究生毕业两年之后就可以申请评讲师,这样的起点是比较高的;政府是一个广阔的实践舞台,有利于提高自己的实践能力,研究生转正之后可以享受副主任科员待遇,这在起步时就与本科毕业生拉开了差距。作为厦门大学行政管理专业的研究生,小黄确信自己是很优秀的。去高校或政府,就具备了"我很优秀,又恰是所需"的条件,而且又是"有利可图"的,因而他做出"我要选择"政府或高校的决策是毫不奇怪的。最后,小黄如愿以偿地成了一名国家公务员。

从上面这个案例中我们可以看到,小黄准确地把握了不同类型的工作单位对人才的偏好以及培养路径,他的选择是成功的。只有及时地察觉市场需求,并充分发挥自身比较优势,才能实现最大收益。不管是什么背景、什么条件的同学,重要的是能够找到一个平台,也就是一个能够放大自己相对优势的地方,再加之市场在这方面有强烈需求,成功一定接踵而至。许多成功的求职者都是从一开始就具有强烈的市场意识,懂得根据不同企业/单位的特点,选择适合自己的发展平台,并根据供求关系的变化有意识地培养自己的能力,才笑到了最后。

为什么考虑企业/单位类型,就是为了帮助同学们针对性地求职。

比如,许多同学求职的时候会首选规模比较大的企业,特别是外企。实际上,规模较大的国有企业或外资企业一般会有一个非常系统的选人、育人的过程,招聘的流程也相对严密复杂,更适合简历上没什么短板的同学,只有这样才可能通过第一轮的简历筛选。有些同学可能某方面能力比较强,又或者是我们通常说的怪才、特殊人才,在简历筛选的时候就会比较吃亏了。在大企业的招聘流程中,简历筛选一般由人力资源部负责,人事部门只有淘汰的权力,他们可以把不符合要求的人筛掉,却没有权力因为某个同学在某个方面比较优秀而在其他方面为他开绿灯。录用的决策属于业务部门主管或者分管业务部门的高层负责,而在大企业的选拔系统中,这些人只会在比较靠后的流程中出现。相比较而言,在一些规模比较小的企业招聘活动中,同学们比较容易在较早的选拔流程中遇到有录用决定权的人士。一旦他们觉得某位求职者在某些方面比较不错,哪怕存在英语没有过级、某门课分数较低、专业不对口等问题,也会有权力当场做出一些破格的录用决策。所以,对于学校、专业、英语等方面存在一些劣势的同学,在求职的时候要学会分析不同企业和用人单位的招聘规则和用人偏好,尽可能选择更可能获得机会、更适合自己未来发展的企业或单位。

再比如,对于一些特殊行业和特殊公司,投资银行、管理咨询公司、知名网站等,例如百度、中金和麦肯锡公司,可能经常会因为业务需要而临时招聘兼职和实习,所以对于这些企业感兴趣的同学应该经常关注它们的网站,了解公司的发展方向、业务重点和信息,同时争取获得宝贵的实习经验,为自己日后进入该公司或者相关行业进行准备,增加自己的竞争力。而部分国有企业和民营企业的招聘广告还不是特别规范,在招聘的时候对岗位的描述一般都较简略,这就要求感兴趣的同学加大调查的力度,从招聘人员、该企业的内部人士等渠道加强对该企业和该岗位的了解,以决定自己是否要将之确定为自己的目标。

(三)特别关注:选择国有企业还是外资企业

很多同学在大学毕业的时候,会在国有企业和涉外企业的选择上感到踌躇。究竟是去效益不错的国有企业(比如:中国移动、阿里巴巴、海尔、中国银行、联想、中国电信),还是去微软、谷歌这样的外资企业呢?从同行业明面收入来讲,外资企业通常高于国内企业,就"名声"上来讲,外企似乎也更加有诱惑力,成为一名外企白领,一直是许多在校大学生追求的目标。然而,外资企业并非没有缺点,国有企业的收入也未必就少。我们职场调研时,最忌人云亦云、想当然,要针对自己关注的问题重点进行了解。

1. 外资企业

外资企业的优点包括:工资高、福利待遇规范、公费培训机会多,某些跨国企业可能获得海外培训机会,甚至转到海外公司工作。外资企业的缺点是什么呢?一是表面上看有着较高的年薪和月薪,但缴纳了所得税和各种保险之后,实际到手的就会差了一大截。二是职业发展不稳定,对个人的职业规划能力要求较高。外资企业的职位通常可以分为两类。第一类是一些一般性的职位,比如行政、文秘、后勤等,工作较为简单,只不过因为是在外资企业里面,所以收入会比国内企业同类职位高一些。这类工作缺乏核心竞争力,在市场上也很容易找到替代者,所以当企业人员发生变动时,往往首当其冲受到影响。如果获得了这类工作机会,一定要考虑个人长远的职业发展,提高自己的核心竞争力。第二类是一些更为核心的职位,收入会比第一类职位高很多,但竞争也会更为激烈,并且经常加班、出差。这类职位对于人员的能力和素质极其看重,因而工作压力相当大,并且在企业内部提升到一定位置之后,会由于高层职位的有限性而遭遇发展瓶颈。

2. 国有企业

近年来,本土企业在薪酬福利、人才培养、企业文化建设、品牌实力等方面日益提高,很多方面赶上甚至超过了外资企业。所以在有关机构进行的"中国大学生最佳雇主调查"中,国有企业的选择人数比例呈逐年上升的趋势。国有企业主要可以分为以下三类:

一是传统的夕阳产业。这类企业曾经一度效益较差,有相当一部分甚至走向了倒闭和破产。不过随着其改制和重组的深化,创造利润的能力稳步提升,已经带来了员工薪酬水平和发展空间的整体改善。

二是新兴的朝阳产业。这类企业往往行业前景好,企业本身的市场化水平也较高,因而可以看到这类企业里面有一些人的收入并不比外企少。有些成为上市公司之后还会给予员工相当的股份,员工因此收益巨大。

三是国家垄断产业。这类企业往往以优厚的福利待遇受到大家的青睐。比如证券行业年终分红多,电视台福利多,保险业提成多……当然,在这类企业里如果干得很出色,收入会超过外企水平。

总的来说,国有企业由于稳定的雇佣关系、较好的福利保障制度等优势因素吸引了越来越多大学生的关注,特别是在当前全球性经济危机的形势下,外资企业、合资企业和民营企业大幅裁员或缩减校园招聘人数,而国有企业响应国家政策,除了坚持不裁员政策外,还大力解决毕业生就业问题,更吸引大学生愿意选择国企作为雇主。我们在选择今后的求职方向时,不要带有老眼光或者偏见,一定多了解多调研,获得最具时效性的信息,做出最适合自己、同时也是成功率最高的选择。

补充阅读

不同类型企业的文化区别

欧美型企业文化:以人为本、开放民主

美资企业:

Bill 是一家全球著名的美国电脑公司的销售工程师,他的眼里激情洋溢:"你见过这样的办公室吗?它完全是开放式的,没有间隔,每人每天的位置都不同,打卡时自动分配任务,所有人都忙得团团转,打电话、敲键盘的声音交织在一起。我一走进办公室,看到繁忙的景象,就觉得浑身的血液都沸腾了,体内的干劲就像要往外溢似的。"Bill说,在公司里,大家不论职位高低,一律直呼对方的英文名,感觉很平等、很民主,这也算外企特有的风景线吧!公司对员工的创造力和工作效率要求很高,大家工作都很拼命,通宵加班是常事。"我们的待遇很好,但正式员工并不多,很多员工是以协作形式聘请的,公司里的电脑、电话系统也都是外包的,成本降低了不少。"Bill最满意的,是公司浓厚的学习氛围。"如果你要求加薪,公司可能会犹豫;如果你要学习,公司一定欢迎。从我们进入公司的那一天起,就开始接受永不停止的'魔鬼式'培训了,即使做到经理,仍有不同的培训在等着你。经过打磨,我们每个人都拥有一种特有的、健康的自信,这种自信,几乎成了公司员工脸上的标签,走在人群里,我们能被准确无误地认出来。"

德资企业:

拥有众多伟大哲学家的德国,被赋予了严谨、冷静、内敛的性格。德资企业是否也具备这些特征呢?安琪是西门子移动的部门经理,她在这里已经服务4年了。"德国的企业文化,就好像西门子的手机,简单、大方",安琪三句不离本行,"公司给了员工不小的自由度。我们上下班不用打卡,待遇优厚,但工作压力却很小。德企的人手,总是比实际需要的宽松很多。我们从不加班,公司也不鼓励加班,因为德国人善于享受生活,不会把工作变成生活的全部,德国人中出现工作狂的概率非常小。德国人的严谨、细致举世闻名,我们公司当然也有体现,那就是我们的规章制度,细化到了让人难以想象的地步。在制度的执行上,德国公司一丝不苟,不讲情面。奇怪的是,你并不会被这些制度束缚住,它们只是恰到好处地告诉你工作有哪些流程。只要按照流程做,没有人会来干扰你的具体操作,因为德国人更重视结果。我们的培训体系相当完善,只要做到主管级,就能被派到德国学习,我已经去了三四次了。公司还要出钱送我去中欧攻读MBA,十几万的学费呀,这么大的手笔,恐怕只有德国公司才会有。但在人际关系方面,我们已经完全本土化了,中国文化战胜了德国文化。在德国,如果你不喜欢别人,还可以照样拿薪水,做好自己的工作。而在中国,'关系'和工作目标密不可分,关系始终是很重要的。"

港台型企业文化:苦其心智、劳其筋骨

港资企业:

小C终于如愿以偿地进入了和记黄埔公司工作,虽然这个怀揣着洋证书的小伙子目前只是负责一些客户服务工作,但他仍然干得兴致勃勃。"港人的职业精神是无可挑剔的,他们经常把'职业操守'这个词挂在嘴边,这是他们珍贵的个人品牌。在香港公司里,人和事分得很开,私下里可以是好朋友,但做起事来却六亲不认。我以前曾经在一家香港人开的家族企业打工,员工都是老板的亲戚,但他们并不把这种关系带到工作中去,做错了事,照样要受罚。刚开始,我不太习惯这种工作方式,但转念一想,这正是他们敬业精神的体现,我不仅要理解,更要向他们学习,早日融入这种企业文化里去。""香港人个个都是工作狂,这种文化已经使公司变成了一架高速运转的机器,不要妄想让它停止或减速,我能做的,就是跟着一起转动,否则就会被碾得粉碎。可以想象,在香港公司工作,压力是巨大的。我的香港同事们,经常连续几天不眠不休,每个周末都自觉加班。""虽然都是中国人,但两地在生活方式、价值观上,还是有很大的差异。光说语言,就经常有沟通不畅的情况。"

台资企业:

进入这家台资的电子集团,是冲着它在业内的名声来的,如今探明了水深水浅之后,蒋小姐在喊着后悔的同时,对公司仍然抱有信心。"台湾公司很务实,新进员工都必须从基层干起。我一报到,就被派去生产线进行为期半年的锻炼。吃点苦是正常的,但公司不信守承诺,不重视员工的感受,却让人难以接受。""我们基本工资不高,招聘时说好2000元,但来了后就变成1500元了。当初公司许下的承诺,通通没有兑现。上班这么久以来,除了第一个月正常休息以外,其余每月只休息一天,每天工作12个小时。我们在生产线上干了很长时间,公司还没有调我们回总部,一个女同事按捺不住,去部门经理处询问,经理却说:我们部门根本不要女的,你就在生产线上待着吧,实在受不

了,就走人好了。""在生产线上的日子是难熬的,组长每天对我们大呼小叫,还经常告我们的状,但我还是决定熬下去。当初应聘的时候,公司给我留下了很好的印象,几个台方经理为人谦和、彬彬有礼,让我感到了台资企业文明、有人情味的一面。"小蒋说,当时就有前辈提醒她,刚进公司,条件肯定比较艰苦,但公司在行内是有实力的,否则名气不会那么大。在这里能学到很多东西,关键在于一个字——"挨",挨过几年后,个人能力会有很大的提升,薪酬待遇也会涨得飞快。"既然这样,那就挨吧,也许这就是台资企业的企业文化,管理不如欧美企业那样规范、制度化,一切都不会来得太容易,但我相信,梅花香自苦寒来。"小蒋笑着说。

日韩型企业文化:约束个性、突出等级

日资企业:

日本,一个资源匮乏的国家,在不到30年的时间内,以惊人的速度在战争废墟上异军突起,秘密何在?在日本某重工公司担任主管的Jacky认为,企业文化在其中起到了很大的作用。"日本企业具有很强的凝聚力,'和为贵'是企业文化的核心。在这一点上,是受了中国儒家文化的熏陶。他们管理严格,但为了让员工能更卖命地工作,也尽力把企业弄出家的氛围。众所周知的终身雇佣制、企业工会,都是人情味的表现。员工过生日、结婚,都能收到公司的祝福。日企的福利相当好,红利、津贴就不必说了,公司还兴建游泳池、体育馆,不定期举办一些健康咨询、心理培训方面的活动。"但是,日企的一些做法,也让Jacky不习惯。"日企是个只讲团体、不讲个性的地方,你在这里一定要服从服从再服从。日本人觉得,市场竞争是团队和团队之间的竞争,雇员队伍必须整齐划一,所以我们即使有意见,也很少提出来。另外,日本人个个是拼命三郎,在他们眼里,按时下班是一件可耻的事情,他们几乎每天都在比赛谁更晚下班。结果,我们明明事做完了,却都不敢走,还要装出一副很忙的样子。更有甚者,很多日本人加班都不拿加班费,他们觉得这是理所应当的,搞得我们也不好意思拿。""日企的工作效率比较低,因为强调绝对服从,一个提案必须层层上报审批,耗时耗力,这一点,倒和有些国企的作风比较像。"

韩资企业：

刘先生所在的韩资企业，是中国电子行业里响当当的角色。在这样一家公司担任中层干部的他，谈起企业文化，脸上却挂着几分无奈。"韩国企业文化的精髓就是使全体员工对企业高度认同，对企业战略目标高度理解，为企业付出劳动时高度自觉。为了实现这个目标，每个人都要接受为期两周的新入社员培训，每天高喊热爱企业的口号，拉练、爬山。平日的管理也非常严格，有的员工吃饭时没有穿工作服，结果要么不吃饭，要么接受罚款。在这种环境下，员工渐渐都认同了下级绝对服从上级的工作习惯。"刘先生说，按规定，他们每周工作6天，每天从早上8点干到晚上7点20分，下班前还要向上级详细汇报一天的工作情况。好在他们的培训计划比较吸引人，很多年轻的技术人员都有去韩国受训的机会。但是，在韩企晋升相当困难，他能走到今天，付出了几倍于常人的努力。"工作的艰辛并不算什么，最大的问题是，韩国人和中国人的地位不够平等。韩国人的工资是中国人的很多倍，就连食堂里的饭菜，也有明显的档次。公司里的领导职位也几乎全被韩国人占据着，中国人再出色，也得不到提拔。我感觉自己在这里的发展已经到顶了，下一步该怎么走，我很茫然。"

（资料来源：根据网上资料整理，http://www.docin.com/p-448641185.html）

三、职业发展通道

职业生涯发展通道是组织为内部员工设计的自我认知、自我成长和晋升的管理方案。职业生涯发展通道可以显示出员工的晋升方式、晋升机会的多少、如何晋升等，从而为那些渴望获得职位提升的员工指明努力的方向。

职业生涯发展通道包含三个部分：(1) 职业生涯发展通道的宽度。要求员工在多个职能部门，多个工作环境轮换工作的职业生涯发展通道是职业生涯发展宽通道。要求员工在有限职能部门和工作环境中工作的职业生涯发展通道是职业生涯发展窄通道。宽通道要求具备高度综合能力和适应能力，窄通道要求员工具备有限专业经验和技能。(2) 职业生涯发展通道的速度。晋升速度比较快的职业生涯发展通道,为快通道。晋升速度比较慢的职业生涯发展通道,为慢通道。

(3)职业生涯发展通道的长度。职业生涯发展阶梯的长度则主要涉及组织为员工设置的专业等级数。根据组织规模和工作复杂程度的需要不同,职业生涯发展阶梯可长可短。通常职业生涯发展通道的等级在4级及以下的为短通道,在10级以上的为长通道,在5—10级之间的为中等长度职业生涯发展通道。就职业生涯发展通道的模式而言,可以分单阶梯模式、双阶梯模式和多阶梯模式。目前,单阶段模式只存在于性质比较单一的组织中,绝大部分组织采取双阶梯或多阶梯模式。

（一）双阶梯模式

采用双阶梯模式的企业组织,会为员工提供两条主要的职业发展通道。最常见的是分为专业技术路径和管理路径。专业技术发展路径,指的是整个职业晋升和发展过程基本不涉及管理别人,主要依靠技术能力和经验累积而上升的晋升路线;管理路径,指的是随着管理经验的丰富和能力的增强,所管理的部门逐渐扩大,责任逐渐增加的晋升路径。当然,现在大部分采用双阶梯模式的企业,都会存在第三种职业发展路径,允许员工在不同的部门之间轮换,以达到培养出既懂技术又懂管理的复合型人才的目的。这种情况下,由于第三种通道更多的是对前两种的融合,所以我们仍然视其为双阶梯模式。

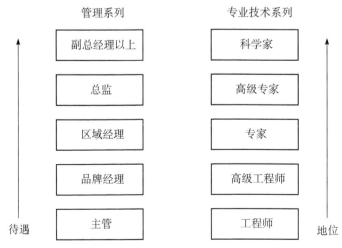

图 5-2 双阶梯模式图

在双阶梯模式中,同一等级的管理人员和技术人员在待遇和地位是一样的。大部分的制造业企业采用的都是双阶梯模式,只不过不同的企业在每种职业发展通道的具体职位上可能有不同的设置,但是总的来说都是遵循这两条道路的。

北电网络(中国)的职业发展路径

在北电我们主要有三条职业生涯发展路线。第一条我们叫技术路线。最开始是初级工程师,有他自己的"管理人",被下达任务后执行具体工作,对自己的工作成果负责。然后可升为工程师,他可以自己发现问题改进软件。再往上是高级工程师,他可以自己带领团队,除了本职工作,还可以把整个系统连接起来,有市场分析能力。然后是系统架构师,这是高级的技术人员。不带领团队,他给别人提供高级技术策划和指导,是从战略和系统层面,把多个产品相互联系起来的系统构架师。他需要更多地接触客户,并给客户提供全方位的解决方案。而且从整个北电远景和技术发展方向看,产品要往哪个方面发展?要研发哪种产品满足市场需求?这就需要架构师来设计,他需要应用自己的市场敏感和对未来趋势的判断为公司提出方向性的建议和规划。再向上就是我们的首席技术长官(CTO)。第二条我们叫管理路线。最初仍然是初级工程师,经过一步一步提升,例如工程师到高级工程师,然后到团队带头人,开始管理其他人员,管理员工是另外一种技能,因为人和电脑是有很大区别的,人有自己的七情六欲,有自己的喜怒哀乐,管理者需要付出更多的时间和精力去了解每一个员工从而调动他们在工作上的积极性。管理者首先是团队带头人,然后是经理,接着是高级经理,然后是总监,再往上就是副总裁和总裁。这条道路很多时间花在对人的有效管理上。不是所有技术人员都有能力转向管理道路。有的技术人员认为自己技术好就能管好人是错误的,拿管理程序的方法来管理人不可能有效。第三条路是根据你自己个人的喜好、特长和潜能拓宽或转变专业领域。例如可以从研发转到市场,从市场转到销售等。现在很多人不想在一个工作岗位上干一辈子,想尽量多接触一些不同的部门或行业。

(二)多阶梯模式

如果在一个组织中存在三个或三个以上职业生涯发展通道,比如图5-3所示的管理行政序列、专业业务序列、操作技能序列,就意味着此时该组织采用的是多阶梯模式。相比较双阶梯模式,多阶梯模式可以为员工提供更大发展空间。比如美国的西部电子公司为员工设计了三通道的职业生涯发展阶梯:技术人员阶梯、技术带头人阶梯和技术管理人员阶梯。美国的ESCA公司的职业生涯发展通道则为四阶梯模式:技术人员阶梯、技术专家阶梯、行政管理阶梯和经理阶梯,其中技术人员系列分为6级,技术专家分为7级,行政管理分7级,经理分为3级。

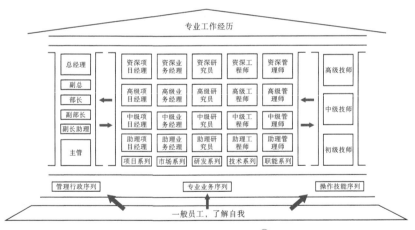

图5-3 多阶梯模式图①

在求职的过程中,组织能够提供怎样的职业发展成长道路,应该是重要的参考因素之一。不同企业/单位为员工提供的职业成长道路各不相同,在求职之前就了解这些情况,我们就可以对未来的工作和

① 转引自誉杰人力资源管理咨询中心:《五步构建员工发展多通道模式》,www.yukey.org.cn/guanli/renli/RCTX/JSTXSJ/XGZLCS/201003/1390.html。

生活进行更准确的预期,做出更好的安排。

补充阅读

一些提供专业服务的企业组织,如咨询、会计、金融等,提供给员工的职业发展通道非常有特点。这些职业包括会计师、银行家、咨询师、医生、律师等,都属于目前职场中起薪收入较高的职业。我们可以通过几个具体的例子来了解这类组织提供的职业发展路径。

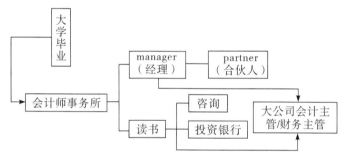

图 A 会计师事务所的职业发展通道

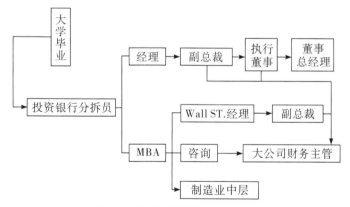

图 B 投资银行的职业发展通道

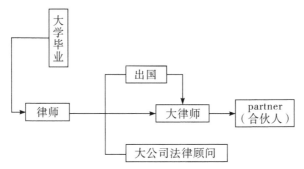

图 C　律师事务所的职业发展通道

关于在上述几类组织中的职业发展,有以下几点需要说明:

(1)这类组织的人员流动性较强,在行业内转换公司是非常常见的现象,积累经验并通过跳槽升到高层也不少见。但跳槽最好能伴随着升职,因为在任何一个行业组织里,要熟悉环境并能够适应、胜任一定的工作,都是需要时间的。跳槽的时间间隔太短,无法累积到足够的资历和经验,结果往往是只能在同级的职位间跳槽,长此以往不利于在行业里的提升。

(2)在这类组织中,从头做到尾的人只是一部分,许多人在积累了一定知识和经验之后,会选择自己创业或者转去制造业的企业担任中高层。

(3)大学毕业生进入这类组织,一般工作3—5年之后,建议去读一个比较顶尖的MBA,这是在这类组织长期发展十分重要的一环。原因就在于这类组织,往往是利用专业知识为客户提供服务,因而对知识能力消耗很快,需要不断提升。而相比较一般学历教育,MBA教育更符合这类行业的发展要求。

(资料来源:北京纽哈斯国际教育咨询有限公司编著:《求职胜经(上册)》,机械工业出版社2005年版)

四、其他与工作有关的细节

对你的生活方式影响最大的是你的职业。它不仅决定你每天做什么,而且极大地影响你如何生活,交什么样的朋友,

穿什么样的衣服,你什么时候度假,每天挣多少钱和你不必工作多长时间。——坎贝尔:《人生道路的选择》

在进行职场调研时,除了要关注今后自己发展的行业和工作类型,选定相对来说更适合自己的企业/单位类型,并了解目标企业/单位可能为自己提供的职业发展通道之外,还有一些比较重要的细节也会对我们今后的职业和生活产生较大影响。我们在做出职业和企业选择时,这些与工作有关的细节也是需要考虑到的。

（一）工作时间

工作时间的长短和稳定与否,对同学们选择职业而言,也是一个重要的考虑因素。

一说到工作时间的漫长,大家最容易想到的一类企业便是会计师事务所。因为这类企业是以加班闻名,其内部的员工经常连续地工作48小时,不是工作狂的人很难想象这种情形。

> 2012年的冬天格外漫长,吕佳丽这名毕业于社会学专业的学生从山西大同奔赴北京,成为中瑞岳华会计师事务所(现为瑞华会计师事务所)的一名审计助理;这个冬天,在外企工作了近一年的杨婧寰最终选择辞职,转投立信会计师事务所成为咨询部的一名新员工;这个冬天,毕业于经管类专业的何琦如愿以偿成为普华永道上海分所的一名"小朋友"。
>
> 到会计师事务所工作不到半年的时间,杨婧寰和何琦先后都参与了5个项目,而吕佳丽则专注于企业年报审计,大概跟进了10家左右,还参与了一项关于项目投资资金使用情况的调查。
>
> 杨婧寰说,忙起来,晚上回家不过是"打个尖儿",而现在参与的这个内控咨询项目,预计到结束要40天左右,已经开始的一周多时间里每天都在加班。因为在之前参与的内控咨询项目中表现不错,这次内控咨询项目中,经理将一些次级部门分给杨婧寰访谈。走进访谈会场之前,杨婧寰始终处于非常紧张的状态,从阅读企业的相关资料、了解访谈处室的结构

和业务,到准备访谈提纲,她在每一个环节都十分认真和仔细。她希望尽己所能更专业地完成工作,并在访谈中抓住关键点。

进入普华永道之初,公司对何琦每一年参与审计的会计科目都有规划,预计在3至5年内,他将会掌握所有会计科目的审计。而目前他在做的主要是关于货币资金、固定资产、应付职工薪酬等科目的审计,通过多个项目的反复学习,他感到这种方式可以帮助事务所新人扎实地掌握工作技能。另外,通过培训,何琦还学会了在工作中很好地管理和安排时间。每一次拿到项目,他首先会仔细了解企业所处行业的背景、企业自身的情况,并将需要客户提供的资料列一张清单,这样的工作习惯让何琦迅速地成长起来。

因为企业财务报表的年审时间相对集中,有一段时间,吕佳丽的工作非常繁忙。她介绍说,最忙的时候,在外出差,早上八点多就要开始工作,没有午休,到晚上十一二点才能休息。但即使在如此高强度的工作下,吕佳丽也从来没有感觉到累,她将这份动力归结为"兴趣"。她说,她喜欢透过账面上不够真实的东西去发觉企业本来的样子、真实的情况。而在通过试用期后,由于在工作中的出色表现,吕佳丽晋升了4个档次,高出其他同层次的"小朋友"们一档。

众所周知,大多数投行、咨询公司和会计师事务所都具有类似的情形。因为它们的工作都是跟着项目走的,每当接到一个大项目后,所有的人都必须加班加点,时间就意味着利润。所以,在决定进入这种类型的企业时一定要清楚自己是不是能够适应长时间的加班工作。当然,从上面这个案例我们也能够看出,虽然这些企业工作时间长,但是学习的机会很多,薪水也很不错,对于希望使自己能够快速成长的同学来说,这些企业会是非常理想的求职目标。

工作时间还有一个稳定与否的问题。一些工作的工作强度起伏很大,任务来了便需要高强度地加班,而有的时候却无所事事。比如有些企业的会计人员,月尾结账,月头出报表,再接着报税,然后可能有小半个月的时间没什么事情做。对于那些习惯每天生活都有规律性，不适应日程时紧时松的人，面对工作强度起伏大的职业是需要慎重考虑的。

（二）出差的频率

有些工作需要经常出差，而另外一些则只需要整天待在一个地方。像许多销售类的工作，都需要经常到处奔波去联系业务。至于导游、记者之类的工作，本来就属于户外的工作，要在外面跑的时候更多。工程公司、会计师事务所、投资银行、咨询公司也是需要频繁出差的工作。

出差一般会有出差补贴，比如某电气集团工程公司 HR 就直接说，如果愿意接受安排经常出差，一年收入在十五万以上。这种工作的待遇还是相当诱人的，但是如果一个人对稳定安逸生活的偏爱胜过了金钱，选择那些需要经常出差的工作岗位便不是一件明智的事。

（三）工作环境

工作环境对一个工作能否令人满意影响很大。在工作环境方面，主要有以下几个值得关注的因素。

一是组织氛围。组织的氛围是和谐的还是冷漠的？是合作的还是彼此钩心斗角的？是等级森严的还是平等互助的？不同的组织有很大的差异。如惠普公司就非常强调人性化管理，老板和员工都在一间大屋子里面办公，随时可以进行沟通。

二是工作方式。许多企业的销售人员没有固定的办公室，没有固定的工作时间。比如思科所有的销售人员都没有办公地点，公司鼓励他们在家办公，并为他们配备摄像机、打印机之类的办公设备。而大部分的行政管理和技术人员则通常有固定的办公地点，并且每天有规定的上下班时间。选择一份工作，很大程度上就是选择了一种生活方式，选择职业的时候工作方式是我们需要认真考虑的一个因素。比如，现今职场中非常流行的 SOHO 一族（Small Office, Home Office；意指在家办公），可以在家从事音乐创作、平面设计、广告制作、服装设计、商务代理、期货、自由撰稿人、网站客服、网站编辑等工作，很多人乍一听很是羡慕,因为大家都喜欢无拘无束的工作,觉得能够在家里完成工作很好,殊不知SOHO也有不好的地方。一般的朝九晚五的工作,6—8小时工作时间之外就可以下班休息了,而很多SOHO一族会发现到了最后工作和生活分不开了,在家里没有周末和假期的概念,甚至有时候大半夜还得工作。

三是着装。有的企业/单位在着装方面要求严格,而有些也较为自由。如IBM公司要求员工统一着蓝色制服,这就好像公司的标志一样,别人一看就知道谁是IBM的人。而微软公司在员工着装方面的要求则较为宽松。在创业的早期,员工甚至可以穿着汗衫和拖鞋上班。不同的着装反映了组织文化方面巨大差异,作为拥有不同价值观的个体,我们在这些不同着装风格乃至不同文化的组织里,适应程度也会完全不同。

(四)工作地点

就地理位置因素而言,我们要考虑的问题主要有两个:

第一,是否有利于自己事业的发展?

对这个问题的回答取决于我们对未来的打算。比如,有些同学给自己的定位是外资企业和跨国机构,那么最好选择去北京或者上海发展,因为北京和上海是世界跨国大企业驻中国的总部最集中的两个城市,选择余地更大并且晋升机会更多;又比如,有些同学选择的是加工制造业,并且想为之长时间奋斗,那么不妨关注一下苏州和广州的招聘信息,因为那里才是中国的加工制造业基地;再比如,有些同学更偏好"国产"的民营、私营或家族式企业,那么建议选择去江浙一带的沿海地区,因为那里是我国民营经济发展得最活跃的地区。总的来说,所在的行业在这座城市的发展前景有多大?在这座城市干这行最高能够达到怎样的位置?这一定是我们在选择工作地点是需要考虑的。

第二,该城市的生活水平是否合适?

尽管我们强调,大学生刚从学校出来,找工作不应该把金钱摆在第一位。但是这并不意味着薪金不是我们关注的对象。我们当然要关注薪金的多少,不仅如此,还需要关注当地的物价水平以及其他一些因素,比如环境是否宜人,气候是否能够适应等。对于相当一部分同学而言,毕业之后要去往的城市都是完全陌生的,需要付出较大的努力去适应新的工作和新的生活,这时遇到的困难是非常多的。有时即便是饮食不习惯、水土不服这种小问题,也可能演变成为"压死骆驼的最后一根稻草"。

(五)薪酬福利

薪酬福利是大家普遍关心的因素。一般来说,薪酬福利包括以下几个部分:工资、奖金、户口及住房、培训机会。

通常大家会将工资和奖金作为衡量薪酬的主要标准。薪酬水平的高低和支付方式因为行业类型和企业类型的不同而有所差别。就行业类型而言,垄断性质的行业如电信、航空业薪酬福利水平普遍较高,而竞争较激烈的行业如钢铁、服装等行业薪酬福利水平则处于一般水平。就企业类型而言,外资企业的工资较高,但工作也较辛苦;国有企业的工资可能不如外资企业,但福利方面往往更为优厚一些;而民营企业收入的高低,则和个人的工作绩效和企业的效益有很大关系。当然,这些只是就一般情况而言,具体到每一类企业内部还会有很大的差别。比如同样是外资企业,日资企业、韩资企业的薪酬水平就普遍低于欧美企业。所以,我们在了解相关信息时,首先要根据前面介绍的工作世界的几个维度,缩小自己求职的范围,然后再针对既定目标深入细致地开展职场调研工作。

不同企业在福利水平方面也有高有低。对于大学毕业生来说,最关心的福利恐怕就是户档和住房了。户档方面,政府部门、事业单位或者国有企业一般是可以解决的,外资企业和民营企业的情况会复杂一些。比如有些知名的外资企业会有一定的户口指标,有些城市的经济开发区可以给在本开发区就职的人才解决户口问题,有些民营高科技企业也会有少量户口指标,还有些企业对于想留住的人才会花重金解决其户档问题……住房方面,无论是政府机关、事业单位还是企业,福利分房都已经不复存在,但有些企业/单位会有员工宿舍、周转房、住房补贴等形式的福利。总的来说,不同企业/单位在福利方面差异较大,我们在这里也无法尽数。上述这些情况要随企业的具体规定而定,同时也应该是同学们进行市场调查的重要方面。

培训也是福利的一个重要方面。一般的企业/单位在应届大学毕业生入职之后都会有相应的培训，但不同的企业/单位会有不同的做法。有的对培训并不重视，只是走走过场而已；有的培训项目和培训内容简单而陈旧，同样不具备太多的价值。对于刚刚离开校园走上工作岗位的大学毕业生而言，好的入职培训就是最好的福利，将直接关系到我们进入工作状态的快慢、对自己工作的真正理解，以及对自我目标的设定选择。所以相比较薪酬而言，我们更要选择一个重视培训的工作单位，并且这种培训是符合个人发展需要的。

薪酬福利直接关系到每个人的经济收入和生活质量，当然值得引起我们的高度关注。但是，对于刚走出校门的大学毕业生来说，只关注短期的工资、奖金是不可取的。最好能够从职业发展的角度去选择工作，这样才能保障长期的稳定的收益。

补充阅读

全面回忆：华为的入职培训

还是从九个月前的那天说起吧，话说刚刚从科大毕业以后，到了深圳就转入了另一所大学：华为大学。华为大学是华为公司的一个内部机构，主要负责的是客户和员工的培训工作。

培训的第一个阶段叫做企业文化培训，也就是所谓的"洗脑"培训了，大家在一起上课，看电影，讨论问题。内容大多数是华为公司的企业精神，如"天道酬勤""烧不死的鸟是凤凰"之类的，总的来说是希望我们做好艰苦奋斗的准备。华为公司是艰苦奋斗发家，多年来也一直秉承着艰苦奋斗的宗旨，人必须要在艰苦奋斗的环境中才能磨炼自己。

经历了一周多的企业文化培训，转入了下一个阶段，是流程规范培训，公司弄了一堆繁杂的流程规范给我们学习。要说公司的流程规范可真是多啊，真是应了《杜拉拉升职记》里的那句"DB公司已经规定到了进门的时候，先迈左脚还是右脚"。对于一个企业来讲，流程规范是非常重要的，特别是像华为这样的大型企业。使用流程规范来约束每一个员工的工作,将每一个工作的步骤进行细化,由多位员工来进行负责。这样可以降低工作的难度,提高效率,而且如果哪一位员工离开的话,短期内就可以有人补充上来。

企业文化培训结束了,接下来的是40天的所谓"魔鬼一营"培训,每个华为技术支持的新员工都经历过这么一段时间。开班的第一天,我们每个人都领到了40多本书,放在桌子上,又仿佛回到了高三的感觉。接下来40天的生活,就是每天上课,考试,再上课,再考试。晚上要上自习到9点,而且周六还必须上课。这段时间是相当辛苦的,每天有很多的东西要学,而且有很多的制度的东西来约束自己,这个不能做,那个不能做。我想公司是希望在短期内将我们身上自由懒散的毛病改掉吧。

在经历了痛苦的40天,参加完出营考试(相当于高考),15位同事坐上飞机,飞向了国内的各个地方,开始参加工程实践培训。工程实践培训是公司对新员工培训的又一个阶段,各位刚刚从学校里走出,满脑都是理论知识的新员工将在这个阶段里品尝到一线工程师们的痛苦。我到的地方是成都,说实话自己都没有想到会以这样的方式到成都去。在成都的三个月多里,我和办事处的同事们一起熬过夜,一起被机房门口养的狗追过,一起被客户骂,一起半夜三更被人电话吵醒去解决问题。也看着老员工们一次次咽下自己的委屈。

这段时间里面,我发现了一个问题:对于技术本身的东西,我一直学习不进去,但是如果是需要我给客户做一些技术方案的展示时,自己却做得很好。一方面做方案的展示不需要去扣技术的细节,而是需要整体的把握,自己在这方面做得还不错;另一方面,要站在客户的角度去考虑问题,要去引导客户进行思维,我发现自己做这种东西时会觉得很有趣,很有动力。一次又一次的加班,我都是为了改好自己的PPT,准备好明天给客户的演示材料。而我是根本不会为了学习技术而一次又一次的加班的。

三个多月的实习生活结束了时候,我请了几位非常要好的同事吃饭,在饭桌上我提出了自己的这个困惑:现在的这条路适合不适合自己?老同事们说,就他们对我的观察,我不是很适合做技术支持这条路,而应该往售前的方向走,在售前的方向上自己应该会有更大的发展。在成都的实践,我很有收获,更重要的是自己在思想上有了一些改变:什么是合适自己的工作,自己有什么特点?

(资料来源:摘自网络资料,www.cnblogs.com/lijunjie/archive/2010/08/24/1807056.html)

复习思考题

1. 如何确定自己今后所从事的行业?
2. 结合实际情况分析自己今后选择外资企业和国有企业各有什么利弊?
3. 职业发展通道涉及哪些内容?

Topic 6：关于工作世界不得不说的秘密

一、分析竞争对手

之所以会谈到求职中的竞争对手，倒不是想增添找工作的火药味。我们在这里想说明的问题，依然是如何进行个人价值最大化。只是这里从竞争对手的角度来看，希望同学们应聘时在了解自己的背景、兴趣和求职目标的同时，也清楚与自己竞争同类职位的人，从而明白自己如何和他们区别开来并得到招聘者的认可。没有最好的工作，只有最适合的岗位，经常有大家公认很优秀的同学倒在了知名企业校园招聘的第一轮、第二轮，却发现那些不如自己的人可以走得更远，甚至被录用。因为许多企业寻找的并不是最"好"的，而是最"适合"的。所谓的适合，也就是必须说明为什么这个位置属于"我"，而不是"我"的竞争对手。

在千千万万求职者中，并不是所有的人都在和我们竞争，实际上，真正成为竞争对手的，只是其中的很小一部分人。更具体来说，如果某位同学打算就业，而他（她）的同班同学打算出国，那么这两个人之间就不会构成竞争对手关系；相反，尽管有时候我们觉得海外留学归来的人应该不会跟我们应届毕业生在同一个平台上找工作，不形成相互竞争的关系，但如果在同一家公司的应聘中我们和某位"海归"一起进入了最后一轮，那么他（她）就是我们最大的竞争者。划分竞争对手的时候有一个非常重要的标准，那就是应聘岗位的相似度。

（一）如何分析竞争对手

在分析竞争对手时，应该以应聘的同一职位为核心，从教育背景、经历、特长、兴趣、个性等方面，仔细考查自己相对其他竞争对手的优势和不足。

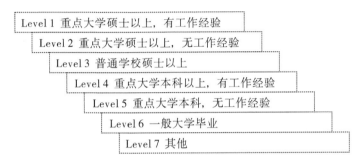

图 6-1　竞争对手分析举例：学历与工作经验

下面以学历和工作为例，看如何分析自己与竞争对手的状况。如图 6-1 所示，我们可以首先按照学历和工作经验这两方面的特征划分出七个水平，然后判断自己和竞争对手目前分别处于哪个水平。如果发现在进入某公司最后一轮面试的所有人员中，自己在这两个方面最具有优势，则意味着在面试时可结合岗位特征，着重强调自己的学历及经验优势。但是如果反过来，如果发现在所有人之中，自己在学历及工作经验方面是最为薄弱的，那么在面试时则要注意强调自己其他方面的优势，比如更年轻、更有活力、心态更好、待遇要求更低等。

通过这样分析，清晰确认潜在的与自己相似的竞争者，并通过仔细研究，给自己准确的定位，从而更有针对性地准备，确定好竞争策略，使自己脱颖而出。

（二）几类特殊的竞争对手

对我们大学生而言，在求职过程中除了参与大学生就业市场的竞争之外，还可能遭遇到其他几类特殊的竞争对手：研究生、海外留学归来人员、职业经验更丰富者。表 6-1 列出了这几类群体目前的就业形势，以及在求职过程中相对的优势和不足。

表6-1 大学生与主要竞争对手概况

类别	就业形势	相对竞争优势	相对竞争劣势
大学生	就业形势严峻,越来越多的人面临一毕业就失业的情形,每年待业人数都在增加	对企业的福利、待遇、工作环境等相关要求较低	实践经验太少;眼界比较狭隘
研究生	就业形势大不如前	专业素质较高	实践经验太少;对企业的福利、待遇、工作环境等相关要求较高
海外留学归来人员	2009年发生经济危机后,国外经济不景气,越来越多的人在国外找不到就业机会	见识比较广,对海外环境、国外先进的思想理念比较了解	实践经验太少;对企业的福利、待遇、工作环境等相关要求较高;不熟悉中国企业的情况
职业经验更丰富者		从业经验丰富	创新意识不足

概括而言,我们作为大学生,相对研究生、海外留学归来人员、职业经验更丰富者,目前比较有利的方面在于:

(1)随着社会经济发展,我国产业结构升级是必然趋势,对受过高等教育人员的需求应该有比较大的空间。相比较而言,用人单位对在受过高等教育的人员中占绝大比例的大学生的需求量将会更大。

(2)与上述三个主要竞争对手相比,大学生对用人单位的待遇、福利、工作环境等求职要求更低,更容易让用人单位接受。

(3)目前,"大学生就业难"问题已引起社会各界的极大关注,社会舆论普遍向大学生倾斜。

(三) 大学生求职竞争的SWOT分析

SWOT分析法是在20世纪80年代初由管理学家提出来的,这是一种能够较客观而准确地分析和研究一个组织现实情况的方法,将组织内外环境所形成的机会(Opportunities)、风险(Threats)、优势

(Strengths)、劣势(Weaknesses)四个方面的情况,结合起来进行分析,以寻找制定适合本组织实际情况的经营战略和策略的方法。近年来,SWOT 分析法被应用于职业发展分析。

1. 优势

- 知识优势:目前大学生在校接受了较为良好的大学教育,有比较扎实的专业理论基础,并且通过高校较为良好的信息渠道,了解比较多的行业最新动态与概念,具有比较好的知识储备的优势。
- 有开拓的理想与激情:刚刚步入社会不久,思维普遍活跃,接受新鲜事物快,具有中年以上人群所不常具有的开拓的理想与激情,往往可以激发出很强的主观能动性。
- 精力充沛:大学生作为青年人的群体,精力充沛。
- 家庭负担较轻,故对用人单位的福利、待遇的相关要求较少。
- 国家政策向大学生倾斜,社会组织对大学生就业问题极度关注,为大学生就业机会增加提供了可能。

2. 劣势

- 实践经验不足:大学生在学校接收到大量的理论知识,往往注重书本知识而忽视实践经验,在专业知识的学习方面多以"输入型"学习为主,"输出"应用方面明显不足。这一方面归因于大学生刚开始接触社会,本身尚未接受足够的实践经验;一方面归因于学生个人的实践意识不强烈,形成眼高手低、实践不足的劣势。
- 创新不足:大学生没有足够的实践经验,没有足够的机会去广泛地实践,因此就更难以有创新性学习的机会,而当今社会是一个不断创新高速发展的社会,缺乏创新能力是大学生的一个突出的劣势。
- 吃苦精神不足:当前大学生多是"80、90"后,缺乏忧患意识与吃苦耐劳精神。大学生普遍吃苦精神不足,是制约自我发展的一个重要因素。
- 整个社会文化和商业交往中往往不信任青年人。

3. 机会

- 多种发展渠道:目前大学毕业生的发展渠道同过去相比有了很大的扩展,大学生可以选择企事业单位、大学生村官、选调生、公务员等一系列发展途径。

- 政策的机会：目前我国西部开发、中部崛起等政策都为大学生提供了良好的发展机会。政策还对大学生在自主创业方面给予了支持。

4. 威胁

- 就业压力：由于高校的扩招，目前我国大学生就业压力逐年增加，伴随大学生数量的增加，用人单位对大学生综合素质要求不断提高（如：名校文凭、各种技能证、实习经验等）。
- 找不到工作的研究生、海外留学归来人员、职业经验更丰富者，也开始参与到与大学生的求职竞争中。
- 经济危机发生，导致各类单位对大学生需求量减少。

二、了解幕后真相

一天，动物园管理员发现袋鼠从笼子里跑出来了，于是开会讨论，一致认为是笼子的高度过低，于是他们决定将笼子由原来的10米加高到20米。结果第二天他们发现袋鼠还是跑到外面来，所以他们又决定再将高度加高到30米。

没想到隔天居然又看到袋鼠全跑到外面，于是管理员们大为紧张，决定一不做二不休，将笼子的高度加高到100米。

一天，长颈鹿和几只袋鼠们聊天。

"你们看，这些人会不会再继续加高你们的笼子？"长颈鹿问。

"很难说。"袋鼠说，"如果他们再继续忘记关门的话！"

每年一进入求职的季节，毕业生同学们都会变得非常忙碌：忙着为自己制作精美的简历，为自己置办一身职业的行头，忙着奔赴各地参加各种各样的笔试和面试……大家都为了能找到一份心仪的工作而付出自己最大的努力。可惜很多人不知道，自己所做的大部分事都是无用功，这是由于忽视了最重要的一件事情——"关门"。在上面这个小故事里，无论管理员将笼子加到多高都没有用，因为门没有关。

求职的时候,如果我们不了解一些招聘的规则,就好比忘记关门一样,没法将力气用在点子上,导致时间和精力的浪费。

（一）招聘流程

通过招聘流程,不仅可以帮助我们针对每个环节做好准备,更重要的是可以让我们更好地理解组织的招聘活动,明白组织招人的思路及想法,从而提高求职准备工作的效率。不同类型的企业/单位,其招聘流程的具体环节也许各不相同,但大致的思路和原理还是一致的。

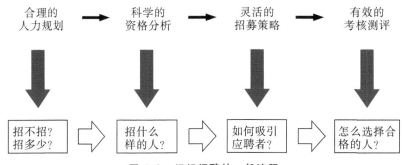

图6-2 组织招聘的一般流程

如图6-2所示,通常组织在招人时,会主要考虑四个问题,分别对应招聘活动的四个环节。这四个环节解决的问题是循序渐进的：

- 问题一:现在需不需要招人？需要多少人？
- 问题二:如果确定需要招人,那么需要招什么样的人？
- 问题三:需要的这种人在哪里？该怎么吸引他们来应聘？
- 问题四:成功吸引到足够的求职者之后,如何把合格的人选出来？

同学们通常所理解的招聘活动,往往是第三个和第四个环节,也就是组织招聘的招募和选拔环节。大家会精心地准备简历、笔试、面试……其实都是针对招募和选拔这两个环节在努力。而实际上,任何一个组织的招聘活动,都要源起于内部对人的需要,只有明白了这一点,才会懂得做一个组织需要的,并且符合要求的求职者有多么重要,甚至已经在很大程度上决定了求职的成败。

当然,涉及招聘流程的细节,不同类型的组织会有各自的特点,需要我们根据自己的求职方向去进行一些深入的认识。比如外资企业的招聘流程往往较为复杂,这固然是为了科学严格地选拔人才,但现在对于很多外资企业来说,校园招聘也是一种非常重要的宣传手段,因而他们的整个招聘流程会比较长,这样可以让尽可能多的同学参与进来。

外企的招聘流程——宝洁

1．前期广告宣传
2．邀请大学生参加其校园招聘介绍会
3．网上申请

访问宝洁中国的网站,点击"网上申请"填写自传式申请表及回答相关问题,这实际是宝洁的一次筛选考试。

4．笔试

（1）解难能力测试:宝洁全球通用试题的中文版本。
（2）英文测试。
（3）专业技能测试:并不是所有申请者都需要。

5．面试

（1）初试:一位面试经理对一个求职者面试,一般都用中文进行。
（2）复试:出资请应聘学生来广州宝洁中国公司总部参加。面试官至少是3人,复试都是由各部门高层经理来亲自面试。如果面试官是外方经理,宝洁还会提供翻译。

6．发出录用通知

国内企业、事业单位、政府部门也有其相应招聘流程。比如公务员考试,通常首先由内部申报录用计划;然后由网上发布招考简章,并进行网上报名和资格审查;接下来是笔试、面试、体检和考察;最后才做出录用决定。我们可以通过官方网站、招聘信息等主动关注自己感兴趣的企业或单位,并进行相应分析。

（二）职位描述

在上面的招聘流程中，最值得求职者关注的核心是企业/单位对该岗位的要求，包括该岗位的工作要求和对任职者的资格要求。前者可以让我们明确该岗位到底是干什么的，后者可以让我们明确应聘该岗位所需要的资格条件。从而使同学们可以根据自己的兴趣和条件，决定是否去应聘该岗位。

从组织招聘的角度来说，如果一个组织愿意进行校园招聘，那么多半是看重了求职者的学习能力和发展潜力，这类组织多数都会在招聘广告中详细地说明工作要求和任职资格这两方面的信息。下面是宝洁公司招聘产品工程师时发布的一则广告，其中就包括了这两方面的详细信息。

宝洁公司招聘产品工程师的一则广告

Position：Engineer

Overall Descriptions：

1. Support the package function of Research & Development in Skin Care and Color Cosmetic products of Greater China and Asia Region.

2. Development of new package design in collaboration with Design Group, Marketing, PS, PDD, and external packing material suppliers.

3. Technical qualification of new packages at lab and packing site in accordance with qualification plan.

4. Project management by working with other functions such as Marketing, Product Supply, Design Group etc.

5. Establishment of packaging material specification and packing quality standard based on technical qualification result.

Qualification Requirements：HT

1. Bachelor or Master degree in mechanical engineering or chemical engineering background is preferable.

2. Good collaboration/communication skills with internal and external resource such as packaging material suppliers and packing contractors.

3. Strong leadership by energizing others to deliver project objective or to solve issues.

4. Working experience with packaging development in R&D or packing engineering in Product Supply is preferable.

5. Familiar with Corporate System such as CSS.

6. Fluent in written and oral English.

7. Beijing Hukou.

上面这则招聘广告主要包含两个方面的内容：

第一部分"Overall Description"其实是对工作岗位职责的详细描述，包括该岗位主要做一些什么事，和哪些部门有联系，受哪个部门直接领导等。通过阅读这一部分，求职者可以对该岗位有一个初步的了解，明白这是一个什么样的职位。

第二部分"Qualification Requirements"则对应聘该岗位的求职者提出了具体的要求，包括能力、专业知识和学历、工作经验、户口等。这些要求是非常具体的，通常如果在求职者的简历中不能反映出这些要求，简历很有可能就会被直接筛掉。所以有意向的求职者通过分析这则广告，也可以大致判断自己是否符合要求，以及求职成功的可能性有多大。

在现实中，部分国内企业的招聘广告还不是特别规范，可能对岗位的描述较为简略，对任职资格的描述也偏重一些硬性的指标，如专业、英语水平等。这就要求我们加大调查力度，从招聘人员、该企业的内部人士、企业网站等渠道加强对该企业和该岗位的了解，以决定自己是否要将之确定为自己的目标。

（三）招聘人员的特征

了解招聘人员的特征，主要是为了帮助同学们更好地配合他们的招聘工作。很多人对于坐在自己对面的招聘人员心怀畏惧、诚惶诚恐,其实大可不必如此。招聘人员的任务是为组织招聘到合适的人,如果我们是合格的应聘者,那么和他们的沟通实际上是在帮助他们完成工作。招聘人员本身也是组织的普通员工,他们和我们的接触只是为了工作,只要我们积极配合,一般来说招聘人员是不会为难我们的。

1. 他们会抱有怀疑的态度

尽管招聘人员很重视简历,但是在简历中掺杂水分的情况如今实在是太常见了。因此,招聘人员往往会针对简历展开提问,核实一些重点和细节。对此,我们应该做到两点:第一,尽量不要造假,实事求是就好;第二,参加面谈前要准备得更充分一些,尤其是简历中比较出彩、比较闪光的地方,要做好被盘问的准备,证实自己没有夸张。

2. 他们都很忙碌

招聘人员往往需要浏览大量简历,进行多场面试,工作量巨大,所以不要期望他们会在每个人身上花费很多时间。经常有毕业生同学抱怨招聘人员态度差,不够亲切,这是对他们的工作性质不了解造成的。作为求职者,我们尽量遵照公布的招聘流程行事,不问重复性的或者已经公示过的问题,提高应聘效率,就是对招聘人员最好的配合。

3. 他们在拿你和其他人做比较

一般人会认为,既然组织做出录用决策的依据是岗位要求,那么招聘人员只会拿求职者和招聘岗位的要求做对比,符合要求就能够被录用。但其实,他们还会在应聘者之间做横向对比。这是由于如今求职竞争较为激烈,组织往往会倾向于在一群求职者中选出最优秀那个人就可以了。这就提醒大家思考一个问题:应聘的时候该怎么突显自己的相对优势?整个应聘过程中,我们其实都在做一件事情,那就是使招聘人员相信在所有应聘者中你是最好的。

4. 他们没有必要给你机会

许多同学在求职时都习惯说一句话:请给我一个机会……但实际上这句话是没有必要的。现在企业或者用人单位在招聘方面投入都越来越大,他们花费那么多的人力、物力、财力、时间,不是专门来给你机会的。我们来看看人力资源经理的说法:

北大青鸟的人力资源经理的说法

现在大学生最普遍的毛病是期望值太高,他们认为读了书,社会理所应当应该给他一份工作,而且是一份收入很好的工作。大学生对工作的理解非常的理想化。他们认为一个好的公司,一个好的单位,一进来就应该给他一个很好的培训,有一个人来带他,一进来就应该有一个很好的待遇,有一个很好的团队,一个好的上司,一个非常清晰的职位要求,他们认为这些都是应该的。这是一个非常大的误区。

摆正自己的位子非常重要。你可以要求父母、老师、朋友、同学给你机会,但不要要求用人单位给你机会。他们花那么大代价做招聘,是为了选到合适的员工填补岗位空缺,而不是来给谁机会。首先必须明白自己能够干什么,能够负担多大的任务,然后才能有针对性地求职。

三、不同类型职业的核心素质要求

机遇总是垂青有准备的人。一个人的知识、能力、素质如何,将决定他在求职时的自由度和取得职业岗位的层次。求职的准备是漫长的,尤其是选择一个理想的职业,更需要为之付出艰辛的汗水。求职的征程实际上从我们迈入大学校门的第一天就开始了,并且贯穿在大学生活的始终。因此,我们应自觉地把大学生活同求职乃至将来的职业生活紧密联系在一起,努力做好知识、能力、素质等方面的准备。

（一）工作世界对素质的总体要求

企业或者用人单位需要什么样的人才？这不仅是求职者非常关心的问题,同样也是各类企业组织自身非常关心的问题。同时,这也是一个仁者见仁、智者见智的问题。由于所处行业、组织的不同,即使是同一职业对从业者的素质要求也会有所差异。此外,随着社会经济的发展,整个职场也会在动态发展中对从业者会提出一些新的素质要求。所以,想得到一个标准答案是很困难的。2007年,两位研究者张慧和王宇红对过去十年的171篇有关组织所需人才素质的文献进行了分析,发现这些文献共提到80种素质特征,其中频数排前十位的素质特征分别是:创新精神、忠诚敬业、专业技术、积极进取、品德高尚、专业知识、团队合作、管理能力、竞争意识、责任感。将这十项素质要求与国内外知名企业对人才素质要求进行对比发现,这十项素质在各大知名企业的用人标准中都有所体现。①

表6-2 十项素质特征与知名企业用人标准对照表

企业	素质要求	相同点汇总
文献中前十位素质特征	创新精神、忠诚敬业、专业技术、积极进取、品德高尚、专业知识、团队合作、管理能力、竞争意识、责任感	创新精神、忠诚敬业、专业技术、积极进取、品德高尚、专业知识、团队合作、管理能力、责任感
海尔集团	技能、活力、创新精神、奉献精神	专业技术、创新精神
中国电信集团公司	技术能力、道德操守、职业素养、团队意识	专业技术、品德高尚、团队合作
东风汽车公司	忠诚可靠、进取有活力、良好的道德、创新	忠诚敬业、积极进取、品德高尚、创新精神
联想集团	年轻有活力、创造力、工作激情、企业归属感、责任心、重业绩、团队合作、善于沟通	创新精神、责任感、团队合作
TCL集团	综合素质好、学习能力强、责任心、事业心、认同企业文化、敬业、团队、诚信、创新	责任感、忠诚敬业、团队合作、创新精神
华为技术有限公司	学历、实践操作能力、进取	积极进取
宝洁	领导能力、诚实正直、能力发展、承担风险、积极创新、解决问题、团结合作、专业技能	管理能力、创新精神、团队合作、专业技术

① 张慧、王宇红:《国内企业对人才素质的内容分析》,《科技管理研究》2007年第6期。

续表

企业	素质要求	相同点汇总
摩托罗拉	远见卓识、创造力、行动力、果断、道德	创新精神、品德高尚
诺基亚	专业水平、沟通能力、创新能力以及灵活性	专业知识、专业技术、创新精神
英美烟草	领导才能、思考能力、沟通能力、创造力	管理能力、创新精神
UT斯达康	创新力、团队合作、态度、智慧、目标明确	创新精神、团队合作

总之,现代组织对员工的素质要求是全方位的,体现在人格、能力、知识和思想素质等多个方面。因此,不仅要求应聘者具备比较扎实的专业知识和技能,而且还要求应聘者具备比较好的道德人品;不仅需要求职者具备一定的能力素质,而且还特别需要求职者有积极向上的精神特质,如创新精神、忠诚敬业、团队协作、积极进取等。通过正确把握这些具有一定代表性和参考价值的共同素质要求,可以帮助我们在大学期间有效地培养职场所需要的能力和素质。

(二)不同类型职业对人才的核心素质要求

1. 工程技术人才

工程技术人才是指能够应用基础科学和工程科学理论知识与方法以及各种专门技能,将设计、规划、决策物化为工艺流程、物质产品、实施方案,并能在工程一线进行生产、维护等实际操作的高素质人才。培养高素质工程技术人才是我国社会经济发展的需要。在世界综合国力的竞争中,高素质工程技术人才已成为衡量一个国家科技进步、经济实力、生产力发展水平的重要指标。在我国的高等学校中,工科院校所占的比重最大,而工科院校的大学生毕业后大部分将从事工程技术工作。工程技术人员的核心素质要求包括:

(1)宽广的知识基础。高素质工程技术人才不仅要具备坚实的自然科学科学知识,而且还要具备宽广的人文社会科学知识。坚实的自然科学知识使工程技术人才懂得如何去设计和开发复杂的技术系统。但是,任何技术是为人服务的,工程技术也不例外。宽广的人文社会科学知识可以使工程技术人才更好地理解工程技术与人和社会之间的复杂关系。

(2)分析和综合能力。高素质工程技术人才应该能够对工程中遇到的种种技术问题进行分析,找出问题的症结所在,成为正确判断和解决工程实际问题的多面手。

(3)卓越的实践能力。不仅要扎实掌握专业理论知识,而且还要能够灵活运用专业知识处理实际问题。

(4)突出的创新精神。工程技术人才的创新精神是工程技术创新的源泉。

(5)良好的合作精神。在21世纪,科学技术的发展常常是多学科交叉综合,多领域共同合作的结果。一个高素质的工程技术人员,如果只专注于自己"那点事"是不行的,还必须具有较好的社会活动能力,善于与人交往,与人协同合作,既能够尊重别人,理解别人,也善于交流,表达自己,使人理解自己。

2. 科研人才

科研人才是指专门从事科学研究的人才,主要分布在研究所、高等院校和企业的研发部门。随着科技进步越来越成为经济发展、社会进步的主要推动力,科技人才越来越成为国家重要的人力资源。科研人才可分为自然科学研究人才和社会科学研究人才两大类。

表6-3 自然科学研究人才和社会科学研究人才的素质要求

自然科学研究人才的素质特征	社会科学研究人才的素质特征
• 较强的数理能力	• 较强的语言、文字表达能力
• 思维严谨	• 丰富的想象力和直觉敏感性
• 动手能力强	• 语言表达能力强
• 较强的逻辑思维能力和判断力	• 较强的抽象思维和推理判断能力
• 扎实的基础理论知识和精深的专业知识	• 扎实的基础理论知识、专业知识和广博的知识视野

续表

自然科学研究人才的素质特征	社会科学研究人才的素质特征
• 尊重客观事实,实事求是	• 尊重客观事实
• 强烈的好奇心和进取心	• 强烈的好奇心和进取心
• 创新意识与团队协作	• 创新意识与团队协作
• 获取知识,更新知识的能力	• 获取知识,更新知识的能力
• 不浮躁,能沉下心做研究	• 不浮躁,能沉下心做研究

从表6-3可以看出,自然科学研究人才与社会科学研究人才所具有的素质要求有共通点,也有各自的特色。

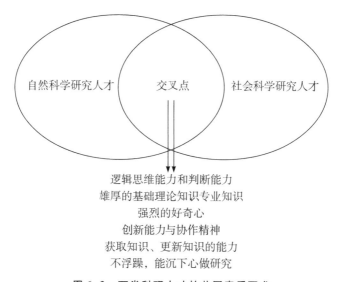

图6-3 两类科研人才的共同素质要求

3. 管理人才

管理是一种用计划、组织、监督、控制、激励等手段通过他人做好工作,实现组织目标的活动。管理工作又具体分为经营管理、技术管理、行政管理。经营管理(operating and management)是指在企业内,为使生产、采购、物流、营业、劳动力、财务等各种业务,能按经营目的顺利地执行、有效地调整而进行的系列管理、运营活动。技术管理(technical management)通常是指在技术行业当中所做的管理工作,管理者一般具有较高的技术水平,同时带领着自己所管理的团队完成某项技术任务。行政管理(administrative management)是运用国家权力对社会事务的一种管理活动,也可以泛指一切企业、事业单位的行政事务管理工作。

表 6-4 不同类型管理人才的素质要求

经营管理人才	技术管理人才	行政管理人才
• 有强烈的市场和用户观念	• 有较强的技术和经济观念	• 具有较强的法治观念、纪律观念和群众观念
• 既是本行业生产的技术内行,又有比较宽的知识面	• 对新技术、新产品有敏感性和较强的鉴别能力	• 具有较强的办事能力,工作忙而不乱,并能出于公心公道处事
• 具有较强的综合分析能力	• 具有较周密的思维能力	• 具备良好分析、综合、比较、抽象等思维能力
• 有较强的控制能力	• 具有较强的组织协调和宣传鼓动能力	• 较强的组织管理、协调能力和决策能力
• 处理问题机动灵活,有较强的应变能力	• 既精通专业知识,又有比较宽的知识面	• 信息观念强,具有接受反馈、适时反应的应变能力
• 具有良好的决策或辅助决策能力	• 具有较强的信息观念和信息沟通能力	• 具有较强的调研能力和较高的政策水平
• 有良好的谈判和社交能力	• 具有较强的社交能力	• 善于处理人际关系,能坚持原则性和灵活性的统一

4. 商业人才

商业人才可以分为三种:销售人才、外贸人才、市场人才。

表6-5 不同类型商业人才的素质要求

销售人才	市场人才	外贸人才
• 以人品赢得公众,给人留下真诚、热情、可信赖的好感	• 强烈的时间概念和服务意识	• 保守国家机密,责任心强
• 善于换位思考,善于和主要客户沟通,及时抓住大客户的关注点	• 能够在市场调研和信息采集基础上,组织分析、比较和选择市场营销方案,进行资源整合,以把握市场时机	• 反应灵敏,待人热情,有较强的社交、涉外能力
• 抗挫折能力强,不怕被拒绝	• 头脑清晰、反应灵敏	• 外语水平高,语言表达能力强
• 要有广泛的社交能力和干练的办事能力,能够承担风险	• 团队意识,能够接受新的信息、观念和想法	• 具有扎实的外贸专业知识和较宽的知识面
• 要有机敏的应变能力。勤于思考、善于分析	• 能够正确认识危机,有快速应变能力	• 具有较强的协调能力、合作共事能力

5. 专业服务人才

专业服务人才是一种利用专门知识和技能为他人提供专业帮助、解决其实际问题的高素质人才,其分布在经济、科技、法律、金融、贸易等各领域。专业服务人才不同于一般服务人员的特征在于其不容易被替代的专门知识和技能。随着服务业在我国国民经济中的地位越来越重要,专业服务人员的社会地位和薪资都得到了大大提高。专业服务人才包括很多人才,比如咨询师、鉴定师、评估师等。表6-6以财会人才和法律人才为例,介绍了专业服务人才的素质要求。

表6-6 财会人才与法律人才的素质要求

财会人才	法律人才
• 实事求是、客观公正	• 富有正义感、坚持原则、不畏权势
• 扎实的专业知识和宽广的知识面,掌握有关经营、制造、推销、采购等方面的知识	• 具备扎实的法律学以及广博的心理学、社会学、经济学、逻辑性等方面的知识
• 有较强的数字反应能力和汇总、规划能力	• 有较强的逻辑思维和准确的推理判断能力
• 责任心强、踏实认真、慎重细致	• 较强理解国家有关法律条文以及准确判断的能力
• 保守商业机密、严守纪律	• 有魄力,办事机敏、果断,遇事沉着冷静
• 熟悉国家财经法律、法规、规章和统一的会计制度	• 具有较强的书面、口头表达能力

6. 创意人才

创意人才是指以自主知识产权为核心、以"头脑"服务为特征、以专业或特殊技能(如设计)为手段的高素质人才。创意产业作为现代服务业的重要组成部分,是推动经济发展和增加就业的新动力。它具体包括的行业主要有动漫、广告、艺术表演、电视和广播、建筑、设计、时装、艺术品和古玩、电影和录像、音乐、出版、软件与电脑服务等。创意人才包含的范围很广泛,表6-7主要以广告人才和艺术设计人才为例介绍了创意人才的素质要求。

表6-7 广告人才与设计人才的素质要求

广告人才	设计人才
• 扎实的专业知识,掌握艺术、人文、市场、消费心理学、营销、媒体、社会学等方面的知识	• 扎实的专业知识,了解与本专业相关的其他学科知识,比如哲学、心理学、美学、传播学、建筑学等
• 相关计算机应用能力	• 相关计算机应用能力
• 造型及表达能力	• 美术基础、造型能力

续表

广告人才	设计人才
• 较强的创造性,能独出心裁	• 专业设计与沟通能力
• 沟通、协调能力	• 较强的创造性
• 较强观察、分析、判断能力	• 较强观察、分析、判断能力
• 独立风格,团队合作精神	• 独立风格,团队合作精神
• 学习能力,善于吸收	• 学习能力,善于吸收
• 融会贯通的能力	• 融会贯通的能力
• 想象力丰富	• 想象力丰富

由表 6-7 可以看出,从事创意产业的人才在很多方面是相似的,比如敏锐的洞察力、持续的创新能力、融会贯通的能力、高超的学习能力、丰富的想象力等。

复习思考题

1. 为什么需要分析竞争对手?
2. 招聘人员有些什么特征?
3. 结合国内外知名企业对人才素质的要求分析自己目前存在不足。

模块三：制定实施策略——明确定位，选定方向

职业生涯之旅并不是总在一条平坦大道上进行的，每个人的职业发展都要经过高低起伏、磕磕绊绊的几个阶段。比如大学时期，就是处于职业生涯的探索阶段，这一阶段对职业的选择，对于今后的职业生涯发展有着十分重要的意义。一个人整个一生所从事的职业按先后顺序如下图①所示，可以分为五个阶段：成长阶段、探索阶段、确立阶段、维持阶段和衰退阶段。

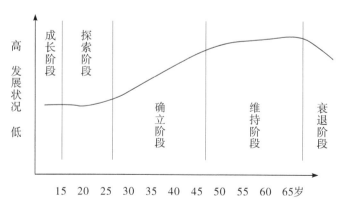

---

① 龙立荣、李晔：《职业生涯管理》，中国纺织出版社2003年版。

成长阶段(0—14岁)

认同并建立起自我概念,对职业的好奇占主导地位,并逐步有意识地培养职业能力。这一阶段,具体分为三个成长期:

(1)幻想期(10岁之前):儿童从外界感知到许多职业,对于自己觉得好玩和喜爱的职业充满幻想和进行模仿。

(2)兴趣期(11—12岁):以兴趣为中心,理解、评价职业,开始做出职业选择。

(3)能力期(13—14岁):开始考虑自身条件与喜爱的职业相符合否,有意识地进行能力培养。

探索阶段(15—24岁)

主要通过学校学习进行自我考察、角色鉴定和职业探索,也可以分为三个时期:

(1)试探期(15—17岁):综合认识和考虑自己的兴趣、能力与职业社会价值、就业机会,开始进行择业尝试。

(2)转变期(18—21岁):进入职场,或者进行专门的职业培训。

(3)尝试期(22—24岁):选定工作领域,开始从事某种职业。

确立阶段(25—44岁)

获取一个合适的工作领域,并谋求发展。主要任务是:通过尝试错误以确定前一阶段的职业选择与决定是否正确。若觉得决定正确,就会努力经营,打算在此领域久留。在确立阶段,要经过两个时期:

(1)建立期(25—30岁):对初次就业选定的职业不满意,再选择、变换职业工作。变换次数各人不等。也可能满意初选职业而无变换。

(2)稳定期(31—44岁):最终职业确定,开始致力于实现职业目标。

维持阶段(45—64岁)

在这一长时间段内,人们一般达到常言所说的"功成名就"的情景,已不再考虑变换职业工作,只力求维持已取得的成就和社会地位。

衰退阶段(65岁以后)

体力与心理能力逐渐衰退时,工作活动将改变,亦必须发展出新的角色,先是变成选择性的参与者,然后成为完全的观察者,结束职业生涯。

阶 段	年 龄	时 期	发展重点
成长	0—10	幻想	受家庭教育、父母保护
	11—12	兴趣	适应学校生活和社会生活
	13—14	能力	了解工作的意义，逐渐认识自己
探索	15—17	试探	初步的职业选择，职业偏好具体化
	18—21	转变	多种职业的抉择、恐惧工作的压力
	22—24	尝试	努力寻找合适工作，面对工作可能遭遇挫折
确立	25—30	建立	安定、婚姻的选择，养儿育女
	31—44	稳定	统整、稳固并力求上进和升迁
维持	45—64	维持	维持既有职位与成就，准备退休计划
衰退	65以上	衰退	适应退休生活，发展新的角色

上述职业生涯发展的五阶段理论是由美国一位有代表性的职业学家萨柏提出的，上表概括了萨柏的主要观点。从这样一个职业发展阶段模型来看，每个人的职业生涯发展道路并不是一帆风顺的，也正是因为这种发展不是平铺直叙的，所以我们才有必要对职业生涯做科学的规划。什么才是一个好的规划？很多人认为换一份更好的工作，或者说升职加薪了，就是职业生涯发展了。其实，这只是职业生涯发展的一部分形式。为了更好地理解职业生涯，我们要引入几个重要的概念：外职业生涯、内职业生涯和职业锚。需要特别强调的是，无论外职业生涯、内职业生涯，还是职业锚，都是通过我们的职业生涯规划来体现的。

Topic 7：与职业规划相关的几个概念

一、外职业生涯与内职业生涯

职业生涯指个体职业发展的历程,一般是指一个人终生经历的所有职业。职业生涯可分为外职业生涯和内职业生涯。

(一)什么是外职业生涯

外职业生涯是指从事一种职业时的工作时间、工作地点、工作单位、工作内容、工作职务与职称、工资待遇,以及获得的荣誉称号等因素的组合及其变化过程。也就是通过一个人的名片、证书、工资单、职位等能够表现出来的那些职业发展信息。

外职业生涯具有如下特征:

首先,外职业生涯的构成因素通常是由别人决定、给予、认可、也容易被别人否定或剥夺。比如某位同学大学毕业刚进入公司的时候,工资往往不是自己能决定的,工作能力及工作绩效也要由领导去认可。哪个阶段被认可,就可能多拿点奖金,如果哪天犯了致命的错误给公司带来巨大的、不可挽回的损失,同样也会遭受惩罚。这一切都由公司的制度甚至凭领导的心情及好恶来决定的,我们通常只有接受的份。

其次,外职业生涯因素的获得可能会与一个人的付出不对等,尤其是在职业发展的初期。比如,无论在哪种类型的组织中,初入职的年轻人往往都是最勤奋最努力的,大家也都认为年轻人多做一些事情是应该的。然而年轻人通常也是职位最低、工资最低的。如果仅从外职业生涯的角度来看待这种现象,就会觉得付出的努力和得到的回报严重不对等。但实际上,外职业生涯的发展只是职业生涯发展的一部分表现形式,尤其在职业发展的初期,职业生涯发展的重点并不是外职业生涯。

有的人一生疲于追求职业生涯成功,但内心极为痛苦,因为他们追求的是外职业生涯,他们往往不了解外职业生涯的成功,是以内职业生涯发展为前提条件的,所以错过了提升自己的机会,和成功擦肩而过。

(二) 什么是内职业生涯

内职业生涯是指从事一种职业时的知识、观念、经验、能力、心理素质、身体健康、内心感受等因素的组合及其变化过程。

内职业生涯的构成因素主要靠自己的不断探索而获得,不会随着外职业生涯因素的获得而自动具备,也不会随着外职业生涯因素的失去而自动丧失。例如某位员工被任命为销售经理,他获得的只是外职业生涯的一个职位而已,而这个职业应该具备的知识观念、经验能力、心理素质等并不是在被任命的那一天就自动具备了,仍然需要在工作实践中探索、思考,才能逐渐获得。而一旦获得以后,即使由于某种原因,哪天不再担任该职务了,那些知识观念、经验能力和心理素质依然为他所有。

内职业生涯在人的职业生涯成功乃至人生成功中具有关键性作用。因而在职业生涯的各个阶段,我们都应重视内职业生涯的发展,尤其是在职业生涯早期和中前期。对于尚未毕业的大学生,或者是刚刚参加工作的新员工,一定要把对内职业生涯各因素的追求看得比外职业生涯更重要。不要太在意此时此刻在哪里,关键是下一步将迈向哪里。

（三）外职业生涯与内职业生涯的关系

打开你观念的抽屉

一天，报社的一位年轻记者去采访日本著名的企业家松下幸之助。

年轻人很珍惜这次采访机会，做了认真的准备。因此，他与松下幸之助先生谈得很愉快。采访结束后，松下先生亲切地问年轻人："小伙子，你一个月的薪水是多少？""薪水很少，一个月才一万日元。"年轻人不好意思地回答。

"很好！虽然你现在薪水只有一万日元，其实，你知道吗，你的薪水远远不止一万日元。"松下先生微笑着对年轻人说。

年轻人听后，感到有些奇怪：不对呀，明明我每个月的薪水只有一万日元，可松下先生为什么会说不止一万日元呢？

看到年轻人一年的疑惑，松下先生接着说："小伙子，你要知道，你今天能争取到采访我的机会，明天也同样能争取到采访其他名人的机会，这就证明你在采访方面有一定的潜力。如果你能多多积累这方面的才能与经验，这就像你在银行存钱一样，钱存进了银行是会生利息的，而你的才能也会在社会的银行里生利息，将来能连本带利地还给你。"

松下先生的一番话，使年轻人茅塞顿开。

许多年后，已经做了报社社长的年轻人，回忆起与松下先生的谈话时，深有感慨：对于年轻人来说，注重才能的积累远比注重薪水的多少更重要，因为它是每个人最厚重的生存资本。

（资料来源：转引自 www.cnhubei.com/200303/ca234609.htm）

案例分析：

人物：年轻记者。

外职业生涯：单位——报社；职务——记者、工资——每月一万日元。

内职业生涯:能力——有争取到采访名人的能力。

建立新观念——对于年轻人来说,注重才能的积累远比注重薪水的多少更重要,因为它是每个人最厚重的生存资本。

结果:内职业生涯发展(积累才能与经验)——带动外职业生涯发展(称为报社社长)。

如果仅凭外职业生涯的因素来评价,案例中的年轻记者目前得到的职业回报确实不乐观。但是当我们也同是考虑内职业生涯因素时,就会发现他其实正处于职业生涯快速上升时期。

很多同学去找工作的时候,关心最多的是:"给我多少钱啊?单位效益怎么样啊?有奖金吗?有宿舍吗?宿舍里头有电视吗?有宽带吗?能上网吗?……"这些问题关心的都是什么?——外职业生涯的内容。如果我们关心这样的问题:"你们单位需要什么样的人才?需要具备什么样的观念和能力?我能争取到什么样的锻炼机会?我用多长时间可以达到公司对我的要求?……"这就将关心的问题转移到内职业生涯发展上了,这些其实才是我们即将走向工作岗位的大学生应该关注的,是我们以后能够取得进步最快的因素。职业生涯每一次质的飞跃都是以学习新知识,建立新观念为前提条件的。内职业生涯的发展,以外职业生涯的发展或成果为展示;而内职业生涯的匮乏,会以外职业生涯的停滞或失败呈现。如果内职业生涯跟不上,即使得到一个很不错的职位也未必能做得好。

内职业生涯与外职业生涯关系,就好比树根和树的关系。一棵树要茁壮成长取决于根,而内职业生涯的发展也是外职业生涯发展的前提。内职业生涯发展会带动外职业生涯发展,外职业生涯发展也会反过来促进内职业生涯发展。所以只有内、外职业生涯同时发展,职业生涯之旅才能一帆风顺。一旦内、外职业生涯的发展出现较大的错位,就会如表7-1所示,对个人的职业生涯发展产生不同程度的负面影响。

表 7-1　内、外职业生涯发展错位的负面影响

错位的程度	内职业生涯超前	外职业生涯超前
超前适度	工作会比较舒心,说明所具备的知识、技能正好可以把工作做好	会产生动力,敦促自己加快前进的步伐
超前较多	会感到工作没有挑战性,不尽心工作,不认真负责,觉得自己大材小用,心里难以平衡	压力会较大,工作涉及的方方面面事务可能无法摆平,没有信心和能力去驾驭当前职位
超前太多	容易变心,感到在当前组织受到压抑,根本无法发挥自我的能力,要寻找新的发展空间	完全不具备职位需要的素质,无论对个人还是对公司发展都具有较大的毁灭力

在制定职业生涯目标时,也应该包括外职业生涯目标和内职业生涯目标。例如,更高的职位、更好的工作……本身属于外职业生涯目标,而我们在追求它们的过程中取得的知识、经验都属于内职业生涯目标。在职业发展的过程中如何理解付出与回报？及时通过努力没有得到心仪的工作、期望的升迁、领导的赏识,但我们获得了对经验的积累,对身体健康的考验,对能力的锻炼,心理素质的提高,观念的更新……也就是对内职业生涯的提高和锻炼,这才是我们最大的收获,因为这些别人无法给予,都是我们自身探索获得的,是属于自身独特的感受。

二、职业锚

（一）什么是职业锚

为了便于理解职业锚这个概念,我们做个形象的比喻：

我们每个人都驾驶着自己的船在海洋中航行,这艘船叫做职业生涯,这片海叫做社会人生。有一天早上,在明媚的阳光下,你突然发现一处风景秀丽的港湾,于是决定停船下锚,留在这个地方。这个锚就是你的职业锚,这个区域就是你职业生涯的最佳贡献区。

职业锚理论产生于在职业生涯规划领域具有"教父"级地位的美

国著名的职业指导专家施恩教授。所谓职业锚，又称职业系留点。锚，是使船只停泊定位用的铁制器具。职业锚，实际就是人们选择和发展自己的职业时所围绕的中心，是指当一个人不得不做出选择的时候，他无论如何都不会放弃的职业中的那种至关重要的东西或价值观。

职业锚明确的人一旦找到最佳的区域，就会"下锚"生根，努力发展。海上的航船如果没有扎下锚，遇到大风急流船就会被带走，锚就是起到定位的作用。下锚之后肯定还会遇到风风雨雨，甚至狂风暴雨，我们的人生之船还会摇摆，但是不会被大风大浪吹到远方，基本上会保持在一个固定的区域里。因此职业锚是一种职业生涯规划咨询、自我了解的工具，能够协助个人进行更理想的职业生涯发展规划。

（二）职业锚的特点

关于职业锚有以下几个方面需要注意：

(1) 职业锚以个体习得的工作经验为基础。职业锚发生在早期职业阶段，个体已经工作若干年，习得一定工作经验后，方能够选定自己稳定的长期贡献区。个人在面临各种各样的实际工作生活情境之前，不可能真切地了解自己的能力、动机和价值观以及在多大程度上适应可行的职业选择。因此，个体的工作经验产生、演变和发展了职业锚。换句话说，职业锚在某种程度上由个体的实际工作所决定，而不只是取决于潜在的才干和动机。

(2) 职业锚不是个体根据各种测评工具测试出来的能力、才干或者动机、价值观，而是在工作实践中，依据自省和已被证明的才干、动机、需要和价值观，现实的选择和准确地进行职业定位。

(3) 职业锚是个体自我发展过程中的动机、需要、价值观、能力相互作用和逐步整合的结果。

(4) 个人及其职业不是固定不变的。职业锚，是个人稳定的职业贡献区和成长区。但是，这并不是意味着个人将停止变化和发展。个体以职业锚为其稳定源，可以获得该职业工作的进一步发展，以及个人生物社会生命周期和家庭生命周期的成长、变化。此外，职业锚本身也可能变化，个体在职业生涯的中、后期可能会根据变化了的情况，重新选定自己的职业锚。

从大学生职业生涯规划的角度而言,虽然职业锚对我们今后的职业发展非常重要,但职业锚却并不是在现阶段就能够确定的。职业锚是个人经过搜索确定的长期职业定位。在校大学生由于缺乏工作经验,不了解管理、创业、技术以及生活的真正含义,在进行职业生涯规划时,可能会出现暂时难以判断自己的职业锚类型的情况。同时,职业锚具有不可预测性,它一定要经过实践后才能确定。一个人"抛锚"时间的早晚并不重要,关键看结果。可见,锁定职业锚不是一朝一夕的事,需要通过不断认识自己,使个人的经验逐步稳定,最终才能真正确定对于自己而言最不能放弃的职业意向。有研究显示,人们找到职业锚的平均年龄是在四十岁。我们大多数人的第一份职业,往往不会是我们终生的职业。一个人的职业锚是经过很多年的实际工作后才能被发现的。

> 孙中山最初是学医的,他想提高民众的健康水平。后来他发现中国的问题不是民众身体生病的问题,而是整个国家的体制有弊病。于是他决定弃医从政,组织武装革命,推翻封建王朝,建立起新的民主国家。
>
> 比较巧的是,鲁迅的第一个职业志向也是学医。那时候外国人欺负中国人,称中国人为"东亚病夫"。鲁迅最初决定学医,想用自己精湛的医术挽救中国民众,使大家获得健康。后来他看了一部电影,日本人杀中国人,其他中国人在旁边麻木不仁。鲁迅突然感到中国人的问题不是身体上的问题,而是灵魂的问题,灵魂死了,麻木了。于是鲁迅决定弃医从文,用他犀利的笔锋唤醒中国人的灵魂。

这两个对我们产生重大影响的人物,都没有从事自己刚开始选择的专业和职业,而是在学习和实践中,逐渐形成了自己的职业锚。找到职业锚的标志,是能够清晰地回答三个问题:我到底要做什么?我实际能做什么?我为什么做?

如果我们决定做一项工作,什么时候觉得好处不大了就马上放弃,这说明还没有找到职业锚。一旦找到职业锚,就会愿意为自己所做的事情承担风险、献出时间和精力。有的时候可能会失去名誉、地位、金钱，甚至有的时候会损害健康、危害生命安全，可依然会义无反顾、绝不放弃。同时，判断是不是已经找到职业锚了，别人的议论、评价都仅仅是提供参考，只有我们自身才最清楚这个职业是不是即使付出极大的代价也要做的。有一种说法，从确定职业锚那天起，我们的职业就将转变为我们的事业。

（三）职业锚测试

职业锚测试是由施恩教授领导的小组，在几十年的理论研究与实践基础上而形成的，将人的职业锚分为以下八种类型：

技术/职能型（Technical Functional competence）。技术/职能型的人，追求在技术/职能领域的成长和技能的不断提高，以及应用这种技术/职能的机会。他们对自己的认可来自他们的专业水平，他们喜欢面对来自专业领域的挑战。他们一般不喜欢从事一般的管理工作，因为这将意味着他们放弃在技术/职能领域的成就。

管理型（General Managerial Competence）。管理型的人追求并致力于工作晋升，倾心于全面管理，独自负责一个部分，可以跨部门整合其他人的努力成果，他们想去承担整个部分的责任，并将公司的成功与否看成自己的工作。具体的技术/功能工作仅仅被看作是通向更高、更全面管理层的必经之路。

自主/独立型（Autonomy Independence）。自主/独立型的人希望随心所欲安排自己的工作方式、工作习惯和生活方式。追求能施展个人能力的工作环境，最大限度地摆脱组织的限制和制约。他们宁愿放弃提升或工作扩展机会，也不愿意放弃自由与独立。

安全/稳定型（Security Stability）。安全/稳定型的人追求工作中的安全与稳定感。他们关心财务安全，也比较诚信、忠诚。尽管有时他们可以达到一个高的职位，但他们并不关心具体的职位和具体的工作内容。

创造/创业型（Entrepreneurial Creativity）。创业型的人希望使用自己能力去创建属于自己的公司或创建完全属于自己的产品或服务，他们愿意冒险，愿意面对困难，他们可能正在别人的公司工作，但同时他在学习并评估将来的机会。一旦他们感觉时机到了,便会自己走出去创建自己的事业。

服务/奉献型(Service Dedication to a Cause)。服务型的人一直追求他们认可的核心价值,如帮助他人、改善人们的安全、消除疾病等。他们一直追寻这种机会,即使变换公司他们也不会接受不允许他们实现这种价值的工作变换或工作提升。

挑战型(Pure Challenge)。挑战型的人喜欢解决看上去无法解决的问题,战胜强硬的对手,克服无法克服的困难障碍等。对他们而言,参加工作或职业的原因是工作允许他们去战胜各种不可能。新奇、变化和困难是他们的终极目标。如果事情非常容易,他们马上会变得心烦。

生活型(Lifestyle)。生活型的人是追求个人需要、家庭需要和职业需要的平衡,他们希望将生活的各个方面整合为一体。正因为如此,他们需要一个足够的弹性工作环境让他们实现这一目标。

职业锚测评是职业规划、职业测评领域运用最广泛、最有效的工具之一。它在个人进行职业规划方面有重要的作用,可以帮助我们明确自身价值观和工作追求,在确定长远职业目标和方向、职业发展路径、自身角色定位等方面也有很大的帮助。但是要注意,职业锚测评一定要在工作1—3年之后才有效果。首先,兴趣、性格和价值观需要在实际的工作环境中去检验和加深理解。其次,只有在实际的工作环境中,才能够真正接触职业、行业和职位,遇到实际的职业问题,了解工作对知识技能的实际要求。所以,职业锚是工作了一段时间之后对职业规划的反思,综合了职业规划要素、家庭和生活因素。

补充阅读

职业锚测试

说明:下面有40个关于职业的描述,请为每题选择一个代表你真实想法的分数。除非你非常明确,否则不需要做出极端的选择,例如:1或6。

选"1"代表这种描述完全不符合你的想法；

选"2"或"3"代表你偶尔（或者有时）这么想；

选"4"或"5"代表你经常（或者频繁）这么想；

选"6"代表这种描述完全符合你的日常想法。

1. 我希望做我擅长的工作,这样我的内行建议可以不断被采纳。
2. 当我整合并管理其他人的工作时,我非常有成就感。
3. 我希望我的工作能让我用自己的方式,按自己的计划去开展。
4. 对我而言,安定与稳定比自由和自主更重要。
5. 我一直在寻找可以让我创立自己事业（公司）的创意（点子）。
6. 我认为只有对社会做出真正贡献的职业才算是成功的职业。
7. 在工作中,我希望去解决那些有挑战性的问题,并且胜出。
8. 我宁愿离开公司,也不愿从事需要个人和家庭做出一定牺牲的工作。
9. 将我的技术和专业水平发展到一个更具有竞争力的层次是成功职业的必要条件。
10. 我希望能够管理一个大的公司（组织）,我的决策将会影响许多人。
11. 如果职业允许自由地决定自己的工作内容、计划、过程时,我会非常满意。
12. 如果工作的结果使我丧失了自己在组织中的安全稳定感,我宁愿离开这个工作岗位。
13. 对我而言,创办自己的公司比在其他的公司中争取一个高的管理位置更有意义。
14. 我的职业满足来自我可以用自己的才能去为他人提供服务。
15. 我认为职业的成就感来自克服自己面临的非常有挑战性的困难。
16. 我希望我的职业能够兼顾个人、家庭和工作的需要。
17. 对我而言,在我喜欢的专业领域内做资深专家比总经理更具有吸引力。
18. 只有在我成为公司的总经理后,我才认为我的职业人生是成功的。

19. 成功的职业应该允许我有完全的自主与自由。

20. 我愿意在能给我安全感、稳定感的公司中工作。

21. 当通过自己的努力或想法完成工作时,我的工作成就感最强。

22. 对我而言,利用自己的才能使这个世界变得更适合生活或居住,比争取一个高的管理职位更重要。

23. 当我解决了看上去不可能解决的问题,或者在必输无疑的竞赛中胜出,我会非常有成就感。

24. 我认为只有很好地平衡个人、家庭、职业三者的关系,生活才能算是成功的。

25. 我宁愿离开公司,也不愿频繁接受那些不属于我专业领域的工作。

26. 对我而言,做一个全面管理者比在我喜欢的专业领域内做资深专家更有吸引力。

27. 对我而言,用我自己的方式不受约束地完成工作,比安全、稳定更加重要。

28. 只有当我的收入和工作有保障时,我才会对工作感到满意。

29. 在我的职业生涯中,如果我能成功地创造或实现完全属于自己的产品或点子,我会感到非常成功。

30. 我希望从事对人类和社会真正有贡献的工作。

31. 我希望工作中有很多的机会,可以不断挑战我解决问题的能力(或竞争力)。

32. 能很好地平衡个人生活与工作,比达到一个高的管理职位更重要。

33. 如果在工作中能经常用到我特别的技巧和才能,我会感到特别满意。

34. 我宁愿离开公司,也不愿意接受让我离开全面管理的工作。

35. 我宁愿离开公司,也不愿意接受约束我自由和自主控制权的工作。

36. 我希望有一份让我有安全感和稳定感的工作。

37. 我梦想着创建属于自己的事业。

38. 如果工作限制了我为他人提供帮助或服务，我宁愿离开公司。

39. 去解决那些几乎无法解决的难题，比获得一个高的管理职位更有意义。

40. 我一直在寻找一份能最小化个人和家庭之间冲突的工作。

测试说明：

上面40道题代表了8种职业锚。现在重新看一下你给分较高的描述，从中挑出与你日常想法最为吻合的三个，给这三个题目额外各加4分（例如：原来得分为5，则调整后的得分为9）。然后，计算每一种职业锚对应的题号总分。最高分代表最符合你的职业锚。

职业锚	题号	总分	说明
TF	1,9,17,25,33		**技术/职能型职业锚** 这种定位的人会发现自己对某一特定工作很擅长并且很热衷。真正让他们感到自豪的是他们所具备的专业才能。 他们倾向于一种"专家式"的生活，一般不喜欢成为全面的管理人员，因为这将意味着他们放弃在技术/职能领域的成就。但他们愿意成为一名职能经理，因为职能经理可以更好地帮助他们在专业领域上发展。
GM	2,10,18,26,34		**管理型职业锚** 这种定位的人对管理本身具有很大的兴趣，具有成为管理人员的强烈愿望，并将此看成职业进步的标准。 他们有提升到全面管理职位上所需要的相关能力，并希望自己的职位不断得到提升，这样他们可以承担更大的责任，并能够做出影响成功或失败的决策。

续表

职业锚	题号	总分	说明
AU	3,11,19,27,35		**自主/独立型职业锚** 这种定位的人追求自主和独立,不愿意接受别人的约束,也不愿受程序、工作时间、着装方式以及在任何组织中都不可避免的标准规范的制约。 无论什么样的工作,他们希望能用自己的方式、工作习惯、时间进度和自己的标准来完成工作。
SE	4,12,20,28,36		**安全/稳定型职业锚** 安全与稳定是这种类型的人选择职业最基本、最重要的需求。他们需要"把握自己的发展",只有在职业的发展可以预测、可以达到或实现的时候,他们才会真正感觉放松。
EC	5,13,21,29,37		**创造/创业型职业锚** 这种定位的人,最重要的是建立或设计某种完全属于自己的东西;建立或投资新的公司;收购其他的公司,并按照自己的意愿进行改造。创造并不仅仅是发明家或艺术家所做的事,创业者也需要创造的激情和动力。 他们有强烈的冲动向别人证明:通过自己的努力能够创建新的企业、产品或服务,并使之发展下去。当在经济上获得成功后,赚钱便成为他们衡量成功的标准。
SV	6,14,22,30,38		**服务/奉献型职业锚** 这种定位的人希望职业能够体现个人价值观,他们关注工作带来的价值,而不在意是否能发挥自己的才能或能力。他们的职业决策通常基于能否让世界变得更加美好。

续表

职业锚	题号	总分	说明
CH	7,15,23,31,39		**挑战型职业锚** 这种定位的人认为他们可以征服任何事情或任何人,并将成功定义为"克服不可能的障碍,解决不可能解决的,或战胜非常强硬的对手"。随着自己的进步,他们喜欢寻找越来越强硬的"挑战",希望在工作中面临越来越艰巨的任务。
LS	8,16,24,32,40		**生活型职业锚** 这种定位的人是喜欢允许他们平衡并结合个人的需要、家庭的需要和职业的需要的工作环境。他们希望将生活的各个主要方面整合为一个整体。正因为如此,他们需要一个能够提供足够的弹性让他们实现这一目标的职业环境。甚至可以牺牲他们职业的一些方面,如:提升带来的职业转换,他们将成功定义得比职业成功更广泛。他们认为自己在如何去生活,在哪里居住,如何处理家庭事务,以及在组织中的发展道路是与众不同的。

([美]E. H. 施恩:《职业的有效管理》,生活·读书·新知三联书店1992年版)

复习思考题

1. 什么是外职业生涯？什么是内职业生涯？
2. 什么是职业锚？
3. 职业锚分为哪几种类型？

Topic 8：职业决策与目标分解

一、职业决策与职业决策风格

任何一次职业生涯规划,最重要的都是落实到做出一个良好的生涯决策,也就是如何去分析和综合自我和环境的要素,让个体知道要做什么选择,如何去执行这个选择。这种决策有时比较容易。

比如一个人的专业能力比较强,不喜欢跟人打交道,对于别人的想法、感受、需要都不是很敏感,在人情世故方面比较迟钝,那么这样的一个人从事专业学术研究就是比较理想的职业选择,长远的职业理想可以是一些高层次的学术研究职业,专家、学者、教授等。只要是家庭经济条件允许,他在决策的时候一般不会遇到什么困难。

如果一个人的专业能力比较一般,但表达能力很强,善于人际交往,跟同学、老师、朋友关系都处得非常好,他就可以朝着那些跟社会交往密切相关的职业发展,公共关系、营销、导游等。这种选择一方面可以满足自己喜欢跟人打交道的愿望,另一方面也符合自己的特点,容易取得好的工作成绩。

上述两种情况都是属于职业决策比较容易的情况。可是,职业决策并不是总是这么容易的。有时候职业理想和现实之间的冲突会比较明显,选择起来很困难。喜欢画画,可是家里面的经济条件不允许,没有那么多钱去买那些昂贵的绘画材料,或者拜师学艺;喜欢体育运动,想往这个方面发展,但是父母坚决反对,认为这是吃青春饭,而且很难出成绩,搞不好一辈子都荒废了。想当工程师,能力不够,专业能力并不突出。这是第一种情况。第二种情况属于鱼和熊掌不可兼得。比如希望有很高的回报,但是又害怕风险和责任;希望有很高的收入,但是不喜欢经常出差。就是我们通常所说的,既要马儿跑又要马儿不吃草。第三种情况是有一些人各方面能力都还可以,教学科研水平不错,搞行政也还可以;做销售没问题,做技术也能胜任,不知道究竟应该把自己定位在哪种职业发展道路上。

怎样综合考虑上面这些各种各样的因素,做出合理的生涯决策,这是职业生涯规划最重要的内容。

(一)什么是职业决策

人生是由一个个决策组成的,专业选择、职业选择、伴侣选择……同学们做决策难吗?做决策感觉愉快吗?"人生本无忧,唯有做决定。"

决策是为了达到一定目标,采用一定的科学方法和手段,从两个以上的方案中选择一个满意方案的分析判断过程。[①]

职业决策是一个复杂的认知过程,通过此过程,决策者组织有关自我和职业环境的信息,仔细考虑各种可供选择的职业前景,做出职业行为的公开承诺。

成功与失败的区别在于,成功者选择了正确,而失败者选择了错误。因此,我们常常能够看到一些天赋相差无几的人,由于选择了不同的方向,人生却迥然相异。我们可以看出:职业决策是一个过程,而不单单是一种结果。生涯发展过程中面临许多需要决策的问题,高三学生面临选填大学志愿,大学四年级的学生面临考研和就业,中年业务部经理想要转业,职业妇女二度就业……但我们往往认为选择决策只是面临选项的时候才发生的事情。其实,人每天都在面临选择。因此需要使决策成为一种普遍的能力。[②]

我们都在不断地从各种可能的选择中挑选出我们所需要的和我们所喜爱的。例如,今天我要穿什么衣服?这需要评估一下我的感

---

① 转引自 www.docin.com/p-434405765.html。
② Ibid.

受,核实一下天气预报,还要考虑户外活动多久,做什么,和什么人会面。决定穿什么是以了解自己和有哪些选择为基础的。

1. 决定即存在：我们的决定,决定了我们

这是存在主义大师萨特的名言。今天你之所以在这里是你昨天选择的结果,明天你将去哪里也是你今天决策的结果。

美国铁路两条铁轨之间的标准距离是4.85英尺(约合1.48米)。这是一个很奇怪的标准,究竟从何而来的?

原来这是英国的铁路标准,因为美国的铁路最早是由英国人设计建造的。那么,为什么英国人用这个标准呢?

英国的铁路是由建电车轨道的人设计的,而这个4.85英尺(约合1.48米)正是电车所用的标准。电车车轨标准又是从哪里来的呢?

原来最先造电车的人以前是造马车的。而他们是用马车两个车轮间的宽度做标准。好了,那么,马车为什么要用这个一定的轮距离标准呢?

因为如果那时候的马车用任何其他轮距的话,马车的轮子很快会在英国的老路上撞坏的。为什么?因为这些路上的辙迹的宽度为4.85英尺(约合1.48米)。这些辙迹又是从何而来呢?

答案是古罗马人定的,4.85英尺(约合1.48米)正是罗马战车的宽度。如果任何人用不同的轮宽在这些路上行车的话,他的轮子的寿命都不会长。那么,罗马人为什么用4.85英尺(约合1.48米)为战车的轮距宽度呢?

原因很简单,这是两匹拉战车的马的屁股的宽度。故事到此应该完结了,但事实上还没有完。

下次在电视上看到美国太空梭立在发射台上的雄姿时,留意看看,在它的燃料箱的两旁有两个火箭推进器,这些推进器是由设在犹他州的工厂所提供的。如果可能的话,这家工厂的工程师希望把这些推进器造得再胖一些,这样容量就会大一些,但是他们不可以,为什么?

因为这些推进器造好后,要用火车从工厂运到发射点,路上要通过一些隧道,而这些隧道的宽度只比火车轨道的宽度宽了一点点,然而我们不要忘记火车轨道的宽度是由马的屁股的宽度所决定的。

因此,可以得出结论:当今世界上最先进的运输系统的设计,在两千年前便由两匹马的屁股宽度决定了。

(资料来源:转引自 http://www.xici.net/d42692922.htm)

这就是路径依赖,看起来有几许悖谬与幽默,但却是事实。上面这个故事告诉我们,一开始我们的职业生涯是个什么宽度,以后的职业发展就是什么宽度。最初的决策会影响到我们一生的职业发展。

2. 决定的难为:"不确定"与"难舍"

做决定通常会伴随着焦虑,焦虑的来源很多,其中大部分来自"不确定"和"难舍"。人们总会问:我怎么能够知道从长远来看,选择A会比选择B要更好?这里包含了两层意思:一是不确定A一定更好,二是舍不得B。

做决定让人坐立难安的根源是对选择的"不确定感"。"金融巨鳄"索罗斯也说:"我什么都不害怕,也不害怕丢钱,但我害怕不确定性。"

法国哲学家布里丹养了一头小毛驴,每天会向附近的农民买一堆草料来喂。一天,送草的农民出于对哲学家的景仰,额外送了一堆草料放在旁边。这下子,毛驴站在两堆与它的距离完全相等的干草之间,为难坏了。它虽然享有充分的选择自由,但由于两堆干草价值相等,客观上无法分辨优劣。于是它左看看,右瞅瞅,始终也无法分清究竟选择哪一堆好。于是,这头可怜的毛驴就这样站在原地,一会儿考虑数量,一会儿考虑质量,一会儿分析颜色,一会儿分析新鲜度,犹犹豫豫,来来回回,在徘徊不定中活活地饿死了。

这就是做决定让人坐立难安的另一个根源了,对选择项目的"难舍"。鱼和熊掌难以兼得这是另外一种煎熬。抉择从表面上看是"取",反面是"舍",一体两面,难以割舍。驴子在两堆草中间饿死就是鲜活的例子。

决定做出后,会经历"下决定的后悔期",其特征是对所"取"者缺点的评价值会上升,而其优点的评价值会下降,所"舍"者相反。经过短暂的天人交战,一种选择是肯定先前决定的正确性;另一种选择是全盘推翻,重新来过。所以,有人发展出一套股票买卖的经验法则:买股票靠 IQ,卖股票靠 EQ。IQ 是逻辑分析,EQ 是难舍能舍,在做决定时两者的重要性不分上下。

3. 决定的复杂:剪不断,理还乱

一个年轻人背了七样宝贝要过河,摆渡的老者说这船资源有限,只能载六样宝贝加你一个人,你得有所决断有所取舍,年轻人觉得七样都很重要,第一是地位,第二是财富,第三是健康,第四是美貌,第五是机敏,第六是智慧,第七是诚信,他摸啊摸哪个都不舍得丢,这时一阵风过来,摆渡老者说你不快点决断我们根本就不能执行过河的任务,慌乱之中把第七样宝贝丢掉了。

生涯决策的问题之所以造成困扰,在于其影响因素之纷杂,往往使人剪不断,理还乱,陷在生涯选择泥沼中。

4. 决定的要素:"轻重"与"概率"

职业决策的两个基本点是选择因素的"轻重"和"概率"。

选择因素的"轻重"与难舍有关。轻重的权衡使得个体必须舍轻就重,如何介于伯仲之间则形成难以割舍的局面。

选择项目的"概率"与不确定有关。不确定是笼统的感觉,涉及对选择项目能否达成选择因素要求的一种心理期待,期待的量化就是概率。

(二)探索自我决策风格

事实上,不同的人使用不同的方法做决策。

桃园摘桃

路边有一片桃园,假如你可以进入桃园摘桃子,但只许前进不许后退,只能摘一次,要摘一个最大的,你该怎么办?

闭上眼睛举手回答问题,你 ABCD 选择以下哪种方式选择那个大桃子?

方法 A:我感觉这个大,就摘这个。

方法 B:去问看桃园人,让他告诉我什么样的桃子最大,或者问旁边的人。

方法 C:桃子太多了,真是没有办法确定哪个最大,还是走走再说吧。

方法 D:对视野内的桃子进行比较,形成一个大概的标准,再根据这个标准选择最大的桃子。

进行职业决策,需要了解自己,了解职场。根据我们对自己、对职业了解的程度,在职业决策的时候,会出现四种人:直觉型、依赖型、犹豫型、理智型,分别对应在上述测试中选择 A、B、C、D 的人。

一是直觉型:对自己认识得比较清楚,但是对职业环境比较陌生,选择职业的时候就好像盲人摸象,仅仅靠对自己的主观理解来做决定。直觉型的决策者以依赖直觉和感觉为特征,比较关注内心的感受。直觉型的决策风格以自我判断为导向,在信息有限时能够快速做出决策。当发现错误时能迅速改变决策。由于以个人直觉而不是理性分析为基础,这类决策发生错误的可能性较大,因此,易造成决策不确定性,容易丧失信心。

二是依赖型:对自己的特点不是十分了解,他们可能通过亲戚朋友还有各种渠道对职业世界知道得比较多,但是容易受到亲朋好友、社会舆论的左右,一点点风吹草动都会对他有影响,没有主见。依赖型的决策者以寻求他人的指导和建议为特征,往往不能够承担自己做决策的责任,允许他人参与决策并共同分享决策成果,会受到他人的正面评价,但也可能因为简单地模仿他人的行为导致负面的反应。依赖型的决策者需要理解生活中重要他人对自己的影响程度。

三是犹豫型:对自己不了解,对职业世界也不是很清楚,这类人有一个很典型的表现,就是在职业决策的时候会觉得什么都好,又什么都不太理想,患得患失非常严重。回避型的决策者以试图回避做出决策为特征。回避型的决策风格是一种拖延、不果断的方式。面对决策问题会产生焦虑的决策者,往往因为害怕做出错误决策而采取这样的反应。往往是由于决策者不能够承担做决策的责任,而倾向于不考虑未来的方向,不去做准备,不知道自己的目标,也不思考,更不寻求帮助。这样的决策者更容易受到学校等支持系统的忽略。所以,这些学生需要意识到自身的决策风格及其可能造成的危害,努力调整,增强职业生涯规划的意识和动机,才能从根本上得到帮助。

四是理智型:对自己的特点以及职业世界的情况都是清清楚楚,一切尽在掌握。理智型的决策者以周全的探求,对选择的逻辑性评估为特征,具备深思熟虑、分析、逻辑的特性。这类决策者会评估决策的长期效用并以事实为基础做出决策。理智型决策风格是比较受到推崇的决策方式,强调综合全面收集信息、理智思考和冷静分析判断,是其他决策风格的个体需要培养的一种良好的思考习惯。但理智型的决策风格也并不是理想的、完美的决策方式,即使采用系统的、逻辑的方式,也会出现因为害怕承担决策的后果而不能整合自己和重要他人观点的困扰。

图 8-1 职业决策的类型

补充阅读

请回想迄今为止在你人生中你所做的三个重大决定,按以下几个部分进行描述并记录在纸上:

当时的目标或情境是什么?
你所拥有的选择是什么?
你做出了什么样的选择?
你做出该选择的依据是什么?

现在的你对当时的选择有什么评价？

当你完成对三个重大决定的描述之后，再综合地分析一下，上述三个事件中的决策有什么共同之处，从中可以看出你在做决策时，有什么特点。

对决策风格的正式评估：

请根据你对自身的了解，判断下列表述与你是否符合。

1. 我会仔细检查我的信息来源，以保证在决策之前了解正确的事实。
2. 我用一种逻辑化的、系统化的方式来做出决策。
3. 我会根据我的感觉来做出决策。
4. 我相信直觉会告诉我该做什么选择。
5. 如果没有跟别人商议，我很少做出重要的决策。
6. 在做重要决策时，我采用他人的建议。
7. 除非有很大的压力，否则我尽量不做重要决策。
8. 我通常在最后一刻才做出重要决策。
9. 我经常做出冲动的决策。
10. 我经常受某一时刻的刺激而做出决策。

结果说明：

1、2题为理智型，3、4题为直觉型，5、6题为依赖型，7、8题为回避型，9、10题为自发型。你和哪个类型的题目最符合，说明你最倾向于那个类型。

二、职业决策方法

职业生涯问题和决策是我们大多数人生活中所面临的最复杂事件，做出个人决策的过程对某些人而言是困难的，尤其是在一些特殊的情况下。什么因素会干扰我们做出有效的决策呢？

首先是信息的问题。事实证明，想太多，想太少，想太坏都不行。美国文豪马克·吐温曾经说过："你之所以陷入困境，并不是由于你的无知，而是对虚假的信息信以为真。"

一个同学企图通读职业名称词典中全部 12000 多种职

业,因为她想确保在决策前能了解所有可能的选择。这花费了她近一年的时间,但对最终选择却没有明显的积极作用。

职业选择的过程是先由少变多,再由多变少的过程。就像梭子一样,中间大,两头小。为什么需要中间的扩大,很多人在工作了10年之后才发现有一份职业很符合自己的兴趣,但再想调整就非常有难度,如果在工作的早期多对比、多选择,那么找到的职业会更加适合。

其次是决策者自身的问题。决策的最大障碍是决策者,纯粹就技巧层面而言,生涯决定的步骤与方法易懂易学,没有太大的困难。真正麻烦的是这套技巧运用在人的身上,整个过程就会复杂起来。

决策制定是一种广泛的生活技能,良好决策的重要性不言而喻,如果决策不正确,执行力越好越糟糕。我们辛辛苦苦往上爬一架梯子,等多年以后爬到顶端,才发现原来梯子搭错了墙。职业生涯决定的技巧可以透过学习而获得。形形色色的决策技巧经过实验证实,可以经过学习迁移的过程,应用在其他相似的情境,而受用不尽。

(一)机会与回报:决策方块

当面对一些可能的选择方案需要做出决策时,我们可以思考三个问题:

(1)这个职业的回报是什么?这个职业能满足我的需要吗?
(2)我进入这个职业的概率如何?
(3)从整体来看,这个职业是一个好的选择吗?

决策方块可以帮助我们回答这样三个问题,比较一些可能的职业选择。首先是针对职业的回报情况,分为"优、良、中、差"四个等级,看看这个职业是不是在自己的兴趣范围之内,能不能满足自己的价值需求,是不是自己喜欢的职业活动等。接下来是对获得概率的评估,看看这个职业涉及的工作能力自身是不是具备,需要有哪些必需的准备(从职业资格到求职信、简历、面试各个方面),还有职业展望。

例如,某位同学采用图8-2所示的职业决策过程进行分析整合之后,发现有三种可能的职业生涯发展策略:大学教师或科学家、实验技术员、销售人员。我们可以采用职业决策方块分别判断这三种选择的回报指数等级和获得概率等级。图 8-3 的分析结果显示,大学教师或科学家这一选择虽然回报指数很高,但获得概率很低;销售人员这一选择在回报指数和获得概率方面都属于中等;实验技术员这一选择不仅回报指数较高,获得概率也非常高。从而可以做出职业决策,选择成为一名实验技术员。

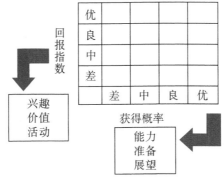

图 8-2 职业决策方块

	差	中	良	优
优	大学教授或科学家			
良				实验技术员
中		销售人员		
差				

回报指数（纵轴） 获得概率（横轴）

图 8-3 职业决策方块应用举例

(二) 持续循环——CASVE 决策模型

CASVE 决策模型认为一个良好的决策需要经历五个步骤:C(沟通)、A(分析)、S(综合)、V(评估)和 E(执行),如图 8-4 所示。

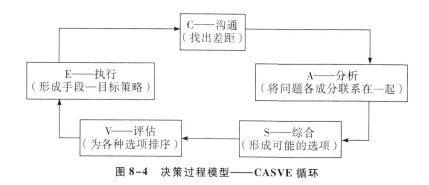

图 8-4　决策过程模型——CASVE 循环

1. 沟通(Communication)

沟通,包括内部和外部的信息交流,通过交流使个体意识到理想和现实之间存在的巨大差距。内部的信息交流,是指个体自身的身心状态,比如在毕业找工作的时候,你可能在情绪上会感受到焦虑、抑郁、受挫等情绪,在躯体上会有疲倦、头疼、消化不良等反应,这些情绪和身体状态都是一些提醒你需要进行内部交流沟通的信号。外部的信息交流,是指外界的一些对你产生影响的信息,比如宿舍同学开始准备简历就是给你提供了一种外部信息,你也需要开始准备找工作了;又如在求职过程中父母、老师、朋友给你提供的各种建议。通过内部和外部沟通,你意识到自己需要解决某些问题,这样的交流对开始生涯选择十分重要。沟通阶段需要回答的最基本的问题是:此刻我正在思考并感觉到的自己的职业选择是什么?

2. 分析(Analysis)

分析,是通过思考、观察和研究,对兴趣、能力、价值观和人格等自我知识以及各种环境知识进行分析,从而更好地理解现存状态和理想状态之间的差距。在分析阶段主要运用的是前两个模块认识自我和认识职业环境中提到的方法,对两方面的知识进行了解:

首先是自我知识,包含了兴趣——我喜欢做什么?做什么事情的时候我最能够投入?做什么事情能让我得到享受?能力——我擅长做什么?什么事情是我能做得比别人好的?我都掌握了哪些专业知识?价值观——我看重什么?我这辈子希望达到的目标是什么?我希望工作可以带给我什么?性格——我是内向的还是外向的?我关注宏观抽象的事物还是具体细节?我倾向理性思考还是感性体验?我习惯于有条不紊还是随机应变?等等。

其次是环境知识,每一个选择处于什么样的环境?会带来什么样的生活?需要付出什么努力?比如:对于考研来说,需要付出什么努力?花多长的时间准备?读研之后的生活是什么样的?研究生毕业之后的求职情况如何?而对于找工作也需要了解每一份职业相关的信息。

3. 综合(Synthesis)

综合,是根据分析阶段所得出的信息,先把选择范围扩展开来,然后再逐步缩小,最终确定3—5个最可能的选项。这个先扩大后缩小的过程非常重要。通过分析阶段,我们对自我的各方面都有了很多了解,每一个方面都分别对应着很多职业,把这些职业都列出来,就会得到一个范围很广的选择列表;然后选取其中的交集,就得出了缩小的职业选择范围;然后,把最可能从事的职业限定到3—5个。最后,可以问自己"假如我有这3—5个选择,是否可以解决问题,消除现实和理想状态的差距?"如果答案是可以,就进入评估阶段选出最适合的选择,如果还是不能解决问题就需要重新回到分析阶段了解更多信息。

4. 评估(Valuing)

评估,对于综合阶段得出的3—5个职业进行具体的评价,评估获得该职业的可能性,以及这个选择对自身及他人的影响,从而进行排序。比如,可以问:(1)"对我个人而言什么是最好的?"(2)"对我生活中的重要他人而言什么是最好的?"(3)"大体上,对我所处的环境而言什么是最好的?"

5. 执行(Execution)

执行,是整个CASVE的最后一部分,前面的步骤只是确定了最适合的职业,还不能带来职业选择的成功,需要在执行阶段将所有想法付诸实践,如:开始具体的求职过程;也为再一次回到沟通阶段提供线索,以确定沟通阶段所存在的职业问题是否得到了很好的解决。在执行阶段,需要制订计划,进行实践尝试和具体行动。如果没有解决可以再次回到沟通阶段,重新开始一次CASVE循环,直到职业生涯问题被解决为止。

(三)乱中有序——决策平衡单

决策平衡单是帮助决策者使用表单的形式,系统地分析每一个可能的选项,判断分别执行各选项的利弊得失,然后依据其在利弊得失上的加权计分排定各个选项的优先顺序,以执行最优先或偏好的选项。这是一种帮助我们缩小选择面的好办法。

其实决策的过程中不仅仅局限于只考虑自己的利益得失,还需要站在更广阔的立场来判断,要把自己的利益相关者都纳入评估的范畴。因此,决策平衡单需要考虑四个层面的问题:个人物质方面的得失,他人物质方面的得失,个人精神方面的得失,他人精神方面的得失。具体步骤如下:

(1)列出2—3个备选的职业选择;

(2)从四个考察维度列出自己选择职业生涯时会考虑的因素;

(3)对每个考虑因素设置权重,考虑每个职业选择中各因素的得失,从0—5赋分;

(4)用各因素的赋分乘以权重,在依分数累计,得出每一职业选择的总分,排出职业抉择的优先级。

例如,某位同学面临两种主要的生涯选择:去小学教书或者继续攻读研究生。他采用决策平衡单对这两种选择进行比较:

首先,列出了两种职业选择:教书和读研。

然后,从个人物质得失、他人物质得失、个人精神得失、他人精神得失四个考察维度,列出了个人收入、健康状况、休闲时间等自己会考虑的15个因素。

接下来,他对这15个因素的重要程度做出了评价,分别赋予了1—5的权重,从1—5重要程度依次递增。再分别针对选择教书或者读研时,在这15个因素上的得失及其程度进行打分。其中"得"按正分计算,"失"按负分计算,程度等级1—3。

最后,计算每个职业选择的总分。结果如表8-1所示,教书的平衡单总分为64,读研的平衡单总分为31。从而可以得出,对该同学而言,去小学教书是更为合理的选择。

表 8-1 决策平衡单应用举例

因素(*权重)	生涯选项一 教书 +	生涯选项一 教书 −	生涯选项二 读研 +	生涯选项二 读研 −
个人物质得失				
个人收入(*4)	3(+12)			2(−8)
健康状况(*2)	3(+6)		1(+2)	
休闲时间(*3)	2(+6)			2(−6)
未来发展(*2)	1(+2)		2(+4)	
升迁状况(*1)	1(+1)		2(+2)	
社交范围(*3)		1(−3)		1(−3)
他人物质得失				
家庭收入(*5)	3(+15)			2(−10)
个人精神得失				
所学应用(*2)	2(+4)		3(+6)	
进修需求(*3)	1(+3)		3(+9)	
改变生活方式(*3)		2(−6)		1(−3)
富挑战性(*4)	1(+4)		3(+12)	
成就感(*5)	1(+5)		3(+15)	
他人精神得失				
父亲支持(*4)	2(+8)		1(+4)	
母亲支持(*3)	3(+9)		1(+3)	
男/女朋友支持(*2)		1(−2)	2(+4)	
总分	64		31	

三、目标确定与目标分解

(一)目标确定

决策只是一个判断过程,目标才是关键。

一个关于梦想的故事

工地上,三个人在一起砌墙。有人过来问:"你们在干什么?"

第一个人不客气地说:"没看见吗?砌墙。"

第二个人抬头笑了笑,说:"我们在盖一幢高楼。"

第三个人边干活边哼着歌曲,他的笑容很灿烂很开心:"我们正在建设一个新的城市。"

十年后,第一个人在另一个工地上砌墙;第二个人坐在办公室中画图纸,他成了工程师;第三个人呢,是前两个人的老板。

这个故事告诉了我们目标和方向的重要性,没有美好的愿望,人生就没有动力。不过,进一步来说,如果没有具体的生涯方向和职业目标,这种动力就没法释放。梦想不能等同于目标,脱离实际地直接将梦想和愿意作为职业目标,往往很难让人称心如意。

蚯蚓的目标阶梯

18 岁,高中毕业典礼上:"我发誓要当李嘉诚第二!我要当中国首富!"

20 岁,春节老同学聚会上:"我想创立自己的公司,30 岁前拥有资产 2000 万。"

23 岁,在某市工厂当技术员,第二职业是炒股:"我正在为离开这家工厂而奋斗,因为在这里工作太没有前途了。我将全力炒股,三年内用 5 万元炒到 300 万。"

25 岁,炒股失意而情场得意,开始准备结婚:"我希望一年后能有 10 万元,让我风风光光地结婚。"

26 岁,不太风光的婚礼上:"我想生一个胖小子,不久的将来当个车间主任就行,别的不想了。"

28 岁,工厂效益下滑,偏偏正是老婆怀胎十月的时候:"希望这次下岗名单里千万不要有我的名字!"

蚯蚓的职业生涯轨迹并不是少数人的情况,我们身边有许多人都重复着这样的心路历程:雄心壮志→怀才不遇→满腹牢骚→撞钟混日→担心下岗→走投无路。我们分析一下蚯蚓在职业生涯方面缺乏

的知识和能力:

首先,分不清美好愿望与目标的区别。愿望往往是抽象的而且实现难度较大,当我们直接以愿望为目标时,会觉得无从下手,不知该如何缩小现实与梦想之间遥远的距离。

其次,总是抱怨,不懂得适应、利用和改变环境。成功的人可以无数次修改方法,但从不改变目标;不成功的人总是改变目标,却从不改变方法。

确定个人可及的生涯目标选择,做出职业决策的承诺,这是我们在大学生职业生涯规划中需要去尝试解决的问题。当然,并不是要求我们在大学阶段就拥有清晰长远的目标,而是首先应该有目标意识,然后逐渐使自己的目标更加清晰。职业生涯目标有两个时间坐标,开始行动的时间和目标实现的时间。比如"我要学好英语"这一目标,开始行动的时间可以是"今天"——"我从今天开始每天读英语2小时",而目标实现的时间可能是在两年后。走出校园意味着将拥有新生活,新生活从选定方向开始,投射未来的生涯愿景,把自己当成另外一个人,站远点看看。生涯是一个旅程、一个过程或一条道路,而不是目的地或胜利品。

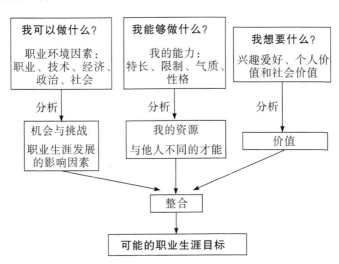

图 8-5　确定职业生涯目标的过程

如图8-5所示,按照前面介绍过的人—职匹配的原则,从自己和职业环境两个方面入手：判断自己的资源和价值，然后结合职业环境，分析自己可能的职业生涯目标。通过深思过去、熟虑未来，明确自己的第一选择和后备选择。

(二) 目标分解

理想和愿望对一个人来说是很重要的，蕴含着强大的潜能。只有将职业生涯的美好愿望转化为坚定的职业方向和可以实现的目标，这种潜能才会得到释放，否则满腹的潜能会变成满腹牢骚。怎样在美好的愿望和现实环境之间建立一个步步上升的台阶？目标分解可以帮助我们。

分段实现大目标

1984年，在东京国际马拉松邀请赛中，名不见经传的日本选手山田本一出人意料地夺得了世界冠军。当记者问他凭什么取得如此惊人的成绩时，他说了这么一句话：凭智慧战胜对手。

当时许多人都认为这个偶然跑到最前面的矮个子选手是在故弄玄虚。马拉松赛是体力和耐力的运动，只要身体素质好又有耐性就有望夺冠，爆发力和速度都还在其次，说用智慧取胜确实有点勉强。

两年后，意大利国际马拉松邀请赛在米兰举行，山田本一代表日本参加比赛。这一次，他又获得了世界冠军。记者又请他谈谈经验。

这个日本选手性情木讷，不善言谈，回答得仍然是上次那句话：用智慧战胜对手。这次记者们不敢再挖苦他故弄玄虚了，但对他所谓的智慧迷惑不解。

10年后，这个谜终于被解开了。他在他的自传中是这么说的：每次比赛之前，我都要乘车把比赛路线仔细看一遍，并把沿途比较醒目的标志画下来，比如第一个标志是银行；第二个标志是一棵大树；第三个目标是一座房子……这样一直画到赛程的终点。比赛开始后，我就奋力向第一个目标冲去，等到达第一个目标后，我又以同样的速度向第二个目标冲去。

40多公里的赛程,就被我分解成这么几个小目标轻松跑完了。起初,我并不懂这样的道理,我把我的目标定在40多公里外终点线的那面旗帜上,结果我跑了十几公里就疲惫不堪了,我被前面那段遥远的路程给吓倒了。

我们有时候失败了,并不是我们真的能力不够,而是由于我们觉得太疲惫了,于是放弃了。大家想想马拉松比赛时,如果跑了20多公里还望不到头,还有20多公里,是什么感觉?会不会觉得"我已经这么累了,可是还有那么远……同样的辛苦折磨我还要再经受一次……"一种巨大的心理负担先把自己击垮了。可是如果我们用山田本一的目标分解法,同样是跑了20多公里,又是什么感觉?"我已经实现了一个又一个的目标,而下一个目标已经可以看到,就在几公里之外那座房子那里。我已经取得了一次又一次阶段性的成功!"这就是目标分解的作用。

长远职业生涯目标的实现有一个过程,需要将大的、长远的目标,逐步分解成小的、近期的目标,在实现小的目标的基础上,逐步接近大的、长远的目标。要注意在实现各级目标的时候,我们始终只关注离自己最近的一个时间段。比如为了实现最终目标,我们可能需要划分五个长期目标,那么在这五个长期目标里面,只有离我们最近的那个长期目标才是要最具体最明确的,其余四个只要有个大致的方向和路径就行了。当到达第一个长期目标的时间节点之后,我们可能还要根据第一个长期目标的实现情况,对后面几个长期目标进行调整。同理,在中期目标、短期目标、近期目标上,也应最关注离我们最近的一个,并且在完成之后结合完成情况对后续目标进行调整。

表8-2 职业生涯各级目标的时间跨度

目标级别	时间跨度
最终目标	直至退休或去世
长期目标	10年以上
中期目标	3—5年
短期目标	1—2年
近期目标	半年以下

图 8-6 显示了一位金融学院大三同学的目标分解图。该同学的职业生涯目标是成为证券公司投资部总经理,为实现这一最终目标,首先分解出了几个长期目标:第一个 10 年要进入 A 类券商成为投资分析员,第二个 10 年要成为证券投资部中层管理人员……按照前面我们介绍的技巧,当前我们只需要重点关注第一个长期目标。因而接下来将第一个长期目标分解为几个中期目标:第一个中期目标是在校期间努力符合目标企业的要求,第二个中期目标是进入企业后努力成为明星员工……同样道理,我们现在重点实践的是离我们最近的第一个中期目标。进一步将第一个中期目标分解为近期目标:比如今年要保持优异的学习成绩、适时发表论文、做好手头科研项目,明年需要申请 A 类券商实习机会、完成毕业论文、参加暑期海外交流项目,等等。

通过目标分解,我们可以很好地将现在每天做的事情同长远的目标结合起来,最终就能通过日常的努力不断地接近自己的理想,取得职业生涯的成功。对于大学生职业生涯规划而言,我们主要针对的是大学四年的学习和生活进行规划,所以最主要的是结合职业生涯目标确定自己的初次择业目标。

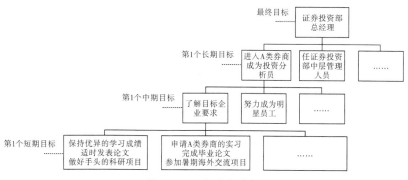

图 8-6 目标分解举例

补充阅读

比尔·拉福的职业规划

比尔·拉福在中学毕业之际就立志要做一名优秀的商人。他中学毕业后考入麻省理工学院,没有去读贸易专业,而是选择了工科中最普通最基础的专业——机械专业。大学毕业后,这位有志之士并没有马上投入商海,而是考入芝加哥大学,攻读为期三年的经济学硕士学位。最出人意料的是,获得硕士学位后,他还是没有从事商业活动,而是考了公务员。在政府工作了五年之后,他辞职下海经商。又过了两年,他开办了自己的商贸公司。二十年后,他的公司资产由最初的20万美金发展到2亿美金。1994年10月,比尔·拉福率团来中国进行商业考察,在北京长城饭店接受《中国青年报》记者采访时,他谈到他的成功应该感激他的父亲的指导,他们共同制订了一个重要的生涯规划。最终这个生涯设计方案使他功成名就。

第一阶段:工科学习。经过父亲的谈话指导,他并没有直接读贸易专业,而是先选择读机械制造专业。因为做商贸必须具备一定的专业知识。在商品贸易中,工业品占绝大多数,不了解产品的性能、生产制造情况,就很难保证在贸易中得到收益。工科学习不仅是对知识技能的培养,而且能帮助我们建立一套严谨求实的思维体系。清楚的推理分析能力,脚踏实地的工作态度,正是经商所需要的。

第二阶段:经济学学习。大学毕业后,没有立即进入商海而是考入芝加哥大学进行三年的经济学硕士课程。由于在市场经济下,一切经济活动都是通过商业活动来实现的,不了解经济规律,不学习经济学知识,就很难在商场立足。比尔·拉福便掌握经济学的基本知识,搞清影响商业活动的众多因素,还认真学习了有关法律和微观经济活动的管理知识。几年下来,他对会计、财务管理也较为精通,在知识上已完全具备了经商的素质。

第三阶段:政府部门工作。获得经济学硕士学位后考取公务员,在政府部门工作了五年。这是因为之前在职业生涯的规划时,一位资深的商业活动家——他的父亲,告诉过他,经商必须有很强的人际交往能力,要想在商业上获得成功,必须深知处世规则,善于与人交往,建立诚信合作关系。这种开拓人际关系的能力只有在社会工作中才能得到提高。

第四阶段:通用公司锻炼。五年的政府工作之后,完全具备了成功商人所需的各种素质的比尔·拉福选择辞职,去了通用公司。因为他知道通过各种学习获得的知识要通过实践的锻炼才能转化为技能。在通用公司进行锻炼,比尔·拉福不仅为实践所学的理论找到了一个强大的平台,而且学习到了丰富的管理经验,完善了原始的资本积累。

第五阶段:自己创业,大展拳脚。两年后,已熟练掌握了商情和商务技巧的他谢绝了通用公司的高薪挽留,开办自己的公司,开始梦寐以求的商人商涯,实现多年前的计划。

比尔拉福的职业生涯设计脉络清晰,步骤合理,充分考虑了个人兴趣、个人素质,并且注重对自己职业技能的培养,在他锲而不舍的努力下,职业生涯设计终于变成了现实。从比尔·拉福的故事中我们可以体会到职业生涯规划的意义。

(资料来源:根据网络资料编写,www.16175.com/Article/3128.html)

复习思考题

1. 职业决策风格分为哪几种?
2. 简述你最喜欢的一种职业决策方法。
3. 目标分解有什么作用?职业生涯各级目标的时间跨度分别有多长?

Topic 9：职业规划书

成功与失败之间的差别不在于学历、能力、环境,而在于是否有明确的目标和详细的规划。前面我们已经探讨了与大学生职业生涯规划相关的自我、环境信息,也掌握了生涯决策、目标设定、目标分解的基本方法,接下来就要通过自我认知、环境认知和各种因素分析,确定个人在社会环境中的发展目标和努力方向,并为实现这一目标制定合理可行的计划或安排。生涯要规划,更要经营,起点是自己,终点也是自己,没有人能够代劳。职业生涯规划的步骤如图9-1所示。

一、职业生涯规划的步骤

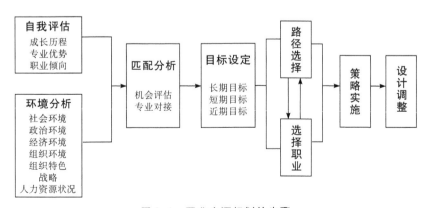

图9-1 职业生涯规划的步骤

(一) 自我评估

自我评估是职业规划过程的第一步,对于大学生来说,主要是了解兴趣、性格、气质、价值观、能力等与本人相关的因素,达到认识自己、了解自己的目的。由于我们自己能看到的"我"只是"自我"中很少的一部分,因此我们需要借助其他手段更加全面地了解自我,比如自我剖析、职业测试、角色建议等。

在本书中,我们主要介绍了两种自我评估的方法。一是测验法,即采用心理测验(包括:兴趣测验、气质测验、性格测验、价值观测验、智力测验和特殊能力测验等),对自我的各种潜在素质进行评估。二是经验法,通过教师评价、家长评价、同学评价、考试成绩、课外活动以及学科竞赛表现等,来评估自己各方面的情况。相比较而言,经验法更加方便、简单,有一定的可靠性,但是准确性低、不够全面。测验法比较全面、准确、深入,可是它也有不方便的地方:一方面,正规心理测验我们很难获得,除非是选修了一些专门的职业指导课或者学校购买了相应的网络资源。另一方面,心理测验的施测过程较为严格,测评结果信息量较少,需要在专业人员的指导下完成,还需要专业人员对结果进行解释。

通过自我评估,我们可以客观审视自己的成长历程、专业优势以及职业倾向,从而明确自己的职业定位以及核心竞争力。本书的"模块一"部分已经针对自我评估做了专门探讨。

(二) 环境分析

职业生涯规划中的环境分析,主要涉及两个层次的内容。

1. 社会环境分析

比如社会各行业的人才需求,当前社会人才供给情况,社会政策、价值观的变化等。通常我们一说到大学生的就业社会环境,很多人就会习惯说四个字——"形势逼人",甚至将求职不理想统统归因为社会环境。其实,同样是"形势逼人",每年的具体形势和特征仍然是有较大差别的。对于跟我们关系密切的就业社会环境,我们只停留在笼统的"形势逼人"四个字上,显然是远远不够的。

非会计专业女生打动四大会计师事务所

"我的目标是世界四大会计师事务所,最终四家会计师事务所都向我抛出绣球。"今年八月已经就职于毕马威华振会计师事务所的小青,在接受记者电话采访时,声音中透出一丝骄傲。毕竟,对于很多会计专业的毕业生来说,想跻身这四家会计师事务所(毕马威、普华永道、安永、德勤)都尚属不易,而她今年刚毕业于某大学国际经济与贸易专业。

流利英语帮她一路闯关

"要想找到满意的工作,一定要突出自己长处。"小青表示,她每一门专业课都不"跛腿",平均分数是85分;尽管不是会计专业,但大学期间参加了注册会计师考试(总共五门)中的两门。这些亮点,使她通过了不少名企简历筛选。

要想走进四大会计师事务所,英语水平十分重要。从大二起,小青报名参加了英语专业第二学位学习。英语四级、六级、专业四级、专业八级、BEC高级,小青大学期间把这些考试全部搞定。

求职时,四大会计师事务所中有三家笔试考了英语,四家全部采用英语面试,小青流利的英语口语帮助她一路闯关。

每一次面试都精心准备

小青告诉记者,她求职期间前后参加了30多次面试,包括大型国企、私企、外企等。"面试需要技巧,所以无论是成功还是失败都不要气馁,它是为我们的下一次累积经验。"

每一次参加面试前,她一定细心准备,包括参加企业宣讲会,上网收集企业的背景资料、了解企业文化,并和两位好友进行"模拟面试"。"反复练习后,就一点也不紧张了。"小青笑呵呵地说,通过"模拟面试"也对自己加深认识,一些"面霸"学长也是这样修炼的。

献爱心经历打动主考官

"我在学校期间参加的社团不多,但收获不少。"毕马威共对小青进行了一轮笔试和两轮面试。最后一轮面试,主考官询问她在大学期间参加的社团活动和收获。

"我是学校青年志愿者协会的成员,去年组织了献爱心活动,我和同学们定期到同济医院的血液科病房去给白血病儿童义务授课,陪他们聊天、玩耍。"小青举出这个例子后,还说出自己的思考:每个人都应该勇于承担社会责任,而外企要实现本土化,要扎根于中国,光注重经济效益是不够的,同样需要承担社会责任,去从事一些公益活动。这一回答,深深打动了主考官使小青在面试中胜出。

在上面这个案例中,小青成功的关键在于她大学四年扎实的努力。所谓"形势逼人",被逼迫到的只能是那些看不清就业社会环境,不主动适应环境提升自己的人。而像小青这样的同学,无论就业形势如何,都是不会被"逼"住的。

2. 组织环境分析

进行全面的组织环境分析是我们"知彼"的核心,毕竟我们所选择的组织将与自己息息相关。况且,在面试过程中,考官一般都会比较欣赏那些对本行业、本单位"做足功课"的有心人。在选择组织时有必要通过个人可能获得的一切渠道来获取信息。例如,可以通过组织所在地的新闻出版机构的新闻线索,来了解该组织产品及服务的详细情况和富有深度的财政经济状况;可以通过有关书籍和组织发展史、当地各种商业活动、组织人物获奖等细节了解到可供参考的资料信息;另外,组织网站上介绍组织价值观念的那些主页也会透露一些组织文化的有关线索;还可以通过参观或参加面试时的谈话资料和知识背景来充分了解和考虑组织环境的各种因素。

总之,通过以上分析,应理出一条清晰的线索,确定自己的职业生涯在这个组织中有没有足够的发展空间,衡量自己的目标能够在该组织得以实现的可能性,更重要的是也可以判断组织如何识人以及需要什么样的人。经常看到有同学在规划书里写到,"我大学毕业之后要读研究生,研究生毕业之后我要去大学当老师"。殊不知现在大学老师都要求博士学位,甚至是"海归"背景,并且要求本科及硕士就读院校也要是"211"院校。对行情太不了解,当然不可能成为用人单位需要的人。

本书的"模块二"部分已经针对环境分析做了专门探讨。

(三) 匹配分析

所谓匹配分析,是指自身条件与环境的匹配程度分析。需要动态地分析自己、分析环境、分析自己今后几年可能的发展,以及环境可能的变化。来看看一位工科专业毕业的本科生在面对报考管理类的研究生与寻找管理类职位这两个选择时,如何对自己做的匹配分析:

> 如果我选择跨专业考研,考上的可能性为80%,研究生毕业后比工作了三年的本科生更有竞争优势的可能性是80%。假设工作了三年的本科生的收益是1,在比工作了三年的本科生有就业优势的条件下,研究生毕业后我的收益是1.5。那么如果我现在考研,我现在的期望收益是 $1.5 \times 80\% \times 80\% = 0.96$。也就是说,撇开我为考研所花费的资源不谈,我读研究生后所获得的期望收益小于我现在工作所获得的收益1。所以,从经济学的期望收益的观点分析,我应该选择工作。

> 再从机会成本分析,如果读研究生期间的花费为0(假设能读上公费并且有补贴、打工等收入能自己解决生活费用),假设我工作后每月工资为3000元,每月能结余1000元,三年的收入除去生活费用外尚结余3.6万元。且由于我努力工作,勤奋好学,三年后我的工作经验的积累以及我在实践中所学知识的增加,这已经使我并不比刚毕业的研究生差了,甚至在管理这个实践性很强的领域中,我比刚毕业的研究生可能更有就业优势。

> 从我自身考虑,我现在的就业条件还是可以的,曾获全国大学生英语竞赛特等奖、全国大学生英语辩论赛二等奖和第二届全国大学生社会科学论文大赛二等奖等众多奖项,还辅

修了工商管理。更重要的是,我还要考虑无法预知的就业环境风险。现在研究生的就业形势并不乐观,三年之后可能更糟糕,研究生的就业面本来也比本科生窄,三年之后能否找到比现在更好的工作还很难说。

从案例中这位同学的自身特点、准备从事的行业,以及就业环境来说,他大学毕业之后直接参加工作比读研究生后工作要更为有利。通过自身条件与环境的动态分析,可以帮助我们做出理性的选择。在进行匹配分析时,我们可以遵循两个原则:(1)规划是根据我的个性和特长制定的吗?(2)环境(社会、行业、家庭)支持我的规划吗?

(四) 目标设定

目标设定是职业生涯规划的核心内容,在自我评估、环境分析的基础上选择自己的职业方向,确立职业生涯发展目标。在制定目标时有一个"黄金准则"——SMART 原则。好的目标应该能够符合 SMART 原则:

(1) S(specific):具体的,明确的。职业目标不能含糊不清,要让我们能够准确理解。比如"英语较好"就是一个很模糊的目标,很难让人理解。"拿到英语六级证书"这个目标就清晰很多。

(2) M(measurable):可以量化的,能度量的。这样当我们评估目标的实现程度时,才会有标准。比如"学好计算机"这一目标就缺乏标准,什么算是"学好"呢?如果换成"学会打字、会用 office 办公软件"等就很容易度量了。

(3) A(attainable):目标要通过努力可以实现,也就是目标不能过低和偏高,偏低了无意义,偏高了实现不了。例如一名大学生将目标设定为"成为李嘉诚第二",这个目标就不是靠大学四年的努力能够实现的,容易成为"思想上的巨人,行动上的矮子"。

(4) R(relevant):目标需有一定的意义和相关性。一般都是结合自己的成长历程、专业优势以及职业倾向来设定。

(5) T(time-bounded):有明确时间限制的。对于大学生职业生涯规划而言,我们规划的重点是在大学这四年,主要确立初次择业的职业方向和阶段性目标,所以我们界定目标实现的期限一般是在大学毕业的时候。

(五) 路径选择

达到自己确立的目标的职业生涯路径需要将自己前期的学习纳入这个路径选择之中,并对即将从事的工作进行职业阶梯安排。如果目标设定并且分解合理了,路径选择就会比较容易。例如,以大学教师和专家为职业目标,则意味着需要选择技术路线。但具体是选择高校、为客户提供专业服务的企业(会计师事务所、律师事务所、管理咨询公司等),还是企业技术岗位,其生涯路径会有所差别。

(六) 策略实施

一谈到大学生职业生涯规划,很多同学就会联想到职业测评、企业案例或者目标分解图。但其实,行动才是职业规划最为关键的环节,也是大学生职业生涯规划的意义所在。这里所指的行动,是指落实目标的具体措施,也就是告诉我们:大学这四年我究竟应该学什么、做什么、提高什么。

表 9-1 提高相关能力的日程表举例

需要提高的能力	学生管理工作经验	人际沟通能力	演讲能力	实际管理工作经验
学习时间	第二学期	第四学期	第三学期	第五学期
学习途径	当学生干部	心理咨询中心	学校的培训班	打工、实习
学习目标	了解如何认识人、观察人、激励人	了解人的需求、谈话的技术、方法	如何组织语言、面对观众、发音	理论与实际有什么区别、国外与国内有什么区别

表 9-1 提供了一个例子。这是一位工商管理专业的同学,经过职业规划的前面五个步骤——自我评估、环境分析、匹配分析、目标设定、路径选择,他为自己设定了企业管理工作这一生涯目标,并经过目标分解,将企业行政管理岗位确立为自己初次就业的目标。接下来他

是如何行动的呢？

第一步，了解管理工作的胜任特征。所谓的胜任特征，是指能将某一职业（或组织、岗位）中有卓越成就者与表现平平者区分开来的个人的潜在特征。经过相关职业及企业信息的搜集，该同学得出了管理工作的素质要求：部门工作经验、组织协调能力、语言表达能力、协作能力、激励能力、沟通能力。

第二步，对比自己目前的情况，分析自己现在的差距。现在有哪些差距呢？第一个差距是缺乏工作经验，这是所有的大学生都求职的时候都存在的一个问题；第二个差距是缺乏实际操作能力，可能几年下来会学不少理论知识，但没有真正实践过自己的专业；第三个差距是沟通能力欠佳；第四个差距是演讲能力有待提高。

第三步，针对自己分析出来的问题、不足之处，提出解决的办法。缺乏工作经验，可以从学生干部做起，多参加社会工作、社团活动；可以利用假期出去工作、实习；还可以参加一些相关的培训等。缺乏沟通能力，可以通过一些系统的训练课程来解决，现在有很多专业的培训项目，训练我们谈话的时候该如何开头、如何深入、如何结束；谈话中该如何倾听、视线该如何接触、身体该保持怎样的距离等。缺乏演讲能力，可以参加班级演讲比赛，参加相关培训，阅读相关书籍，或者向演讲能力强的同学学习。

第四步，拿出提高相关能力的日程表。这是策略实施环节的核心，包含了前面几个步骤分析的结果。针对需要提高的能力，列出学习和改善的日程表。如表9-1所示，提高学生管理工作经验被安排在第二个学期，具体通过当学生干部来实现，目标是了解如何认识人、观察人、激励人。改善人际沟通能力被安排在第四个学期，是通过学校的心理咨询中心来学习的，可以了解人的需求、谈话的技术、谈话的方法等。

大学阶段是重要的职业探索期，即扩大生涯空间与可能性。选择本身不是最大的问题，最大的问题是遵循或执行这个选择。我们制定职业生涯规划，不是为了洋洋洒洒挥就一份激情澎湃的规划书，而是为了得到一张非常简单的行动表。实现理想的方式是用20%的时间把路看清楚，然后用80%的时间去"拉车"前行。

（七）设计调整

"计划赶不上变化",在我们的职业生涯进程中,也会经常发生这样那样的变化,其中很多变化是我们事先难以预料的。这些不确定因素的存在可能会使实际结果偏离原来的规划目标,这就要求我们时时注意内外环境的变化,不断审视自我,不断调整自我,不断修正策略和目标。

首先,要准备好备选方案。对于职业生涯决策需要保持适度弹性,也就是对目标保持一种"不确定",让目标浮动。我们不仅要明确第一选择,还要有后备选择。有些同学在做规划时非常决绝:"我的目标是做一名大学教师,所以我大学毕业之后要考上研究生,研究生毕业之后要继续读博士,然后……"或者"我的职业理想是成为四大会计师事务所的合伙人,所以我要在四大会计师事务所求职,入职之后争取用3—5年时间成为明星员工,然后……"可是万一没有考上研究生、没有进入四大会计师事务所呢?为了防止挨冻,要给自己预备一件衣服,同样地我们也需要给自己预备一个职业。

其次,不断评估和调整。每隔一段时间,我们需要对自己的规划进行评估,不断依据环境变化和自身条件变化做出匹配性的职业规划,为达到自己内心的理想目标不断向更有利于发展角度进行调整。阶段性目标没实现,一方面说明计划本身有问题,或者努力不够。另一方面也意味着接下来的路径必须要调整。这也是为什么前面我们强调,无论长期、中期还是短期目标,我们只需重点关注离自己最近的那个,因为后面的阶段性目标往往要根据前一个的落实情况进行调整。

所以,不要把所有的鸡蛋放在一个篮子里,不要停止探索,只要开始永远不晚,只要进步总有空间。

二、大学生职业生涯规划的文案内容

职业生涯规划是对个人职业发展道路进行选择和设计的过程,规划的内容和结果应该在规划过程中及规划后形成文字性的方案,以便理顺规划的思路,提供操作指引,随时评估与修正。结合有关专家学者的观点和建议,我们认为,一个完整有效的职业生涯规划文案应该包括以下八项内容:

(1) **标题**:包括姓名、规划年限、年龄跨度、起止时间。规划年限不分长短,可以是半年、三年、五年、甚至二十年,视个人的具体情况而定。大学生职业生涯规划书,无论其规划年限有多长,都应该以规划书撰写到毕业这段时间为重点。

(2) **目标**:确立职业方向、阶段目标和总体目标。职业方向即从业方向,是对职业的选择;阶段目标是职业规划中每个时间段的目标;总体目标即当前可预见的最长远目标,也是在特定规划中的最终目标。在确定总体目标时,如果能适当地看得远些,定得高点,则有助于最大限度地激发自己的潜能。大学生职业生涯规划书应该能结合职业方向及总体目标,确定清晰的初次就业目标和备选职业。

(3) **个人分析结果**:包括对自己目前状况的主客观分析和对自己将来的基本展望,同时也包括对自己职业生涯有一定影响的角色建议。可以在规划书中适当呈现测评报告、主观分析结果或角色建议。

(4) **社会环境分析结果**:所谓社会环境分析,就是对我们所处的社会政治环境、经济环境、法制环境、科技环境、文化环境、职业环境等宏观因素的分析。社会环境对我们职业生涯乃至人生发展都有重大影响。通过对社会大环境包括国际、国内与所在地区三个层次的分析,来了解和认清国际、国内和自己所在地区的政治、经济、科技、文化、法治建设、政策要求及发展方向,以更好地寻求各种发展机会。

(5) **组织(企业)分析结果**:主要是对职业、行业与用人单位的分析。对拟从事的目标行业的环境分析包括:行业的发展状况、国际、国内重大事件对该行业的影响,目前行业的优势与问题、行业发展趋势等等。对拟求职组织的环境分析则包括:组织的声誉和形象是否良好?组织实力怎样?在本行业中的地位、现状和发展前景怎样?所面对的市场状况如何?产品和服务在市场上的发展前景怎样?能够提供哪些工作岗位,是否与自己适合对路?有无良好的培训机会?组织领导人怎样?组织管理制度怎样,是否先进开明?组织文化是否与自己吻合?福利待遇是否完善等若干方面。

（6）**目标分解与目标组合**：分析制订、实现目标的主要影响因素，通过目标分解和目标组合的方法做出果断明确的目标选择。目标分解是根据观念、知识、能力、心理素质等方面的差距，将职业生涯中的远大目标分解为有一定时间规定的阶段性分目标；目标组合是将若干阶段性目标按照内在的相互关系组合起来，达成更为有利的可操作目标。

（7）**实施方案**：首先找出自身观念、知识、能力、心理素质等方面与实现目标要求之间的差距，然后制订具体方案逐步缩小差距以实现各阶段目标。

（8）**评估标准**：设定衡量此规划是否成功的标准，如果在实施过程中无法达到制定的目标或要求，应当如何修正和调整。

职业规划书是用来比照实施和评估的，不是为参加比赛或者交作业，不能写出来就算完成任务、束之高阁。也许很多同学已经制定了自己四年规划甚至是十年规划，但是从没问过自己：我明天干什么？凡心有所想，必身体力行。不要等到毕业时才发现，自己是自己，目标是目标，自己同目标之前的差距一点儿都没有缩小，那样的职业规划书一定没有意义。

补充阅读

既然职业生涯规划这么重要，是不是一旦确定下来，就必须坚定不移地执行呢？很遗憾，这个问题无法用"是"或"否"给出一个干脆的答案。因为职业生涯的规划和目标的实现贯穿于我们职业生涯的全过程，在学习和工作中，需要根据自身认知水平的提升，结合行业和社会不断发展的实际，及时调整自己的职业生涯规划。

许多事情，只有亲身经历了，我们才知道是不是自己所喜欢和需要的。所以，在追寻职业理想的道路上，我们不能只顾埋头"赶路"，还要及时审视自我、环顾四周、遥望前路。为此，希望同学们不时给自己的生涯规划"洗个澡"——尊重自我内心需求，面对职场现实，权衡利弊，管理和调整好自己的职业生涯规划，让你的生涯之舟朝着成功的彼岸乘风破浪、勇往直前。

学会管理、控制自己，是取得职业生涯成功的关键

张强选择上旅游专业后，制定了从"地方导游"做起，两年后做"省内导游"，七年后成为"国家导游"的职业生涯规划。在老师的建议下，他把取得"地方导游"资格证书的时间定在一年级暑假。于是，他制定了第一年的计划：改掉上课"开小差"的毛病，自学与本地人文景点关系密切的清朝历史，学好普通话等。

张强每次对照检查自学的进度，都感到任务重、时间紧，为此他把任务分解到每一天的每个时段。在改掉上课"开小差"的毛病的过程中，多亏同桌小华的提醒和帮助，两个月后，他听课专心多了，学习效果明显提高。但学普通话就麻烦多了，特别是回家说普通话，父母说他"打官腔"，邻居也用异样的眼光看他。后来，张强索性把自己的计划告诉家人、亲友和街坊，还请大家都来帮助他实现这个目标。一年后，他如期拿到了导游证。

【点评】学会管理、控制自己，不但是一项非常重要的本领，而且是取得职业生涯成功的重要保证。肯于、善于利用积极因素，可以加快你学会管理、控制自己的进程，有助于你的快速进步。

审时度势，调整目标，一样能走向成功

学计算机应用专业的小夏，出生在农村，毕业后在一家电脑公司做销售。他计划先积累一些销售经验，完成原始积累后开一家电脑专卖店。没想到，他所在的公司因经营不善，发展陷入困境，导致他的收入锐减。

他在职校学习时养成了在网上关注经济信息的习惯，他发现本地葡萄苗木紧俏，卖一捆葡萄苗比卖一台电脑赚的钱还多。他通过网络"恶补"繁育葡萄苗木的知识，还几次专程到苗木繁育基地考察，最后他决定辞职返乡承包一片荒山搞葡萄苗木种植。

小夏在实践中发现，种植葡萄苗木虽然收益很好，但市场容易饱和。这时，善于不断学习、思考的好习惯再次帮了小夏。他发现城市对绿化树种的需求很大，而邻县有一大片盐碱地，还在网上发布了招标改造的消息。有一定苗木种植经验的小夏，请专家论证盐碱地种植

如杨树之类的绿化树的可行性,还到林场求教、在网上求助。

心中有底之后,他与人合伙承包了这片盐碱地,施酸性肥料,栽种杨树苗,不但改良了土壤,速生的杨树长得也很好。这时,恰好国家出台了退耕还林政策,小夏还为此得到了不少政府补贴。

从计算机销售起步的小夏,改行种树,现在拥有一家以林业为主导的农业集团,旗下有兽药、林业等六家公司。

【点评】养成关注区域经济动态的习惯,审时度势地调整发展目标,并抓住机会乘势而上,才能在竞争激烈、不断变化的职场中成就自己的事业。

着眼长远,理性择业

小王毕业于一所职业技术学院热门专业,人也很优秀,毕业时,很多公司向小王伸出了橄榄枝。但小王家在农村,经济状况也不太好,靠生源地助学贷款才上完大学。所以,毕业后他选择进入一家薪酬待遇比较好的公司工作。

小顾和小王是同学,由于家庭条件好,因此他就业时并不十分在意薪酬高低,选择工作时按照自己的规划做出了理性选择,进了一家自己比较感兴趣而且发展潜力不错的公司。

工作一段时间后,小王发现自己并不适合这份工作,同时这家公司的发展也在走下坡路,他的高薪很快化为泡影,而且即将面临重新择业的烦恼。而小顾所在的公司却越发展越好,工作得心应手,收入节节攀升。

【点评】职场如同战场,一时的胜利并不是最后的胜利。所以,既然做出了职业生涯规划,那么择业时切忌短视,不要轻易屈服于现实。

适时调整,积极面对,条条大路通罗马

小华学的是市场营销与策划专业,他想将来在大商场做个部门经理。毕业后,商场没进,却进了服装厂,被安排在负责订单、看样、发货的部门工作。这个部门最关键的岗位是负责在网上开展服装出口业务,可是小华既不懂服装,对出口业务也不熟悉,计算机操作能力也很一般,只能给别人打下手。

不服输的小华,看到随着出口业务的扩展,关键岗位需要不断增加人手,他考虑自己有市场营销与策划的底子,却缺少服装出口业务的知识,要弥补这个不足就一定能胜任关键岗位。于是,小华下决心调整发展方向,按新目标重新制定了达成目标的措施。上班时向前辈虚心求教,勤学苦练,业余时间上成人大专班或自学专业知识。功夫不负有心人,他现在已经能独立承担东南亚地区的服装出口业务,成为服装厂独当一面的业务经理。

【点评】外部条件的变化,虽然会对从业者发展目标的实现带来困难,但也会给职业生涯发展带来新的机遇。正视就业现实,及时进行自我条件剖析和发展机会评估,看到自己的优势,明确自身差距,及时调整目标,就能在新的发展目标激励下,取得职业生涯的成功。

(资料来源:《职业生涯规划需适时调整》,《职教天地》2011年第6期)

复习思考题

1. 简述职业生涯规划的步骤。
2. 制定职业目标的 SMART 原则指的是什么?
3. 大学生职业生涯规划的文案包括哪些内容?

模块四：把握发展机会——
直面挑战，厚积薄发

为实现自己确立的职业生涯目标,我们需要在大学毕业的时候做出相应的路径选择。目前,大学毕业生的生涯发展路径大致可以分为三类:直接就业、深造和自主创业。将自己前期的分析和决策纳入这个路径选择之中,并对未来的职业方向进行职业阶梯安排。不管是直接就业、深造还是自主创业,一定要有利于促进自己未来职业发展目标的实现,而不是盲目地跟随他人。大学生的职业生涯规划就犹如钓鱼时选择池塘的大小一样,选对的池塘并不意味着一定是大的池塘,而应该关注的问题是:这个池塘是否有自己想钓的鱼;这个池塘的鱼是否能够钓起来。只有选对了池塘,才可以钓到大鱼,钓到更多的鱼。

Topic 10：就　业

就业是我们正式进入职场的切入点。通过就业谋取一个职位，一方面获取一定经济报酬，另一方面为自己的成长成才搭建新的舞台。当我们选择了直接就业这条发展路径之后，接下来需要从心理、资料、信息等多方面做好准备。

一、就业的心理问题与心理调适

面对就业，同学们的心理往往是复杂多变的。通过几年大学生活，大家在知识、能力与人格方面有了积极的显著发展，有着强烈的求职意愿和积极的求职动机，为能尽快实现自己的人生价值而感到由衷的欢欣；而岗位和工作方式的多样化也为大学生就业提供了更多的机遇和更大的自由度，许多同学都摩拳擦掌，跃跃欲试，准备在所学专业领域一展身手。但是在找工作的过程中，又难免出现种种心理矛盾、心理误区和心理障碍。

（一）大学生就业的一般心理问题

大学生群体是个体由青年期到成年期成长过程中一个特殊的群体。集多种特殊性于一身，具有处于"第二次心理断乳期""边缘人"的地位，处于"心理延缓偿付期"，多重价值观、人格的再构成等心理内在原因；同时存在着环境中诱发因素的作用，使得大学生的心理健康状况比个体一生中的其他阶段人群及处于这一时期的其他群体明显要低。大学生就业期的心理问题主要有挫折心理、从众心理、嫉妒心理、羞怯心理、盲目攀比心理、自卑心理、依赖心理等,以及其他心理如注重实惠、坐享其成的心态、过分强调自我价值等。为了帮助广大毕业生同学更好地认识这些问题,为就业做好心理准备和心理调适,我们首先从以下几个方面来看看大学生就业时一般存在哪些心理问题。

1. 就业心理压力与焦虑

当前激烈的就业竞争环境使就业问题给大学生带来了较大的心理压力,而且这种压力在各年级学生中都广泛存在。相关调查显示,个人前途与就业已成为大学生心理压力中最大的因素,而且压力有随着年级增高而上升的趋势。学生就业压力相当严重,尤其以心理压力体验最为严重。大学生毕业前心理压力较过去有明显增大,主要原因是毕业方向的选择、就业、考研、恋爱分合、大学中不愉快的经历、离别感伤、突发事件、经济条件等冲突和事件;女大学生心理压力大于男大学生,农村学生的焦虑水平高于城市学生。而大学生面对就业压力的释放方式则过于内向化,主要是自己解决和求助于同学朋友。

2. 就业心理期望与失落感

许多大学生都有一种"十年寒窗,一举成名"的心理,因此对择业的期望相当高。大学生大多希望到生活条件好,福利待遇高的大城市、大机关、大公司工作,而不愿到急需人才但条件艰苦的中小城市和基层小单位,过分地考虑择业的地域、职位的高低和单位的经济效益。高期望驱使毕业生总是向往高薪水、高职位、高起点,渴求高收入、高物质回报率,并一厢情愿地对用人单位提出种种要求,将自己就业的目标定得很高,即使找不到合适的单位也不肯降低就业期望值。比如,有一些学生就说:"非北京、上海、深圳不去。"可是现实就业岗位大多不像大学生所想象的那么美好,因此当他们发现现实与理想的差异较大时,就容易出现"高不成,低不就"现象,并产生偏执、幻想、自卑、虚伪等心理问题,并可能导致择业行为的偏差。

3. 就业观念不合理

大学生的择业观念虽然在总体上是倾向于务实化与理性化,但由于处于择业观念的转型过程,因此各种不良观念也存在着,并影响了大学生的健康、顺利就业。这些不良观念主要表现在以下几个方面：

（1）只顾眼前利益，忽视职业发展。

一些同学在择业标准中只有工作条件、收入等眼前实在利益，而对自我的职业兴趣、能力、职业的发展前景等因素不作考虑，因而极易选择到并不适合自己的职业。

（2）职业标准过于功利化、等级化。

一些同学过分强调职业的功利价值，甚至还将职业划分为不同等级，不愿意到条件比较艰苦的地区和行业去工作。

（3）求安稳，求职一次到位的传统观念根深蒂固。

很多大学生仍然喜欢稳定、清闲、福利保障好的单位，希望以此就能选定理想的职业，而不愿意选择有风险、有挑战性的职业，更不敢去自己创业。

（4）过分强调专业对口，学以致用。

在求职时，只要是与自己专业关系不密切的职业就不考虑，这样做只能是人为地增加了自己的就业难度。

（5）职业意义认识不当。

许多大学生从观念上来说，还是仅仅把工作当作一种谋生的手段，没有充分认识到职业对个人发展、社会进步的重要意义。

4．就业人格缺陷

（1）自我同一性混乱。

有许多同学在毕业择业的时候，尚未达成自我同一性。具体来说，对自己的职业目标、需要、价值观以及自身特点等没有明确的认识；在就业时不能正视自己的能力、素质和择业的客观环境，不能对自己有一个客观、清醒、全面的评价。因此，在职业选择时往往是茫然、犹豫不决、反复无常、见异思迁、躁动不安的，不能主动、独立地获取职业消息、筛选目标、规划职业生涯，也不能解决就业中的问题，做出正确的决策。自我同一性混乱在就业中的两个突出表现就是盲目从众与依赖。

盲目从众，是指在求职中不考虑自己的兴趣、专业等特点，盲目听从或跟随别人的意见以及盲目寻求热门职业的现象。持有这种心理的毕业生往往脱离自己的实际状况,跟在别人的后面走,如在就业市场中哪个摊位前人多他们就往哪里去,别人说什么工作好他们就寻求什么样的工作,而全然不顾自己的能力和现状,不会扬长避短。

依赖,是指在就业中不愿承担责任,缺乏独立意识,没有个人独立的决策能力,没有进取精神,只是依赖父母或老师、学校,甚至只等职业送上门而不去积极争取。一些毕业生自己不去找工作,只等着父母和亲朋好友出面去四处奔波,到处找关系、托人情,甚至还怀恋过去那种统包统分的制度,希望学校解决就业问题。当别人为自己找的工作不合心意时就大发脾气,抱怨父母或学校。还有不少毕业生由家长陪着参加供需见面会,职业的好坏完全由父母决定,缺乏自主择业的能力。

(2)就业挫折承受力差。

不少同学在求职时只想成功,一旦遭受挫折就会像泄了气的皮球,一蹶不振,陷入苦闷、焦虑、失望的情绪之中不能自拔。他们对求职中的挫折既缺乏估计也缺乏承受能力,不能很好调节自己的心态,也不会通过总结求职中的经验教训来获得下一次的成功。自主择业给大学生提供了就业的自由及通过竞争获得理想职业的机会。应该说这也是大多数学生所期望与认可的。但当大学生真正面对激烈的竞争环境时,也有许多人表现出缺乏信心、缺乏勇气,求职时战战兢兢、顾虑重重、畏首畏尾,不敢大胆自荐。结果是有压力没勇气,不能真正向用人单位展现自己的竞争实力,错过机会,在竞争中陷入了不战自败的境地。特别是一些冷门专业或学习成绩不佳的同学及没有"关系"的同学就更容易出现不敢竞争、不敢尝试的问题。害怕竞争的保守心理一方面与大学缺乏社会实践锻炼有关,另一方面更与许多大学生害怕失败,不敢面对就业挫折有关,如一些大学生在就业中只找那些把握大的职业,而对竞争强的工作不敢问津,害怕求职失败遭受打击。

(3)自卑与自大。

一些毕业生在求职中常会产生自卑心理,对自己评价偏低,他们总是以为自己的水平比别人差,单位要求很高自己肯定达不到,自己能力不行等。就业中的自卑一般产生于以下一些情况:首先是一些冷门专业的学生看到就业市场寻求自己专业的单位少、待遇差或在求职中遭冷遇,就容易悲观失望;其次,一些性格比较内向、不善言辞的大学生看到其他应聘者口若悬河,自己什么也说不出来也会自惭形秽;再次,一些在校成绩与表现一般的大学生看到别人的自荐书上奖励、证书、成果一大堆,自己什么也没有,也容易自我贬低;最后,一些女大学生在就业遭受到用人单位的歧视后也会自怨自艾。总之,自卑的大学生不敢正视现实,对自己的长处估计不够,怀疑自己的能力,不善于发现适合自己的职业岗位,在对自己的抱怨、贬低中失去了求职的勇气。

自卑的反面是自大,而且两者有时会相互转化。一些专业较好、就业资本较雄厚的大学生容易从自信变为自负。还有一些大学生是脱离实际的自大,他们既缺乏对自己的客观认识,也对就业市场、职业生活缺乏了解,一切都凭自己的主观想象。如有的大学生自以为经过大学几年的学习和锻炼已经满腹经纶,任何工作到手中都可以出色完成,在求职中自觉高人一等、自命不凡、四处吹嘘,一旦出现变故则容易陷入自卑、自责、一蹶不振。

自卑与自大是大学生身上常见的人格缺陷,在就业中的表现都是对自己缺乏一个客观的评价,同时对职业缺乏深入的认识。在就业中自卑与自大常存在交织的现象,如一些大学生在求职比较顺利时容易自大,一旦出现挫折就自卑;一些大学生虽然对自身条件比较自卑,但是真正遇到用人单位时却又表现为自大,要价很高。

(4)偏执与人际交往障碍。

大学生就业中的偏执心理有不同的表现。①追求公平的偏执。大学生要求公平的竞争环境,对一些不良的社会风气感到气愤是正常的,但有一些大学生表现为对公平的过分偏执,将自己求职中的一切问题都归结于就业市场不公平,以致给自己的整个求职过程都笼罩上了心理阴影。②高择业标准的偏执。大多数毕业生对求职有过高的期望,不过多数人能通过在就业市场的体验,客观地认识和接受当前的就业现状并调整自己的择业标准。但仍有大部分大学生固执己见,偏执地坚持自己原来的择业标准,甚至宁愿不就业也不改变。③对专业对口的偏执。一些大学生在就业时过分追求专业对口,不顾社会需要，无视专业的伸缩性、适应性，只要是与专业有一定出入的工作就不问津，只要不能干本专业就不签约。这样就人为地减少了自己就业的机会。

有些同学缺乏基本的人际交往能力。如有的在求职过程中过于怯懦、紧张，不敢在用人单位面前表现自己，甚至连面试也不敢去，常常一开口就面红耳赤、语无伦次。还有的在求职中不会察言观色，不懂得照顾别人的感受，不懂人际交往的礼貌礼仪，比如有位同学在面试时，用人单位的负责人拿给他一支烟，他当即拒绝说："我从来都没有这种坏习惯！"

5．就业心态问题

（1）过度焦虑与急躁。

就业时许多同学是既希望谋求到理想的职业，又担心被用人单位拒之门外，还担心自己在择业上的失误会造成终身遗憾，并对未来的职业生活感到心中无底。因此在就业过程中存在一定焦虑是正常的。但一些同学焦虑过了头，成天都充满了各种不必要的担心以及造成精神上的紧张不宁、忧心忡忡、烦躁不安、意志消沉，行为上反应迟钝、手忙脚乱、无所适从。

还有一些同学在就业时显得过于急躁，整个就业期情绪始终处于亢奋状态，常常心急如焚、四面出击、东奔西跑，希望尽快找到合适的工作，但又缺乏对就业形势的冷静观察以及对自我求职的理性思考，做了许多吃力不讨好的事。因此常常都有一些毕业生在并不完全了解用人单位的情况下就匆匆签约，一旦发现实际情况与自己想象的不一样或发现了更好的工作时，就追悔莫及，甚至毁约，给自己带来许多不必要的麻烦与心理困扰。

（2）消极等待与"怀才不遇"心理。

与就业时的急躁心理相反的是一些人在就业问题上表现得非常消极，平时也不参加招聘会，有单位来了就看看，如果不满意就等下去，满意时也不主动争取，抱着"你不要我是你的损失"的态度，期待着有单位会主动邀请。还有些人这山望着那山高，不肯轻易低就，明明已经找到工作，但拖着不肯签约，总希望有更好的单位出现。

另外有些同学自恃条件很好,认为自己"满腹经纶""博古通今""学富五车",可以大有作为,但在择业时却常常要么碰壁要么找到的工作不满意,于是抱怨"世上无伯乐",抱怨自己运气不好,成天闷闷不乐、怨天尤人。

(3)攀比与嫉妒。

在求职中,同学之间"追高比低"的现象时有发生,一些同学在求职中经常相互吹嘘自己的职业待遇好、收入高,导致职业期望越来越高,求职变成了自我炫耀。还有些同学看见或听说别人找到了条件优越、效益较好的单位心理上就不平衡,抱着"他能去,我更能去"的态度非要找一个条件更好的单位,而不考虑自身的条件、社会需要特点、职业发展及就业中的机遇因素。

一些人对别人所找的工作心存嫉妒,特别是看到自认为条件不如自己的人也能找到很好的工作就更容易出现嫉妒心理,于是有些人故意对别人的工作冷嘲热讽、贬低、讽刺和挖苦意图打击别人,更有甚者抱着"我得不到,你也别想得到"的畸形心态在用人单位面前造谣中伤、打小报告。

(4)抑郁与逆反。

在择业中受到挫折后,一些同学会感到无能为力、失去信心,表现为失落抑郁、不思进取、情绪低落、意志消沉,他们常常会放弃一切积极的求职努力、听天由命。严重时还会对外界的环境也漠然置之,减少人际交往,对一切都无所谓,并进而导致抑郁症。

而另外一部分同学,则对正面的职业教育、职业信息存在逆反心理。对来自辅导员、班主任、学校就业指导服务中心以及同学和用人单位的正确信息、善意批评与建议,他们不相信、不听从,偏要对着干,要按自己的"意志"去求职。比如当别人为其推荐某工作单位时,总是抱有戒心,别人讲得越多他越不相信。当求职失败时,不总结自己的问题,甚至明明知道自己失败的原因也不改正,在以后的求职中依然我行我素,听不进任何批评与建议。

(5)说谎侥幸与懒散心理。

有些同学认为用人单位不可能去查实每个人的自荐书是否真实,而且面试时间比较短,用人单位不可能对自己做全面的考察和了解,只要自己当时充分地表现一下,把工作骗到手,签好协议书就行了。于是,一些毕业生把别人的获奖证书、成果证明等偷梁换柱,复印在自己的自荐书里,而且自己明明没有当什么干部,也没有参加什么社会实践活动,也照着别人的写上,甚至胡编乱造一番,以至有时在用人单位收到的自荐书中一个班竟出现了五六个班长。还有的大学生在面试时把自己吹得天花乱坠、无所不能,结果经过现场实践考核或试用时就马上露出了原形。

有的同学签约比较早,往往在离毕业半年前或更长时间就落实了单位,这时就容易出现懒散心理,认为工作单位已定,没有什么可以担心了,应该松口气、歇歇脚了,于是学习没了动力,组织纪律散漫,考试仅仅追求及格,毕业论文只求通过,甚至长期旷课、上网、夜不归宿。还有极少数大学生因此受到学校的处分,严重的甚至被开除或勒令退学,找到的工作也因此丢了,悔之莫及。

(6) 心理不满与行为、生理反应失常。

由于就业市场中确实存在一些不公平现象,以及某些专业、学校不易找工作的客观现实,一些大学生在遇到就业挫折时就容易出现各种不满心理,比如有些同学认为"学习靠自己,就业靠关系",还有些同学出现了对专业、学校的抱怨、贬低。

在各种不满与不良就业心态的影响下,还会出现一些不良行为和生理反应。这些不良行为有故意旷课、夜归、喝酒、起哄、闹事、损坏东西、打架对抗、进行不良交往、行为怪异、过度消费等,严重时还可能导致严重违纪与违法行为的出现。由于心理应激水平高,心理冲突强度大,有的毕业生会出现一些躯体化症状,如头痛、头昏、心慌、消化紊乱、神经衰弱、血压升高、身体酸痛、饮食障碍、失眠。

行为与生理反应的失常通常是比较严重的就业心理失常的表现,出现这些问题时要及时进行心理调节或寻求心理咨询专家的帮助。

(二) 大学生就业心理的自我调适

就业本身就是我们认识和适应社会的一个过程,在求职过程中遇到困难,甚至经过几次挫折才最后成功是正常的;在就业中遇到许多心理冲突、困惑,产生一些不良情绪也是正常的。遇到就业问题时,要学会调节自己的心态,使自己能从容、冷静地面对就业这一人生重大课题,并做出正确、理智的选择。如果遇到了就业心理困扰,可以试着从以下几个方面来调节。

1. 接受客观现实,调整就业期望值

就业市场化、自主择业给大学生带来了机遇与实惠,但许多大学生对"市场"残酷的一面认识不足,对就业市场的客观实际了解不够。经过对就业市场、就业形势的客观了解与深刻体验后,我们必须明白现实情况就是如此,无论是抱怨还是气愤都没有用,这种就业情况不可能是一时半会儿就能改变的。与其成天怨天尤人,浪费了时间、影响了自己心情,还不如勇敢地承认和接受当前所面临的现实,彻底打破以往对工作不切实际的想象,脚踏实地地寻求解决问题的好办法。

在就业市场上的用人单位找不到人、大量的毕业生无处去的"错位"现象普遍存在,这是因为大学生的就业期望普遍较高。因此,要顺利就业就必须首先根据自己的实际情况和就业形势,调整自己的就业期望值。调整就业期望值不是对单位没有选择,只要有单位就去,而是要在职业生涯规划和职业发展观念的基础上重新确定自己的人生轨迹。也就是说要树立长远的职业发展观念,放弃过去那种择业就是"一次到位",要求绝对安稳的观念。要知道现在在再好的单位工作,将来也有下岗的可能,因此,择业时要看得长远一些,学会规划自己整个人生的职业生涯。在当前获得一个理想职业的时机还不成熟时,应采取"先就业,后择业,再创业"的办法。也就是说,在择业时不要期望太高,可以先选择一个职业,不断提高自己的社会生存能力、增加工作经验,然后再凭借自己的努力,通过正当的职业流动,来逐步实现自我价值。许多大学生不愿意去经济落后的地区工作,可是随着西部大开发的进行,西部地区将成为经济发展的热点,也将给大学生们提供更多的发展机会,因此抢先到这样的地区去工作可能会更有利于自己的职业发展,取得事业的成功。

2. 充分认识职业价值,树立合理的职业价值观

传统认为人们工作就是为了满足生存需要,但是对于现代社会的人来说,职业对个体的意义已经远不是如此简单,职业可以满足人们

从低层次到高层次的多方面需要。如最近有人对职业价值结构进行了初步研究,发现了交往、义利、挑战、环境、权力、成就、创造、求新、归属、责任、自认等11个类别的因子。因此,职业的价值是丰富的,我们要充分认识到职业对个体发展、社会进步所起到的重要作用。

在择业时不能只考虑工作的经济收入、工作条件、地点等因素,更要考虑职业对自我一生发展的影响与作用,应看重职业能否帮助实现自我价值。因此,要在考察社会需要的基础上,树立重自我职业发展、才能发挥、事业成功的职业价值观。对于那些虽然现在工作条件较差,但发展空间大,能让自己充分发挥作用的单位要优先考虑;对于那些现在经济发展水平不太高,但发展潜力大,创业机会多的工作地点也要重视。总之,盲目到一些表面上看来不错,但不适合自己,自己才能不能得到有效发挥的单位去工作,是不会让自己的满意的。与其将来后悔,不如现在就改变自己,建立适应我国当前市场经济发展、人才需求规律的合理的职业价值观,以指导自己正确择业。

3. 认识与接受职业自我,主动捕捉机遇

大学生就业中的许多心理困扰都与大学生不能正确认识和接受职业自我有关,因此正确地认识自我的职业心理特点并接受自我,是调节就业心理的重要途径,并可以帮助自己找到合适自己的职业方向。要知道自己喜欢什么样的职业、需要什么样的职业、自己的择业标准以及依自己目前的能力能干什么样的工作,这样才能知道什么样的工作更适合自己。许多同学通过亲身体验求职活动后就会发现自己的能力与水平并不像自己以前想象得那么高,并容易出现各种失望、悲观、不满情绪。因此在认识自我特点后还要接受自我,对自我当前存在的问题不能一味抱怨,也没有必要自卑,因为自己当前的特点是客观现实,在毕业期间要有大的改变是不可能的,因此要承认自己的不足,学会扬长避短。另外,要用发展的观点来看待自己,要知道有些缺点并不可怕,可以先就业然后在工作岗位上不断发展自己。

大学生就业中的机遇因素也是非常重要的,因此了解并接受了自我特点以后,还要学会抓住属于自己的机遇,这样才能保证以后的求职顺利。要抓住机遇首先必须要多收集有关的职业信息,多参加一些招聘会,并根据已定的择业标准进行选择。需要注意的是机遇并不是对任何人都适用的。一个工作的好与不好,是相对的,对别人合适的,对自己不一定合适,因此一定不能盲从;要时时记住,只有合适自己的才是最好的。最后要注意机遇的时效性,在发现就业机会时要主动出击,不能犹豫,也不要害怕失败,应有敢试敢闯的精神。

4. 坦然面对就业挫折,提高心理承受力

面对市场竞争、就业压力,大学生的求职总会遇到许多困难、挫折甚至是委屈,如一些专业"热门",有些则"冷门";又如女大学生找工作容易受到歧视等。面对这些问题仅抱怨是没有用的,更重要的是调整自我心态,提高自己对各种突发事件的心理承受能力。其实,就业的过程也是大学生重新认识自我、认识社会,并主动调整自我适应社会的过程。如果能通过求职而增强自我心理调节与承受能力,对大学生今后的职业生活都是非常有用的。

在求职中遇到挫折时,要用冷静和坦然的态度待之,客观地分析自己失败的原因,进行正确的归因。首先,在就业市场化、需求形势不佳、就业竞争激烈的条件下,出现求职失败是在所难免的,不能期望自己每次求职都能成功。要对可能出现的求职挫折有充分的心理准备。同时,应把就业看作一个很好地认识社会、认识职业生活、适应社会的机会,应通过求职活动来发展自己,促进自我成熟,因此"不以成败论英雄"。其次,自己求职失败并不一定就是因为自己的能力不行。出现求职失败有许多原因,可能是因为你选择求职单位的方向不对,也可能是因为你的价值观与单位的企业文化不符合,还有可能是其他一些偶然因素。总之,要正确分析自己失败的原因,调整自己的求职策略,学会安慰自己,以便在下次的求职中获得成功。

5. 调整就业心态,促进人格完善

在求职时,自己或身边的同学出现一些不健康的心态是正常的,没有必要过度担心、害怕自己有心理障碍。当然对于这些不良心态也要学会主动调适,必要时还可以寻求有关心理专家的帮助。进行自我心理调适的方法有很多:首先,可以进行积极的自我心理暗示,鼓励自己、相信自己,帮助自己渡过难关。其次,可以向朋友、老师倾诉,寻求他们的安慰与支持。最后，还可以通过体育锻炼、听音乐、郊游等方式转移自己的注意力，排解心中的烦闷，放松自己的心情。

通过对自己在就业时出现的种种不良心态的分析，可以发现自己平时不容易察觉的一些人格缺陷。应该说这些人格缺陷是产生这种就业心理问题的根本原因，如果现在没有很好地完善自己的人格，那么这些问题还会在今后的工作、生活中继续给自己带来困扰。因此，有关问题其实是暴露得越早越好，同时也不必为自己所存在的人格缺陷而懊恼，因为很少有人是绝对的人格健全的，关键是要在发现自己问题的基础上，积极改变自己、发展自己，使自己的人格更加成熟，使自己将来的人生道路更顺利。

二、自荐材料的准备

一份好的自荐材料是我们从求职走向面试的护照。在求职的过程中，自荐材料可以让别人了解我们，帮助我们得到面试的机会，同时也能帮我们盘点"个人资产"，展示自己的才能和个性。通常，自荐材料由封面、求职信和简历构成。其中，封面设计和求职信的书写，能帮助我们引起用人单位兴趣。而个人简历作为自荐材料的主体，是我们展示个人资源的主要窗口，它会为我们打通求职的第一道关卡。

（一）准备自荐材料的基本原则

求职过程其实就是双向选择的过程，双向选择就是一种竞争，在竞争中关键是看的是实力。过分自信会给别人留下一个轻浮的印象，而过分谦虚又会给别人留下一个虚假的印象，二者都是不可取的。在准备自荐材料的时候，我们需要把握四个基本原则。

1. 个性化

个性突出、特征鲜明的求职者容易在竞争中取胜，而自荐材料也需要个性突出、特征鲜明，个性化的自荐材料会从众多自荐材料中折射出光芒，吸引招聘人员的目光，但在各种简历模板、写作规则、注意事项前，许多人迷失了自我，自荐材料失去了个性，把简历和求职信当成了自我吹捧的抒情散文,过于专注自己取得的每一项成就,这些八股文的自荐材料在求职竞争中不仅不能为我们带来帮助,反而会将原本有个性的人淹没在众多的泛泛而谈的简历中。

中国人有句谚语:"戏法人人会变,各有巧妙不同。"自荐材料的个性化,与众不同,可以充分体现一个人的创新能力。创新能力是人的能力中最重要、最宝贵、层次最高的一种能力。这种创新不但要注意具有科学性、实践性、灵活性、独特性;又要注意具有准确性、严密性和条理性,也即是郭沫若曾经说过的:"既异想天开,又实事求是。"个性化创意自荐材料的制作主要从以下几方面进行:

第一,从招聘单位出发进行个性化设计。

> 有一位同学去应聘贵州神奇制药,他把自己的简历当作了贵州神奇的新产品说明书来制作,具有唯一性和原创性,简历上体现了招聘官最经常见到又最有感情的几个基本元素。简历的封面充分表现了招聘官最希望看到的、最有感情共鸣的几个元素:新产品、企业标识、企业名称、企业识别色等企业VI系统元素。

对于企业招聘人员而言,这些元素具有特殊的意义,他们带来的情感影响和共鸣绝非一匹奔马、一栋大楼、某学校大门、一台电脑,或某大学某专业这些通常的封面元素所能比拟的,招聘人员通过这些元素传递的信息极大地加深了对简历主人的认同感和亲切感。不难想象,当神奇制药的招聘人员,甚至董事长接到一份这样的简历时,他会是什么样的心情,他会怎样看待这份简历的主人?这份简历一定是一份能引起他共鸣的简历、独树一帜的简历、一个有心人的简历,招聘官绝不会把这份简历压在众多的普通简历中,他可能会想,这家伙是谁,还有点意思,叫他来看看。

因此,在我们的简历中出现招聘人员最喜闻乐见的几个基本元素,并且把这些元素同自己联系起来,我们就会同招聘人员联系在一起,产生情感的沟通。只要认真思考,深入分析所应聘的单位,结合企业的基本情况,充分考虑招聘人员的情感需求和心理愿望,把自己以合适的形式同企业相结合,以恰当的方式表现出来,这样的简历就是独具个性、富有创意、会被招聘人员从众多的简历中抽出来放到一边的黄金简历。

第二，从应聘的岗位出发进行个性化设计。

自荐材料还可以从体现岗位所需的职业技能和职业修养的角度进行创新，在简历上表现出我们具有符合应聘岗位要求的能力、水平和职业意识，这是自荐材料创新的第二个方面。

> 一位同学去某房地产开发公司应聘，这位同学应聘的岗位是策划专员，他把自己的求职简历做成了一份楼盘预售公告，一份楼书。

对于房地产开发公司而言，策划专员这个岗位要求应聘者要具备独特的思维，富有创意和激情，要能做好策划工作，首先必须能够策划好自己的简历，而这位同学，结合应聘的岗位进行了自荐材料的创新。我们想想，对于房地产开发公司来说，最熟悉、最亲切、凝聚了公司员工心血的东西是什么？最令他们骄傲的是什么？是他们成功开发的楼盘。对于房地产开发公司策划专员的要求是什么？是具备策划人员独有的创新意识和表现能力。这位同学在求职简历中充分体现了上述要求。

楼书是房地产公司与顾客沟通的重要工具，也是最能体现房地产公司专业能力和策划水平的重要载体，还是最常见的楼盘表现形式，这位同学能进行大角度的思维转换，充分说明了他完全具备策划人员的基本素质，而且还是个极富创意的策划人员，这样的人员正是企业打起灯笼都找不着的人才。

第三，从专业出发进行个性化设计。

大学里的专业门类繁多，专业教育都进行得比较深入，各个专业有其专业特点和专业语言，从专业出发进行自荐材料的创新，可以用我们的专业语言来对自荐材料进行处理，通过自荐材料体现我们的专业素养和对专业的深入理解，这是进行自荐材料创新的第三个方面。

> 一位会计专业毕业的同学，应聘的岗位是某公司财务人员，他把自己的求职简历做成了一份会计报表中的资金平衡表。

这份简历既体现了应聘企业的元素,还与他应聘的岗位——财务工作相结合,同时以会计的语言——会计报表的形式表现了这位同学极好的专业意识和专业素养。

会计报表是会计专业人员体现专业技能的主要形式,也是对这一专业的工作人员最基本的要求,对于招聘人员而言,他基本上不会怀疑简历主人的专业能力和专业修养,而且成天面对千篇一律的求职简历的招聘官突然间看到一份特别的、有自己企业 VI 元素的、极富专业意味的求职简历,那种豁然间耳目一新的强烈感觉让他做出一个通知简历主人面试的决定,是最自然不过的事了。

每一个学科都有自己的专业语言,以自己的专业语言来诠释,来体现,来制作自荐材料,得到的一定会是一件让人过目不忘的作品。

总之,自荐材料是信息传递的工具,是协助我们在竞争中脱颖而出的武器,只要能切实有效地帮助我们实现阶段性求职目标的自荐材料就是成功的,只要我们放开想象的翅膀,大胆尝试,敢于创新,做一份有创意的自荐材料,任何人都能胜任。但另一方面,制作个性化的自荐材料要注意以下几个问题:

其一,制作个性化的自荐材料要把握方向,切不可偏离目标,自荐材料的目标就是获得面试,能实现目标的自荐材料就是最好的自荐材料。

其二,制作个性化的自荐材料要慎重,千万不要离谱,要以招聘人员和常人能接受的方式进行创新。

其三,制作个性化的自荐材料要结合企业和自己的具体情况,把两者有机地结合起来,让所有的创新都为我们的求职服务。

2. 关联性

也许有的同学会说,在参加招聘会之前,我并不知道哪个企业会招聘,况且我也要多准备好几份简历供不时之需,或者有人索取时随时可以提供,因此,只能将简历做得尽量不与特定单位、特定职位相关联,做到可以适用于各种情况,无法针对哪个招聘者的具体需求定制简历。许多同学指望这种大众型的自荐材料被阅读者全面的理解,并发现我们的潜在价值,然后会根据简历上的电话、通知我们于某日某月某时到某地点到公司面试,最好是阅读完简历后,被我们的才华和能力所打动,直接将我们录用,其实这种事情永远不会发生的。

自荐材料的关联性是很重要的。如果能在材料的开头注明应聘单位名称甚至是经办人的尊称,不仅会使审阅者产生亲切感,拉近情感距离,还会让人觉得材料的主人有很大的诚意。为了让自己的自荐材料更加有效,我们应尽可能地让求职目标明确,贴近应聘单位的用人要求和条件。同时,针对不同单位、不同职位最好能设计不同的自荐材料,因为不同的招聘者、不同的职位,"择才"的标准通常是不太一样的。例如,外贸公司的经理可能比较喜欢善交际、会策划、协调能力强、有开拓精神的人,这些才能才是外贸业务至关重要的素质,甚至专业学得是不是非常好都在其次;而科技企业的技术主管可能更喜欢有科研能力、文章写得好、思维活跃、能静得下心的人。

显然,指望一份通用型的自荐材料能满足这些不同单位的口味是不可能的。正所谓"萝卜青菜,各有所爱"。怎样才能做到投其所好,制作出关联性强的自荐材料呢?

第一步,我们需要深入了解所应聘的单位以及职位的特点,尤其是对应聘者能力和素质的要求、招聘时的喜好等。

第二步,认真分析自身状况,找出能体现招聘者要求的个性特征、成就、特长以及经历等。

第三步,为目标单位设计专门的自荐材料,注意突出在第二步分析出的那些优点,用简洁自然的方式表述出来。

3. 突出优势

激烈的职场竞争,讲究的是优胜劣汰,需要我们时刻突出自己相对其他竞争者的优势。人无我有、人有我优、人优我特,这是突出自身优势的有效途径。

第一,人无我有,就是要强调与众不同之处。

不要害怕自己不够优秀,只要有与众不同之处,这就是特长。如果能在自荐材料中将这种与众不同之处巧妙地表现出来,同样会受到用人单位的青睐。

在美国第52届总统竞选中,时任总统的布什,因海湾战争一战,声望大振,随后苏联解体,冷战结束,他又赢得一分,布什以为宣布竞选连任总统会稳操胜券。而另一位竞选对手克林顿是一位小州州长,年轻而没有经验,布什以为获胜相当轻松。但是,事情的发展出乎布什的预料。克林顿紧紧抓住选民对美国经济状况不满的心理,高举"变革"的旗帜,提出了一套以增加就业投资为重点的经济方案,而赢得民心。由于克林顿棋高一着,终于取得了大选的胜利。人无我有,扬长避短,这不仅在政治竞争中奏效,在职场竞争中也会同样有效。

第二,人有我优,就是要突出特长和优势。

自荐材料中要注意突出重点,所谓突出重点就是要突出那些能引起对方兴趣,有助于获得工作的内容,比如与应聘的岗位相关的专业知识、工作经验、特长和个性特点等,这些重点就是我们的优点。通过突显招聘单位所需要的优点,来区别于其他人。

在介绍专业知识和学历时,我们可以谈谈自己的专业特色,但更要重点强调工作经验和能力。工作经验是招聘单位最注意的部分,尽管大学毕业生资历浅,工作经验还不够,但并不能因此而认为自己没有经验,而气馁头疼,我们可以将一些可以证明相关能力的经历挖掘出来,无论社会实践、勤工俭学、打工兼职的时间长短,都可以理直气壮地列入,社团经验、担任班级或院系团、学生干部,也可算广义的"工作"。写清楚曾担任怎样的职务,强调获得了哪些成果。例如:工作经验栏目只写"推销员",显然不够有说服力;如果写上"卖出多少台电脑或多少套化妆品",就可能让人眼睛一亮,获得真实可信的印象。

第三,人优我特,就是要体现良好的个人魅力。

几乎所有的用人单位都希望录用有良好品性的人,特别是喜欢充满热情和活力的大学生。因此,在自荐材料中要反映出你的热情与活力。可以用具体的事例直接表明自己是一个充满活力的人,如克服困难的意志、助人为乐的品格、努力积累工作经验的经历等。当然这种表现要适度,点到为止,不要过分渲染。

4. 积极进取

哈佛大学招生人员在研究中发现,大学毕业生毕业取得的成就

85%靠积极、进取、健康、科学的心态,只有15%与能力和天分有关。无独有偶,对《财富》杂志评出的500家顶尖公司的高级执行官的调查也表明:94%的人认为他们成功的最主要因素是积极进取的心态。

积极的心态是一种乐观、进取的心态。它是一种正面的心态,由希望、乐观、勇气、进取、慷慨等正面情绪组成;而消极的心态是一种反面的心态,它由悲观、颓废、抱怨、等待、我行我素等负面情绪组成。如何培养自己的积极心态呢?

一是从行动的角度培养。积极行动会导致积极思维,而积极思维会导致积极的心态。许多人总是等到自己有了积极的感受再去付诸行动,实际上是一种本末倒置,心态是紧跟行动的,如果一个人从一种消极心态开始,等待着感觉把自己带向行动,那他就永远成不了他想做的积极心态者。因此做任何事情都不要等待,不要想"这事等我心情好时再做吧",而应该用行动来培养自己积极的心态。

二是从语言的角度来培养。运用正面的语言暗示也有利于积极心态的培养。比如今天忙了一天,终于把事情做完了,不要说:"我累死了。"而应从正面说:"紧张了一天,现在真轻松。"遇到困难的事情,不要说:"我不行。"而应说:"我经过努力一定能行。"

三是从环境的角度培养。环境包括我们周围的人和事物的闪光点,不要总是盯着别人的缺点和事物的阴暗面。因为任何人都有优点和缺点,任何事物都有正面和反面,任何一个社会都有好事和坏事,就像我们这个世界有白天和黑夜一样,因此在生活中注意称赞别人的优点,注意欣赏事物的美丽,而不是抱怨别人的不好或环境的恶劣,这样我们的心态自然就会积极起来。

(二)封面设计与求职信的书写

提到自荐材料,同学们关注的往往是简历,甚至很多同学将简历等同于自荐材料。其实封面和求职信也是自荐材料的重要组成部分,在帮助我们获得面试的机会时,它们发挥的作用同样不容小觑。

1. 封面的设计

在应聘的大学毕业生中,最常见的自荐材料封面通常由"学校名字+学校标志性风景+个人姓名专业"等信息构成。这样的封面,虽不出彩,但好在简单、朴实、还能突出学校特色。所以,如果没有把握设计出更好的方案,这种中规中矩的封面也是很好的选择,至少不会出错。

当然,也有许多同学为了突显创意和个性而在自荐材料封面设计上煞费苦心。在电脑普及的今天,我们确实有更好的条件将个人资料以漂亮、美观的形式反映出来,使招聘单位在看到我们的资料时觉得更加赏心悦目。

在设计个性化的自荐材料封面时,以下几点是需要注意的:

第一,封面并不适宜有太重的"设计"感,坚持一个"简"字就够了,因为相比较而言招聘者还是更看重"历"。好的封面,主要作用是给招聘人员留下一个好的印象,但对方最后是否给我们面试的机会,还是需要在自荐材料的内容上下功夫。

第二,切忌胡乱套用模板。如今,通过网络我们可以很容易地找到大量的封面模板,这些图片往往让同学们眼花缭乱,反而更加无所适从。许多同学不懂得根据自己的求职目标和专业选择适当的模板,结果弄巧成拙,引起招聘人员的反感和视觉疲劳。特别在招聘会这种特殊的场合,招聘人员只有几秒钟就看完了封面,不恰当的封面不会给他们留下好印象。

第三,封面除了设计也应该有内容。在封面上写出招聘单位最感兴趣的内容,并简短地表达出求职的主题。"我是一个×××专业的学生(这是对方首先想要知道的信息),欲从事×××工作(我们主要想要表达的主题)。"这样能使别人在不看简历内容的情况下就能对我们有个大致的了解。

第四,掌握一点基本的视觉原理。人眼在看东西的时候都会有条视觉路线,一般都是从左上角往右折线下去再折线往左边扫一下往下看。这个过程如果发现了感兴趣的内容便会顺着看下去。因此,在安排封面的内容时,要充分运用这个原理,将有效信息尽可能放在这条线路上,这样看的人会觉得很舒服,也不会觉得累。

第五,封面设计不要太夸张,否则过犹不及。

"当我看到这些简历封面上的照片时,简直目瞪口呆。"一位企业人事经理面对女大学毕业生们妩媚的"写真照片"做出如此评价。

"有的学生竟寄希望于红色纸张能一下吸引招聘经理的目光,"微软(中国)有限公司人力资源经理王瑾在介绍求职学生制作自荐材料的误区时说,"这样的简历无异于红牌将他们罚下。"

"有的同学在封面上自我陶醉地写一首抒情诗,意图博得好感,翻开里面却是干瘪的正文,这样越发显得不够专业。"许多人力资源经理对另类的封面不以为然。

2. 求职信的书写

许多同学在找工作的时候只注重个人简历,而忽略了求职信,他们甚至不明白为什么需要求职信,认为简历就足够说明自己的能力和资格了。事实上,求职信和简历的功能是完全不同的,一封准备充分的求职信,不仅可以吸引招聘者的目光,还可以大大提高我们的求职成功率。

(1) 中文求职信。

中文求职信的格式与一般书信大致相同,即称呼、正文、结尾、落款等。开头最好能写明招聘单位人事主管或部门领导的尊称,写给"××单位主管或负责人"的求职信效果会大打折扣。如果能写上对该领导的尊称,一方面反映出我们对该公司的了解关心,另一方面则能缩短与对方的感情距离,效果会更好。一份标准的中文求职信应包括:

①写求职信的理由:从何处得悉招聘信息、申请的目的、加入企业的原因,你要申请什么职位;

②做自我介绍,说明自己为什么适合申请的职位,提出能为未来雇主做什么;

③简明突出自己的相关实力,即为什么比别人更适合这个位置;

④强调所受过的培训、经历、技能和成就;

⑤结尾段落中提出进一步行动请求,比如可以建议如何进一步联

络,留下可以随时让别人联系到的电话或地址。如果能对阅读者表示感谢,也会有不错的效果,因为大多数招聘人员每天的任务都非常繁重,一句关切的问候会给人留下很深的印象。

(2)中文求职信的注意事项。

①求职信要短,但一定要引人入胜,因为我们只有几秒钟吸引读者继续看下去。在求职信中要重点突出我们的背景材料中与未来单位最有关系的内容。通常招聘人员对与其企业有关的信息是最敏感的了,所以要把我们与企业、职位之间最重要的关联信息表达清楚。

②言简意赅,切忌面面俱到。求职信的功用只是帮助我们争取一个面试的机会,不要以为凭一封求职信就可以找到一份满意的工作,这种错误的心态使很多同学的求职信写得啰啰唆唆。招聘人员工作量很大,时间宝贵,求职信过长会使其效果大大降低。哈佛人力资源研究所曾提供过一份测试报告,如果一封求职信超过 400 个单词,那么其效果只有 25%,即阅读者只会对 1/4 的内容有印象。

③不宜有文字上的错讹。一份好的求职信不仅能体现我们清晰的思路和良好的表达能力,还能考察出我们的性格特征和职业化程度。所以一定要注意措辞和语言,写完之后要通读几篇,精雕细琢,切忌有错字、别字、病句及文理欠通顺的现象发生。否则,就可能使求职信"黯然无光"或是带来更为负面的影响。

④切忌过分吹嘘。从求职信中看到的不只是一个人的经历,还有品格。求职信一定要符合实际情况,不能有任何虚假的内容。即使有些人侥幸凭借掺有水分的求职信得到了面试的机会,面试的时候也一定会露出马脚。

⑤求职信要有针对性和个性化。不少人事经理反映,现在求职信最常见的问题是"千人一面"。这种千篇一律、没有任何针对性的求职信,会让招聘人员产生严重的视觉疲劳,因此针对性已成为求职信奏效与否的"生命线"。另外,个性化也很重要。但个性化不等于豪言壮语或华丽的词汇,读起来亲切、自然、实在的求职信更能打动人心。

⑥在求职信正式发送之前,给身边的人看一下。这也是写求职信的一个重要技巧,可以避免歧义的产生,让求职信更好地传达出我们

要传达的信息。

中文求职信范例

××经理：

您好！我写此信应聘贵公司招聘的经理助理职位。我很高兴地在招聘网站得知你们的招聘广告,并一直期望能有机会加盟贵公司。

我是首都经济贸易大学国际贸易专业大四的学生,即将毕业。在校期间,在国际贸易、国际贸易实务、国际商务谈判、国际贸易法、外经贸英语等课程中学到了许多专业知识。大三至大四期间曾在一家外贸公司实习,从事市场助理工作,主要是协助经理制定工作计划、一些外联工作,以及文件、档案的管理工作。本人具备一定的管理和策划能力,熟悉各种办公软件的操作,英语熟练,略懂日语。我深信可以胜任贵公司经理助理之职。个人简历及相关材料一并附上,希望您能感到我是该职位的有力竞争者,并希望能尽快收到面试通知,我的联系电话:××××××××。

感谢您阅读此信并考虑我的应聘要求！

此致

敬礼！

您真诚的朋友:×××
×年×月×月

（3）英文求职信。

英文求职信不同于其他体裁的英语作文,它并不要求华丽的辞藻,也不讲究修辞。概括起来,英文求职信有如下几个特点：

①Clearness(明了)：求职信要突出求职的主题,开场白要直截了当,不要绕圈子,直接道明写信意图,在介绍个人情况时,应多说能为公司做些什么。另外,层次要分明,使读信人一目了然。

②Conciseness(简洁):言简意赅,文字力求简短。把必要的事项说清楚,不提与求职无关的事。尽量使用短句,少用复合句、避免陈词滥调。

③Correctness(准确):达意准确。平时要注意语言修养的提高,随时收集并掌握丰富的常用习惯短语,这样才能在写求职信时运用自如,做到语言的准确。求职信中应避免使用过多的形容词和副词。

④Politeness(礼貌):话语要礼貌、既要尊重对方,又要切忌迎合、恭维或表现得过分热情,态度要不卑不亢。获得招聘消息后最好及时写求职信,拖延时间也是不礼貌的。

英文求职信解析

1. 当求职信指名道姓地直接发给个人时,效果最佳	May 28, 2004 Mr. John Doe A.T. Kiley 222 West Dover Street Chicago, 60606 Dear Mr. Doe
2. 表明自己对公司招聘的职位有强烈的兴趣且自己有能力胜任此职位	The description you posted for a marketing manager parallels my interests and qualifications perfectly.
3. 列出自己的相关工作经历,突显与应聘职位相吻合的能力和资格	I have been employed as a marketing manager for three years and I am responsible for a department of 15 people. After I graduated from Johns Hopkins University, I had worked as an independent marketing consultant and had gained a lot of experience in creating innovative campaigns. I am very experienced in managing a team and working in a collaborative environment. I am also an expert user of computer software, including office applications and graphic-design software.

4. 预约面试、留下自己的联络方式	I can come in for an interview at your earliest convenience. I may be reached by e-mail at W. Steve@operamail.com or by phone (212) 629—7265.
5. 结束语、签名	I am looking forward to hearing from you. Sincerely, *Steve White*

（三）个人简历的撰写

其实编写个人简历也是一门艺术，许多求职者就是因为不会编写简历而在求职中马失前蹄。一般来说，简历可分为以下三种形式：

一是年代式简历。年代式简历适合于找一份与自己专业、实习及工作经验相关的工作。如果我们的学习工作经历始终围绕着明确的专业范围（如营销）或职业（如教师），那么年代式简历是展示我们技能的最佳方式。这种类型的简历以时间为顺序列举出求职者的学习和实践经历。先列出最近的学习或实践经历，然后按逆时间顺序将过去的相关经历依次列出。

二是技巧式简历。技巧式简历突出的是实际的技能和成就，而不含有特别的时间顺序。求职者根据需要有选择地列出自己的学习、工作经历，充分展现自己相关的技能、性格和成就。例如，如果我们要去应聘人力资源部员工，则主要需要列举这样一些技能：培训、招聘、薪酬管理以及沟通能力等。

三是复合式简历。作为刚刚走出校门的毕业生，我们面临的是有着相似的学历但却更富工作经验的竞争对手，如果使用年代式简历，会突出自己经历上的相对简单；如果使用技巧式简历，则会突现自己技能上的相对劣势。这时我们需要精心设计一份复合式简历。

复合式简历包括技巧式简历的内容，随后是一个简略的年代式简历。对于申请的职位所要求的素质，我们可以罗列在技巧式简历中；也可以将我们所了解和熟悉的该领域的最新知识与技能写进去，这些知识和技能将对未来的工作很有帮助;在其他工作和实践中所用的技能则可以写进技巧式简历部分,虽然这些与申请的职位没有太大关系,但是也都是宝贵的经验,会赋予我们可以广泛应用的工作技巧。从某种角度上来看,这些经验也可以成为我们简历的有力支持。

如果没有足够多的相关工作经验,那么在年代式简历部分,我们应该更着重强调最近的教育与培训,尤其是与正在申请的工作最直接相关的课程或实践活动。刚毕业的学生还可以重视自己在学校里完成的毕业实践和毕业设计,这些活动同样能反映出很多工作所需要的素质。

1. 个人简历的基本内容

(1) 本人情况。

个人基本情况应该写在简历的顶端,包括姓名、性别、年龄;学校、院系及专业、学历、获得何种学位;地址、联系电话、电子邮箱等。以上项目可依具体情况适当地增加。

(2) 职业目标。

目标填写要简明扼要,清楚地表明对哪些岗位、行业感兴趣及相关要求。

(3) 主要经历。

①个人履历:主要是从高中阶段至就业前所获最高学历之间的经历,应该前后年月相接。按照履历表的次序,写清所读学校名称、专业、学习年限及相关证明等,让招聘单位迅速了解个人学历背景,以判断与应征工作的关联性。

②专业学习:主要列出大学阶段的主修、辅修与选修课科目及成绩,尤其是要体现与我们所谋求的职位有关的教育科目、专业知识。不必面面俱到(如果用人单位对你的大学成绩感兴趣,可以提供给他全面的成绩单,但用不着在简历中过多描述),要突出重点,有针对性。使你的学历、知识结构让用人单位感到与其招聘条件相吻合。

③实践、工作经历:大学生一般都没有正式的工作经验,但常利用假期等空闲时间勤工俭学、兼职或积极参加各类性质的社团活动。可充分提供在校期间的打工经验、社团经验,说明自己担任的工作、组织

的活动以及特长等经验,供招聘单位参考。这些经验可能是短期的、幼稚的,但或多或少突出了个人的一些特性,如:志趣、合群性、组织能力、协调能力、领导能力、成熟度等,所以备受招聘单位的重视。

(4) 在校期间所获得的各种奖励和荣誉。

按时间顺序列出奖励和荣誉的名称、颁发单位。如果用人单位感兴趣,可以提供给他们奖励的原件或复印件。

(5) 专业技能。

①计算机技能:熟悉哪些计算机软件以及它们的用途。

②各类证书:得到过哪些专业资格证书。

③语言能力:语言能力如何,包括外语和普通话水平。

④特长:无论是与所学专业有关或是单纯从个人兴趣发展出来的专长,只要是与工作性质有关的才艺,都可以在简历上列出。这将有助于招聘单位评估你的所长与应聘工作的要求是否相符,这些专长是否能给工作的顺利开展带来推动作用。如同样应聘总经理助理这一职位的两个人,其他条件相同,外语或计算机水平精通者则占优势。对于个人专长,每位求职者应清楚地列出,注意实事求是,不要夸大其事,但也不要羞于掩盖自己的长处。

(6) 性格特点。

你认为自己是什么样的人?你周围的人又认为你是个什么样的人?这样的个性对你以前的生活带来什么优劣势吗?对你在未来的工作上会有什么帮助或困难?这种介绍要恰如其分,尽可能使你的专长、兴趣、性格与所谋求的职业特点、要求相吻合。

(7) 对工作的展望。

对公司或工作有哪些看法,希望能从这份工作中得到什么?又能为公司带来什么贡献?现在越来越多的用人单位非常看重员工是否有长远的职业规划,是否能够和企业共同成长。所以,提出合理的工作展望也能为求职加分。

(8) 联系方式。

清楚地表明怎样才能跟你联系上。电话长途区号、电话号码、手机号、e-mail 地址、邮政编码、传真号码等,还可以将宿舍、家庭、学校老师办公室电话等一并列出,总之要保证招聘单位能第一时间与你取得联络。提供给招聘单位的联系电话、e-mail 等也不要频繁地变换,在招聘单位需要和你取得联系的关键时候,如果无法迅速找到你,用人单位感到遗憾的同时,恐怕最遗憾的还是你自己。

此外,现在许多单位都希望应聘者有比较扎实的英文基础,特别是外企和涉外交往比较多的单位,一份漂亮的英文简历会帮助我们给用人单位留下很好的印象。那么,如何写好英文简历呢?英文简历与中文简历在内容和基本要求上大体相同,最大的差别在于教育背景和工作经历部分。英文简历通常是按照由后至前的顺序来列举教育经历和工作经历,即先说现在的再说从前的。在写作技巧方面,应注意尽量避免:①长句:没有人愿意看太冗长的句子,记住用人单位只是在扫描简历;②缩写:因为外行人往往很难看懂。不要想当然地认为这是人所皆知的事情;③"I"我:正规简历多用点句,以动词开头,是没有"我"的。

中文简历范例

个人简历

求职意向:＿＿＿＿＿＿＿

姓　　名:＿＿＿＿＿＿　　　　性　　别:＿＿＿＿＿＿＿

出生年月:＿＿＿＿年＿＿月＿＿日　　健康状况:＿＿＿＿＿＿＿

毕业院校:＿＿＿＿＿＿＿　　　　专　　业:＿＿＿＿＿＿＿

电子邮件:＿＿＿＿＿＿＿　　　　联系电话:＿＿＿＿＿＿＿

通信地址:＿＿＿＿＿＿＿　　　　邮　　编:＿＿＿＿＿＿＿

教育背景:

＿＿＿＿年至＿＿＿＿年＿＿＿＿＿＿大学＿＿＿＿＿＿专业(请依个人情况酌情增减)

主修课程:

＿＿＿＿＿＿＿＿＿＿＿　(注:如需要详细成绩单,请联系我)

论文情况：

_____（注：请注明是否已发表）

英语水平：

基本技能：_____（听、说、读、写能力）

标准测试：_____（国家英语四、六级；TOEFL；GRE）

计算机水平：

_____（编程、操作应用系统、网络、数据库等）

获奖情况：

_____、_____、_____（请依个人情况酌情增减）

实践与实习：

____年__月至____年__月_____公司_____工作（请依个人情况酌情增减）

个性特点：

_____（描述自己的个性、工作态度、自我评价等）

另：_____（如果还有什么要写的，请填写在这里！）

附言：_____（可写出你的希望或总结此简历的一句精炼的话）

英文简历范例

Room 212 Building 343

Tsinghua University，Beijing 100084

(010) 62771234 Email：good@tsinghua.edu.com

Zheng Yan

Objective

To obtain a challenging position as a software engineer with an emphasis on software design and development

Education

1997.9—2000.6 Dept. of Automation, Graduate School of Tsinghua University, M.E.

1993.9—1997.7 Dept. of Automation, Beijing Institute of Technology, B.E.

Academic Main Courses

Mathematics

Advanced Mathematics Probability and Statistics Linear Algebra

Engineering Mathematics Numerical Algorithm Operational Algorithm

Functional Analysis Linear and Nonlinear Programming

Electronics and Computer

Circuit Principal Data Structures Digital Electronics

Artificial Intelligence Computer Local Area Network

Computer Abilities

Skilled in use of MS FrontPage, Win 95/NT, Sun, JavaBeans, HTML, CGI, JavaScript, Perl, Visual Interdev, Distributed Objects, CORBA, C, C++, Project 98, Office 97, Rational RequisitePro, Process, Pascal, PL/I and SQL software

English Skills

Have a good command of both spoken and written English. Past CET-6, TOEFL:623;GRE: 2213

Scholarships and Awards

1999.3 Guanghua First-class Scholarship for graduate

1998.11 Metal Machining Practice Award

1997.4 Academic Progress Award

Qualifications

General business knowledge relating to financial, healthcare

Have a passion for the Internet, and an abundance of common sense

2. 个人简历的设计与投递

（1）个人简历的设计。

简历是求职时给人的第一印象，直接影响到求职是否能够成功。那么我们该如何写好自己的求职简历，迈出求职成功的第一步呢？其实，简历不一定要追求与众不同，只要注意以下几个细节方面的设计，就能够写出一份令人满意的简历。

第一，醒目整洁。

简历的外表不一定要精美，但它至少应该醒目。可以使用空白和边框来强调简历的正文；使用各种字体格式，如斜体、大写、下划线、首字突出、首行缩进或尖头等，来突出不同部分；段落与段落、语句与语句之间避免写得太密，影响美观与阅读；留出足够的空隙，不要硬把两页纸的内容压缩到一页纸上；不要因为省钱而去使用低廉质粗的纸张，甚至有污渍的纸张。用人单位看到一份整洁清晰的简历，就仿佛看到一名衣着得体、举止优雅的应聘者，会有心情愉快的感觉。

第二，简洁明了。

通常简历应该以简短为原则，内容最好压缩在一张纸以内。很多时候，用人单位都是在扫视我们的简历，然后花 30 秒来决定是否给我们面试的机会，所以一张纸效果最好。简历的措辞也要简练，最好多用动宾结构的句子，会给人简洁明了的感觉。我们不需要在简历中全面地描述自己的一切情况和经历，内容过多反而会淹没一些有价值的闪光点。例如，有些同学会把中学经历都写进去，所以简历会变得非常长，实际上这是完全没有必要的。

第三，准确定位。

由于时间的关系，招聘人员可能只会花短短几秒钟的时间来审阅我们的简历，因此简历一定要重点突出，说明能为他们做些什么。一般来说，对于不同的企业，不同的职位，不同的要求，应当事先进行必要的分析，有针对性地设计准备简历。盲目地将一份标准版本大量拷贝，效果肯定会大打折扣。根据企业和职位的要求，巧妙突出自己的优势，会给人留下鲜明深刻的印象。

第四,突出实力。

仅有漂亮的外表而无内容的简历是不会吸引人的,招聘人员需要应聘者证明自己的实力,特别是以前的工作成绩和成果。比如,为兼职的公司销售了多少产品,曾有什么创新的成果等。强调这些事件时最好提一提自己的成绩和贡献,而不是仅仅平铺直叙实践或工作内容;短短一份"成就纪录",效果远胜于长长的"工作经验清单"。

第五,真实客观。

一份好的简历,最基本的要求就是确保内容真实。有些同学为了能让用人单位对自己有一个好的印象而给自己的简历造假,比如捏造自己没有过的经历、夸大自己担任过的社会职务,或者过分渲染自己的工作职责等。其实,相比较技巧、能力和经验,用人单位往往更重应届毕业生的品质和潜力。所以,简历从头到尾应贯彻一个原则,即真实客观地描绘自己,不夸大也不误导,确保所写的与实际能力及工作水平相同。弄虚作假往往会弄巧成拙。

第六,准确无误。

许多负责招聘的工作人员都很反感错字别字,他们认为错别字说明人的素质不够高。因此,撰写简历时最好能反复修改、斟酌,在没有任何错误后,再打印出来。尽量避免使用拗口的语句和生僻的字词,更不要有病句、错别字。在格式、排版上有技术性错误或者被折叠得皱皱巴巴、有污点的简历,会让用人单位质疑我们的态度和用心。简历的句式以简明的短句为好,文风宜平实、沉稳、严肃,以叙述、说明为主,动辄引经据典、抒情议论是不可取的。在使用文字处理软件时,可以使用拼写检查项或请朋友来检查可能被忽略的错误。

(2)个人简历的投递。

在投递简历的时候,有些同学会认为投递网撒得越大越好,但实际情况却并非如此。我们确实需要去寻找各种渠道,了解更多的信息,以便可以抓住合适的机会。但是,这并不表示我们要没有目标地胡乱投递。明明学的是管理,偏要去投递高技术类的工作;明明只达到助理的水平,看见有主管的职位,想也不想就去投了;明明想做文职,偏去投递销售类的职位;还有在同一个公司投了不同岗位性质和职级的两三个职位,像这样的情况举不胜举。这种没有目标性地胡乱投递,哪怕网撒得再大,也是在做无用功,不会有真正的实效。

　　投出去的简历石沉大海,除了和上面所说的盲目投递直接相关,还可能有很多的其他的原因。例如:用人单位觉得我们的背景与他们的要求不相符合;我们的简历并没有把自己的特长突出,以至对方忽略了;用人单位已经招到他们想要的人,而我们的简历他们并没有看到;或者对方并不真的想现在招人,而是储备人才;等等。总之,简历没有回音的原因有很多种,有些也是我们所不能够控制的。所以,千万不要因为得不到企业的回应而对自己失去信心,在求职的初期这是比较常见的。

　　正确的简历投递方式需要我们首先明确自己想做哪些类型的工作,根据需要撰写完相应的简历以后,再去通过招聘会、招聘类报纸和招聘网站寻找相应的职位。在这个过程中,有两点最为关键。其一,学会去分析公司。目前的整个人才市场,相对来说也是鱼龙混杂的,好的公司不少,但也不乏对我们的职业成长根本不利的皮包公司。看到中意的公司,不妨先通过网络、人脉等多种渠道了解该公司背景、经营情况、企业文化、有无负面报道等。如果各方面显示都还不错,我们就要仔细去阅读它们的职位描述了。其二,找到自我能力和企业需求的结合点。分析一下,这个职位主要的工作职责,他们对这个职位的基本要求,我们达到他们的条件了吗?该怎样在给这家公司的简历中,突出他们的需求点?要再一次强调的是,千万不要用同一份简历去投递所有的公司;也不要每天花十分钟就浏览好所有招聘类网站的新职位,并完成投递。不经过分析思考的盲目行为,是我们的简历投递无效的最主要原因。

　　随着互联网的快速发展,网上求职逐渐成为很多同学主要的应聘方式。在使用电子简历求职时,除了要遵照一般简历的要求之外,也有一些特殊的地方是需要注意的:

　　第一,最好不要用附件的形式发送简历。

　　虽然以附件形式发送的简历看起来效果会更好,但是由于越来越多的病毒威胁,越来越多的单位都要求求职者不要用附件发送简历,他们甚至会直接把所有带附件的邮件全部删除。在这种情况下,无论我们的简历排版有多么精心,都可能根本没有人看到。同时,正文没有字直接在附件中粘贴简历也会显得我们的诚意不足,所以,不要把简历放在附件中。

第二,求职邮件的主题应包括有效信息。

如果招聘单位已经对求职邮件的主题做了要求,那么我们就应该严格照做,因为这会是初步筛选的标准。人力资源部的工作人员每天可能收到几百份甚至几千分应聘不同职位的信件,如果我们的标题只写了"应聘"或是"求职"或是"简历"等,那么是很可能被忽略的。标准的主题应该是:要申请的职位—姓名—这份职位要求的工作地点,这样不仅能保证我们的邮件被阅读,还会便于招聘人员进行分门别类的筛选或者对简历进行再次审核。

来看几个真实的例子,面对这样的标题,人力资源经理的反应如下:

"我的简历"(谁知道你是谁你要干什么啊?)

"你知道我是谁吗?"(对不起我不知道也不想知道)

"我要应聘!!!!!"(您到底要应聘什么职位呢?您的心情急迫我能了解,但也不用这么多感叹号啊!)

"某某某的简历"(请问你要干什么?)

"感谢您的阅读!"(这和垃圾邮件的题目一模一样所以我不阅读)

"某某大学应聘实习"(太大了我们请不起啊!)

"某某大学硕士应聘"(职位呢?如果您非要强调学校可以这样写:应聘职位—姓名—来自××大学硕士)

第三,通过小技巧美化电子简历。

纯文本格式的电子简历也是可以通过精心设计使人看起来更舒服的,例如,注意设定页边距,使简历在多数情况下都不会换行;尽量用较大字号的字体;施用一些特殊符号等分隔简历内容等。

第四,其他的一些比较重要的小细节。

在电子简历中一般不要附有发表作品或论文,因为借由电子邮件附件传播病毒的可能性是一直存在的。另外,用人单位一般不会仔细阅读附带的作品。

切忌漫无目的地将一个单位招聘的所有岗位都投一遍,这样的做法会招致用人单位的反感,试想一个自己都不清楚可以做什么的人,如何能得到招聘单位的信任呢?

发送电子简历时尽量错过上网高峰期,这段时间传递速度非常慢,而且还可能发送失败或产生其他一些错误信息。

三、敏锐把握新信息

我们正处于信息时代,人们所进行的一切活动都离不开信息。从社会到个人,所有的决策、决定和抉择都必须以准确而全面的信息资料为前提和基础,求职也不例外。求职信息是指通过各种媒介传递的有关求职就业方面的消息和情况,比如就业政策、就业机构、供需双方的情况以及用人信息等。就业不仅取决于一个人的知识、能力、体力,以及社会和经济的因素,而且也取决于就业信息。就业信息是职业选择的基本前提,也是择业决策的重要依据。收集就业信息应力求做到"早""广""实""准"。

所谓"早",就是收集信息要及时,要早做准备,不能事到临头再去抱佛脚。

所谓"广",就是信息面不能太窄,要广泛收集各个方面、不同层次的就业信息。有的同学只注意根据自己预先设定的目标收集有关地区、行业和单位的就业信息,放弃或忽视了有关"后备"信息,在求职遇挫时感到无所适从,造成被动,这种情况是应该避免的。

所谓"实",就是收集的信息要具体,用人单位的地点、环境、人员构成、生活待遇、发展前景、对新进人员的基本要求、联系电话等各方面信息掌握得越具体越好。

所谓"准",就是要做到准确无误。一方面,用人单位需要的是什么层次、什么专业的人才?在生源、性别、相貌、外语水平等方面有什么特殊要求,都要搞准;另一方面,用人信息也和商品信息一样,具有很强的时效性,你所了解的信息是不是过期的信息,人家是否已经物色到合适人选?这些情况都要搞清楚,绝不能似是而非。

收集求职信息,一般有以下几个途径:

（一）高校就业指导服务中心

高校就业指导服务中心（或相关主管部门）是收集就业信息的主渠道。因为就目前的就业机制看，学校是连接大学生就业工作所涉及的有关对象的核心环节，他们既与毕业生就业工作所涉及的各级主管部门之间保持着密切联系，同时也是用人单位选录毕业生所依赖的一个主要窗口。这一特定的位置，使他们对就业信息的占有量大于任何一个部门，同时其掌握信息的准确性、权威性也没有任何一个部门可以相提并论。

就政策而言，全国的、行业的、地方的，在他们这里都有完整的收集；就需求信息而言，他们接触到的所有信息都是用人单位针对学校的专业设置而来的，可信度最高；同时他们所接触的各部门、各单位也是毕业生就业工作所涉及的就业机构。

因此，高校就业指导服务中心（或相关主管部门）是毕业生就业所依靠的主要对象。目前，各高校毕业生就业工作的职能部门大都转变观念，以市场为导向，以服务为宗旨，在制定文件、公布信息、提供咨询、就业指导以及为用人单位举办各种招聘会方面都做了大量的工作，也取得了显著的成效。

（二）各种类型的毕业生就业市场

为做好每年的毕业生就业工作，各地方、各行业及各高校都要举办规模大小不等的"人才市场"，或称之为"人才交流会""供需见面会"。这些"人才市场"有的是由一个学校或几个学校联合举办的，有的是一省或几省联办的，也有的是地市县单独举办，所涵盖的毕业生需求信息量非常之大，毕业生应珍惜并抓好这些机遇。这些"人才市场"除了信息量大外，还可使毕业生和用人单位直接洽谈，相互了解情况，甚至可以抓住时机当场拍板、签订协议，有不少毕业生就是通过这一途径确定工作单位的。

（三）利用各种"门路"

"门路"不能简单归于走后门而一味加以排除。这里"门路"实际是指途径、渠道。如果说市场的竞争机制和企业进入的监督机制能够使"唯才录用"成为大家的共识，那么"门路"就应是大学生求职择业所应予提倡的有效途径之一。事实上每年也有不少毕业生是通过"门路"落实就业单位的，他们实现求职夙愿后，充分发挥自己的实力，确实也取得了很大的成功。日本有不少企业就采用"三分之一的'门路'录用"的所谓"人才混合战略"。有的干脆称为"三分之一主义"，即三分之一录用所确定的几所名牌大学毕业生；三分之一录用"门路"介绍来的；还有三分之一留给那些与学历无关，与在校成绩无关，而具有鲜明个性和创造性的学生。这种对"门路"求职法的接纳与认同，我们虽然不一定照搬，但应该给我们积极的启迪。只要学生的素质是过硬的，只要不以吃喝送礼的不正当方式寻求"门路"，我们就应该鼓励学生广开"门路"。

"门路"以"三缘"为基础。作为社会人，在走入生活之前与社会的联系不外乎这样三种"缘分"，即"血缘""地缘""学缘"。完全没有"门路"的人是不存在的，关键要看有没有动脑子去找"门路"。以"血缘"而论，每个人都有父母等亲人，而且父母及亲人也都有自己的朋友和熟人，以此延展下去，就会变成一个"门路"网络。以"地缘"而论，故乡的友人、朋友、同学以及他们的朋友、同学等都属于此类。以"学缘"而论，一个人从幼儿园、小学、中学、高中直至大学，都有许多同伴、同学和师长，而他们也各自都有许多亲友、同学等。通过这些"门路"，你所获取的信息量就会激增。在这里需要提示的是，要特别注意师长和校友这一"门路"。尤其是本专业的老师，他们比一般人更了解本专业毕业生适合就业的方向和范围，在与外单位的科研协作或兼职教学中，对一些对口单位的人才需求信息了解得比较详细。而校友则大多在对口单位工作，他们提供的信息往往也比较具体、准确，使毕业生就业成功率较高。

（四）社会实践、实习或兼职

同学们通过与社会的接触，可以加强与有关单位的联系，增进彼此间的了解，便于直接掌握就业信息。以实习为例，实习单位一般都是对口单位。通过实习，你对单位的了解或单位对你的了解都会更具有质的含量。如果说实习单位有意进人,很可能你就是他们考虑的第一个对象。通过实习落实就业单位的毕业生每年都有不少。

(五)打电话、写求职信或登门拜访

这要求毕业生有一种"毛遂自荐"的意识,并且对自己单方面拟定的意向单位要有大概的了解和预测。这种形式主动性强,但盲目性较大,在缺乏就业信息的情况下,也不失为一种获取就业信息的方法。

(六)有关就业指导的媒体、报刊、书籍

毕业生就业作为社会普遍关注的热点问题,近年来也引起了新闻界的普遍重视,有关就业政策、热门话题讨论、招聘广告等也经常通过各种平面、电视或网络媒体有所报道。教育部全国高校学生信息咨询与就业指导中心主办的《中国大学生就业》杂志、教育部高校学生司和全国高校毕业生就业指导服务中心主办的《毕业生就业指导报》都是专门为毕业生就业服务的专业性报纸,定期为毕业生提供就业信息。各地主办的《人才市场报》、其他一些报纸也经常介绍一些人才需求信息及招聘广告。一些就业指导的书籍中也经常附上有关用人单位的情况介绍和需求情况。此外,许多高校都有自己专门的就业指导刊物或报纸。这些都是获取求职信息的有效渠道。

(七)网络资源

目前,我国许多高校均建立了自己的 WEB 网站,网络在大学生日常的学习和生活中扮演着越来越重要的角色,借助网络来收集需求信息、了解就业政策已经成为大学生就业的主要渠道。国内绝大多数省、市和高校都建立起了毕业生电子信息网络和专门的就业网,同学们既可以及时查阅到职业需求信息,又可以将个人求职材料输入网络系统,供用人单位在招聘时参考选择,还可以获得有关就业政策、职业规划、求职技巧等各方面的帮助和指导。

互联网的发展为我们就业开辟了一片广阔的天空,通过网络获得就业信息是毕业生在信息时代搜集信息的一种高效、便利的途径。国内毕业生就业服务网站近 40 个,同学们可以从这些网站上得到许多有益的信息。搜集优秀的求职网站可以从专业的"求职网站大全"类的站点上获得;也可以在"中文雅虎""搜狐""网易"及"Google"等名站通过关键词如"求职""人才市场"等来寻求信息。

复习思考题

1．大学生可以从哪些方面调节自己的心理困扰？
2．准备自荐材料的基本原则有哪些？
3．个人简历包括哪些基本内容？

Topic 11：深　造

每个人有不同的兴趣爱好、理想追求和性格特点,因此直接就业还是继续深造也不能一概而论。能够沉下心,愿意踏踏实实钻研学术并以此为乐的同学,可以考虑读研。具有创业精神和领导潜质,或者擅长营销类、操作类工作的同学,可以考虑先工作。自己有明确的目标和打算,进而就可以合理规划大学生活。而单就读研究生这个问题而言,无论是在国内读还是去国(境)外读,都要综合很多方面来考虑。对于个人来说,今后的人生规划、职业取向是什么;对于家庭来说,家庭收入状况怎么样;对于所学的专业来说,这个专业的现状以及前景怎么样。这些都应该作为是否选择继续深造以及选择哪一种升学方式的参照。

一、继续深造的优势与可能存在的问题

"我毕业后肯定是要考研或出国的,现在本科生文凭能管什么用啊?"这是一个大二同学的说法。

"我应该再去考研究生,哪怕是在职研究生,否则总觉得自己竞争力不够。"这是一个已经在报社工作了两年的男生的想法。

"如果今年没考中,我们就供你再考一年,一定要考上研究生。现在想要找到一份像样的工作,没有研究生文凭怎么行啊?"这是父母们的说法。

如今，一些组织/单位招人的时候，本科生是基本条件，提出要求研究生的也屡见不鲜。虽然都说应该重能力轻学历，但在很多单位的技术职称评定、行政职务晋升、岗位工资确定等许多方面，都会把学历作为重要依据。这也是为什么近些年"考研热"高温不退的原因。

通过深造获得更高的学历有没有用？有什么用？怎么用？问题不应该导向学历，而是应该归结到个人。找到自己的职业定位是最先应该考虑的问题。怎么找到自己的职业定位？你的兴趣、性格、气质、价值观和能力决定了你适合的职业类型，决定了你的职业定位。脱离了职业定位，再高的学历也会变成一张废纸。明明是做会计的，跑去读一个化学专业的硕士，这就没有可持续发展了。所以，在职业定位和职业生涯规划基础上，再去深造，才是有意义的行动，这个时候学历才成为提升竞争力的法宝，才能最大限度地发挥你的潜能。

要发挥学历的最高效能，要做到修对、修准和修及时。

修对，学历的更高"修行"，一定要在科学的职业生涯发展路线上进行，否则，高学历没有产生积极意义不说，还可能干扰个人的判断，使之"走火入魔"。高学历要和自己的职业长期发展路线相契合。

修准，具体到专业方向，一定要和自己的职业定位相契合，准确锁定专业领域，很好地提升专业度。像上面说的，做会计的跑去读个化学专业的硕士，这个准度就太差了。

修及时，"修"高学历要选择适当的时机，修早了欲速不达，修晚了丧失机会，要在职业规划路线上找到那个切入点，及时地提升竞争力。比如你将来想做职业经理人，那么建议你大学毕业之后先进企业工作两三年，再考虑读研、读 MBA 的问题；如果你对自然科学研究比较感兴趣，建议你马上考研，最好弄个硕博连读，甚至出国深造，直接一步到位、一读到底。

在做出工作还是考研的决定之前，一定要想清楚：我为什么要考研？在合理规划的基础上，通过考研继续深造，也确实是一个不错的发展方向。

(一) 继续深造的优势

1. 能力与实力的双重提升

很多读研的同学都有这样的感触,经过读研觉得不论是做人还是做学问都有了很多增长。特别是对于原本单纯的大学生,研究生教育会是一个很好的过渡,既增长一些学识,又减少了原本对社会的陌生感。现在的研究生大多数比较务实,可以在导师的带领下,或者自己寻找一些机会,跟行业内的相关人士接触,这既是提升自己为人处世的经验,也能够实践自己的专业,和本科生相比,在能力方面会有一定的优势。

2. 认清自己的方向

有一部分人在本科毕业的时候,觉得还没有想清楚自己以后是想做技术类工作还是做市场销售类工作,如果不考研的话可能只能去做业务,所以他们选择考研,可以多几年时间去慢慢体会自己更喜欢走哪条路。这跟因为害怕求职无门、害怕走上社会而考研完全是两码事,应该说,有这种想法的人是对自己有很清醒的认识的。他们首先很清楚地把握了自己当前的状态,不急不躁,并且对于自己研究生毕业之后的动向是有打算的,不是 A 就是 B,只不过认为自己现在还需要多点时间、多点了解,不能太草率地做决定。研究生生活正好能给我们这个机会,让我们用更成熟更理性的眼光看待校园生活、看待身边的同学和老师。现在对很多人来说,读研是一种比较功利的目标,但实际上只有那些不太功利的人才能从中得到乐趣。比如那些非常喜欢学校宁静生活的人,比如那些想要有两三年时间安安静静读书想问题的人。

3. 给自己重新选择的机会

小玲考研失利后找到了一份专业对口、月薪不菲的工作,即使在 2002 年就业压力远没有今天这么大的时候,这也是一件让人羡慕万分的事情。然而就在工作一年后,小玲递交了辞职报告,原因当然是为了考研。理由很简单,给自己一个重新选择的机会。"我希望通过考研为自己谋求更好的发展平台,虽然当时的工作确实收入不错而且很体面,但我自己做得并不是十分开心,而且也认为没有太大的发展空间。想要改变自己的生活状态是决定考研的主要原因。"

上面案例中的主人公的故事就像一场赌博,以自己现在拥有的一切做赌注,赌一个未知的结果。这样的人现在不在少数。做出这种选择的人往往理由很简单——改变现状,可能是一份让自己不满意的工作,或者是一个让自己不感兴趣的专业,给自己一个重新选择的机会。要想改变自己的生活状态,获得一个全新的发展机会,并不是一件容易的事情,需要坚强的毅力和非凡的勇气,但确实有不少人成功了。这些成功的,通常都是有很明确的目标的人,也就是说他们不仅知道自己为什么要考研,也清楚了考上了应该做什么,拿到文凭之后将要做什么。

4. 给求职加分

其实好的学历在某种程度上来说,仍然是找到好工作和晋升的阶梯。因为学历毕竟是让用人单位认识我们的第一块砝码。然后才能够有机会在工作中表现出自己的能力,也才有可能在晋升名单中受到重视。特别是政府部门、学校和一些传统的单位,还有企业里一些技术性比较强或者研发类的工作,高学历还是更有优势一些。有的时候,能力这种东西用人单位没有办法一下子看出来,他们只能通过一些硬指标来衡量。与本科生相比,在其他条件类似的情况下,用人单位可能会优先选用研究生。

但是,高学历与中高级人才之间并没有必然联系,只不过高学历的人有更好的基础成为一名中高级人才。对于技术性比较强或研发类的岗位,相应专业的高学历求职者成为中高级人才就比较容易;但对于经验性比较强的岗位,比如常见的销售、市场、人力资源管理等,高学历求职者的竞争优势就不太大了,学历也不能使他们成为组织认可的中高级人才。大部分的组织在招聘活动的前期,对人才的定义,往往还是看其是否为研究生、博士,或者是否为名校 MBA,但到了筛选人才的最后阶段,则是衡量其知识架构是否完善,是否能够覆盖到行业知识,能够创新的知识才是最实际的。所以,再优秀的应届毕业生

(不管你是本科、硕士、还是博士)都应该有从"低级"走向"高级"的打算,这才是符合人才发展的基本规律。学历的优势归根结底还得还原到能力的优势。

(二)继续深造可能存在的问题

1. 专业劣势:考研是不是饮鸩止渴?

小苏从进入大学就笼罩在专业的阴影之中。当初按父母的意愿报考了化学专业,结果发现自己实在不喜欢这个专业。毕业后进入一家化工企业做技术员,因为实在受不了工作的沉闷无聊,她考了研究生。但是考虑到换专业的风险太大,她还是报了自己不喜欢的化学专业。三年瓶瓶罐罐的研究生生活,对小苏来说简直就是一种折磨。毕业时,她想都没想就放弃了本专业。之后的工作并不顺利,脱离专业束缚的小苏在毕业后三年多时间里走马灯似的换了一个又一个工作,总也找不到自己的发展方向。

如果说本科读了不喜欢的专业,是小苏职业发展的瓶颈,那么仅仅为了改变沉闷无聊的工作现状而报考本专业的研究生,简直就是饮鸩止渴。三年后,她的职业发展问题没有因为学历的提升得到解决,相反她和专业领域的职业素质要求可以说是越来越远。更糟糕的是,她简单地以离开这个专业作为改变现状的手段,这与当初读研的选择简直就是南辕北辙,还加大了年龄劣势、经验劣势,增加了求职难度。

事实上,很多同学在做出考研和求职的选择时显得非常无奈,自己的专业属于冷门专业,就业形势不好,不得不考研。但是除非在两三年内社会需求发生剧变,冷门专业一下子变成了热门专业,否则就业的道路只会越走越窄。在职业领域里,适合硕士、博士的职位远比本科生少。根据我们国家每年的毕业生去向统计,研究生,特别是学历更高的博士,无非是集中在高校、研究所、政府机关,远不如本科生有更多选择。同时,社会对研究生的职业要求越来越高,他们放弃本专业的机会成本要比本科生高得多。所以,如果对自己的专业不感兴趣、想改行,千万别等到读了研究生才改。

2. 工作经验：仍是瓶颈

工作经验是很多本科生求职的障碍，对于研究生来说，这仍然是一个瓶颈。如果从机会成本的角度看同一届毕业的本科生，在读完三年研究生与工作三年之后，读研究生这位在工作经验方面反而处于劣势。当你获得了读研的机会，同时就付出了在工作中积累经验的机会成本。当你长期处在一个宽松的环境和充裕的时间里，心平气和地进行学习和研究时，跟你同届毕业的本科生在竞争激烈的社会中，同样在积累和提高。在人际关系、待人接物这样一些职业素质方面，甚至比你更胜一筹。当然，读研和读本科有很大差别，也有很多机会去增加实践经验、学习待人处世，不过这一点还是要因人而异，我们国家在研究生培养模式上，是以理论研究型人才为主，不会主动提供工作技能方面的培训，所以，只有能主动为自己制造这种机会的人，才会有这种实践的机会。

3. 高期望值与低适用性

研究生在职业发展的过程中，往往比本科生有着更高的期望值。一些研究生对单位性质比较挑剔、对薪水待遇要求较高、甚至对职位高低、专业对口、工作的稳定性等要求不少，这无形中使他们的就业面比本科生窄。但是研究生也有他们的理由：自己毕竟比本科生多花了几年时间读书，付出了更多的时间、精力和金钱，当然有理由得到更好的回报。这样的心情可以理解，但用人单位不会这样想，特别是那些效益为先的单位。比如许多企业对于研究生的录用通常是慎之又慎，他们喜欢本科生，不太愿意招收研究生。他们的理由是，我们有自己的员工培训系统，学校里学到的东西又不能直接应用在工作中，单位对研究生和本科生进行培训的风险投资是相同的，而且研究生的人力成本更高。甚至很多公司认为研究生还不如本科生好使，比如"对事情容易产生先入为主的观点，不容易培训""要求的待遇太高""自以为是，不能很好地跟其他员工合作"等。所以，如果是有意愿要到企业去工作的同学，要注意读完研究生之后选择面可能会更小。

4. 无法预计的就业环境风险

小佳是2001届的本科生，今年研究生毕业。三年前，她以专业课第一的成绩考入实力非常雄厚的研究生院。转眼三年过去了,小佳第一次进入人才市场。当年室友找工作的情景小佳记得很清楚。每天室友们出去找工作,都要穿上职业装,精心装扮,回来的时候有人兴高采烈,有人沉默不语。但是从室友们的精神状态来看,小佳知道工作没有想象中难找。那一年,班上几乎每个人都找到了工作,不少人手上捏着几个offer 不知道选哪一个。如今,三年过去了,小佳也开始去找工作,然而现在她的运气似乎有点不佳,一趟一趟地跑,总遇不到理想的单位。小佳发现,并不是自己不如三年前的同学,而是比起三年前,今天理想的 offer 太少了。

对于读研的人来说,很多东西可以通过努力去改变,比如能力,比如工作经验,比如期望值,但是,有一点是我们的主观努力影响不到的:客观的就业环境。三年前(2001年)扩招后的毕业生还没有涌入职场,本科生还是高学历的代表;三年后,大学教育由精英教育转变为了大众教育,研究生学历已经无法成为职场上的决胜砝码。三年前(2001年)许多学校热门专业的供需比超过 1∶15,三年后(2004年),我们以上海市三所名牌高校为例,复旦大学研究生供需比为 1∶6,上海交大约 1∶4,同济大学为 1∶4.46,相差近三倍。"三年前我拒绝了华为,三年后华为拒绝了我。"日前,某大学电信系一研究生因被国内电信设备生产巨头华为有限公司拒绝而发出如此感慨。原来,三年前他本科毕业时曾在"华为"应聘成功,当时因想到读研会有更好的出路而放弃了工作机会。然而三年后,电信市场的成熟以及研究生数量激增,电信专业的毕业生已大不如前,研究生也不再是香饽饽。某一个行业的发展,可能会因为某一项政策、甚至某一个偶然事件发生很大变化。所以,如果决定考研了,就要对于社会整体经济和就业环境改变带来的风险,有心理准备。也许三年之后,所读的热门专业已经变成了冷门。

二、国内读研

在国内读研究生主要有两种途径:一是考研,二是保研。从培养方式来说,我国的硕士研究生分为两类:学术型硕士和专业硕士。学术型硕士是为培养教学和科研人才而设置,授予学术型学位;专业型硕士是为培养特定职业高层次专门人才而设置,培养的是市场紧缺的应用型人才,授予专业型学位。

(一) 推荐免试

根据教育部2013年印发的《全国普通高等学校推荐优秀应届本科毕业生免试攻读硕士学位研究生工作管理办法(试行)》(以下简称《办法》),教育部按照以下原则确定高等学校推免生名额:(1)教育部批准设立研究生院的高等学校一般按应届本科毕业生数的15%左右确定。(2)未设立研究生院的"211工程"建设高等学校一般按应届本科毕业生数的5%左右确定。(3)其他高等学校一般按应届本科毕业生数的2%确定,其中初次开展推荐工作的高等学校,前3年每年一般按应届本科毕业生数的1%确定。(4)经教育部确定的人文、理科等人才培养基地的高等学校,按教育部批准的基地班招生人数的50%左右,单独增加推免生名额,由学校统筹安排。(5)对国家发展急需的专业适当增加推免生名额。此外,教育部可根据研究生教育改革与发展的形势,对上述比例做适当调整。

《办法》规定高等学校应从具备下列条件的学生中择优遴选推免生:(1)纳入国家普通本科招生计划录取的应届毕业生(不含专升本、第二学士学位、独立学院学生)。(2)具有高尚的爱国主义情操和集体主义精神,社会主义信念坚定,社会责任感强,遵纪守法,积极向上,身心健康。(3)勤奋学习,刻苦钻研,成绩优秀;学术研究兴趣浓厚,有较强的创新意识、创新能力和专业能力倾向。(4)诚实守信,学风端正,无任何考试作弊和剽窃他人学术成果记录。(5)品行表现优良,无任何违法违纪受处分记录。(6)对有特殊学术专长或具有突出培养潜质者,经三名以上本校本专业教授联名推荐,经学校推免生遴选工作领导小组严格审查,可不受综合排名限制,但学生有关说明材料和教授推荐信要进行公示。(7)在制定综合评价体系时,可对文艺、体育及社会工作特长等因素予以适当考虑。但具备这些特长者必须参加综合排名,不得单列。

现以某教育部直属、国家"211工程"和"985工程"优势学科创新平台项目重点建设高校为例,来具体说明保研资格以及保研工作安排。

关于2014年接收校内外应届本科毕业推荐免试硕士研究生的公告

一、申请条件

1. 拥护中国共产党的领导,遵纪守法,品德优良,在校期间没有受过任何纪律处分。

2. 获得本科所在学校的推荐免试硕士研究生(以下简称"推免生")资格。

3. 刻苦学习,勤于思考,有创新意识和科研潜力,学习成绩优秀,专业成绩和综合成绩均名列本专业前列。

4. 有较强的独立调查研究、综合分析问题、解决问题能力。

5. 有下列情形之一者,同等条件下优先:

(1)公开发表的高水平学术论文或公开出版的学术专著;

(2)参加社会实践并写出具有重要价值的调查报告;

(3)参加专业领域全国学术活动并获奖;

(4)作为学校优秀学生派出国外、境外知名大学学习1年以上。

二、接收专业

除工商管理硕士、公共管理硕士、旅游管理专业硕士外,其他各专业均可接收"推免生"。学校成立经济学、法学、管理学、人文、理工等5个接收"推免生"工作小组,负责接收"推免生"资格审核、综合考核和确定拟录取名单。具体接收专业及其分类见2014年硕士研究生招生专业一览表。申请者可申请学校1—2个专业,并需明确是否愿意接受调剂。

三、网上报名和申请材料

2013年9月11—25日,申请者进行网上报名。申请者应按网报系统要求,如实、完整提交个人信息,并准备以下考核材料:

1. 2014年接收推荐免试攻读硕士研究生申请表(审核通过后在网报系统中打印)1份;

2. 两位副教授以上专家的推荐信2份;

3. 本科阶段成绩单(须加盖所在学校教务部门公章)1份;

4. 获奖证书复印件各1份;

5. 国家英语四、六级考试成绩,或TOEFL、GRE成绩等体现自身英语水平的证明各1份;

6. 能体现自身学术水平的代表性学术论文、出版物或原创性科研成果等复印各件1份。

考核材料由申请者在复试阶段提交,无须邮寄。

四、工作日程安排

1. 9月30日,研究生招生办公室在研究生招生网上公布进入复试申请者名单及相关要求。

2. 10月9—11日,各接收"推免生"工作小组对申请者进行考核,确定接收"推免生"的拟录取名单。考核分笔试和面试两个部分,其中笔试总成绩为100分,面试总成绩为100分,申请者以笔试成绩60%、面试成绩40%之和排序。笔试时间为10月10日下午2:30—5:30,地点为**楼三楼,具体考试地点考前见楼前公告。各专业笔试科目和复试时间另行通知。

3. 10月14日左右,研究生招生办公室在研究生招生网上公布拟接收"推免生"名单,并进行为期一周的公示。

4. 10月21日,研究生招生办公室向拟接收的"推免生"发放接收函。

5. 10月30日前,取得我校"推免生"接收函的学生,须持接收函到本科毕业学校的教务处(或学生处)领取省级高校招生办公室签发(加盖公章)的"推免生"报名表,并按照教育部规定的2014年硕士研究生报名时间和要求,办理网上报名等手续。未按要求办理报名手续者,不予拟录取。

6. 11月20日前将省级高校招生办公室加盖公章的"推免生"报名表寄(送)至研究生招生办公室。

五、其他注意事项

1. 申请人申请免试攻读硕士学位的专业,原则上须与其本科所学专业属于同一个一级学科,一般不得跨一级学科。

2. 拟录取的校内外"推免生",须在2014年4月份参加学校2014年硕士研究生复试,具体事宜另行通知。

3. 我校优秀大学生夏令营中的优秀营员,若取得本科毕业学校"推免生"资格,完成网上报名后即可取得接收资格,无须复试。具体接收专业和学位类别与相关夏令营承办学院联系。

4. 校内外"推免生"第一学年原则上享受一等学业奖学金,在2014年9月份报到后,可申请硕士研究生新生奖学金。其他学年按学校规定,参与学校学业奖学金评定。

5. 申请人必须保证提交的全部申请材料真实、准确。学校将在复试结束后对拟接收"推免生"进行公示,如果申请人提交的信息不真实或不准确,取消申请人"推免生"资格。

特此公告

研究生院
二〇一三年九月

在符合《办法》要求的前提下,各个高校会根据自身情况制定具体的保研资格,但是总体要求是一致的。要想获得免试资格,就需要根据自身情况,在专业成绩、英语成绩、科学研究、各类竞赛、校内活动等方面做好充分的准备,而且这些必须在大三暑假之前完成,这样才能在激烈的竞争中脱颖而出。

（二）考研

硕士研究生招生全国统考科目为政治、外国语、2门专业课（或者数学+1门专业课）。

硕士生入学考试分初试和复试两个阶段进行，初试由国家统一组织，复试由招生单位自行组织，都是研究生入学考试的重要组成部分。硕士生入学考试是选拔性考试，主要考查考生是否具备研究生入学的基本条件。复试主要是对考生的专业能力和专业能力倾向、创新精神和创新能力及综合素质等方面的考查。复试是硕士生招生录取的必要环节，复试采取差额形式，一般比例按120%左右掌握。招生单位按有关规定，依据考生的初试和复试成绩，并结合其平时学习成绩和思想政治表现、业务素质以及身心健康状况等择优录取。

2013年，财政部、国家发展改革委、教育部发布了《关于完善研究生教育投入机制的意见》（财教[2013]19号），对我国研究生奖助政策体系做出了详细阐述。我国目前的研究生奖助政策的基本定位是：国家奖学金和学业奖学金注重奖优，激励研究生潜心学习研究、积极进取；国家助学金、国家助学贷款等注重公平，资助研究生基本生活和学习费用；助研、助教、助管（简称"三助"）津贴注重酬劳，调动学生参与科学研究、教学实践、管理工作的积极性。从2014年秋季学期起，按照"新生新办法、老生老办法"的原则，向所有纳入全国研究生招生计划的新入学研究生收取学费，表11-1汇总了目前三项主要的奖助政策，这三项制度可以同时受益。

表11-1　我国目前研究生三项主要奖助政策汇总表

奖助类别	实施时间	博士研究生额度	硕士研究生额度
学业奖学金	2014年秋季学期	10000元	8000元
国家奖学金	2012年秋季学期	30000元	20000元
国家助学金	2014年秋季学期	10000元	6000元

（三）如何准备读研

不管是选择考研究生还是选择推荐免试研究生，提前做好准备是非常重要的。

对于大学一、二年级的同学来说,主要任务是:(1)学好本专业各门课程,不要有挂科;(2)打好英语和数学基础;(3)参加社会实践时,既要考虑能否锻炼自己,同时还要考虑能否为综合测评加分;(4)有意识地上图书馆,阅读本专业学术期刊,深入了解本专业的现状和前沿。

大学三年级是专业课程最多的时候,高密度的专业课程学习,可以很好地帮助我们形成系统的知识结构。除了继续学好本专业课程,把专业基础知识打扎实之外,准备保研的同学还要参加科学研究、全国竞赛等活动,并且力争能够在国家重要期刊上发表2—3篇学术论文。准备考研的同学在大三下学期,即三、四月份就要开始全面进入考研准备阶段,选择学校和专业、选择参考书、做好各科目复习时间安排、联系导师等工作。

进入大学四年级首先面对的是各高校的推免工作,一般在九、十月份进行,所以在此之前我们要将各类相关证明材料准备齐全,尤其是申请外校保研的同学。一般而言,十月底至十一月初保研结果会出来。如果结果不理想,还可以继续选择考研。考研是一个跨年度的大工程,没有计划是不行的。因此,要根据实际情况制定一个合理计划,计划一旦拟定就要按计划行事,全力以赴备战考研,不要过多参加招聘会。另外,考研不仅是专业知识的较量,而且也是毅力的较量。因此,既然选择了考研,就要坚持走下去,坚持就等于成功了一半。

三、出国(境)留学①

国内考研竞争越来越激烈、研究生招生规模扩大而含金量的下降、研究生就业越来越难……在这些因素的共同作用之下,越来越多的学生萌生了到国(境)外读研的想法。到底是在国内读研划算还是出国(境)读研划算?国(境)外读研会比国内的成本高多少?"洋硕士研究生"的含金量一定比国内培养的硕士研究生高吗?

---

① 以下内容根据网络资料编写:《出国还是国内读研,哪个含金量更高》,http://news.edulife.com.cn/201011/02132857496.html。

近年来,大学应届毕业生有出国读研意向的明显提高。大部分学生做出这样的选择是因为觉得国(境)外的教育质量更高,并且拥有国(境)外留学经历可能更好就业。除了美国、英国、澳大利亚等主要英语国家比较受欢迎之外,日本、法国、意大利、韩国、比利时及北欧的等国家也得到了不少学生的青睐。此外,英国、澳大利亚等国家由于学制短、学历认可度高,所以这些年选择去这类国家的留学生人数也有非常明显的增长。

我们结合豫教国际总经理李哲、一鸣留学总经理张四茹、金吉列留学的封刚经理等留学机构专业人士的观点,总结了相比较国内读研,出国(境)留学具有以下特点:

(一)入学难度较低

随着国际沟通的加强,出国(境)读研的优势进一步显现出来。从录取程序来说,国内读研需要经过一系列的考试,我们称之为"考研";而选择国(境)外留学时,大部分国家采用的是申请入学,学生只需提供国内大学成绩单、证书和英语成绩等即可申请。在申请过程中,现在还有不少专业的留学顾问会根据学生的自身情况,为学生量身选择适合的学校和专业,帮助学生申请成功。

(二)外语要求较高

语言是在国(境)外学习和生活的必要工具,所以在出国前,语言达到一定的水平很重要。具体而言,在语言考试中拿到较好的成绩非常必要。对于有意向申请国(境)外名校的同学,语言成绩就更加重要。一般情况下,英、美、加、澳、新这类国家需要雅思(IELTS)成绩6.5以上,单科成绩不低于6.0,平均绩点(GPA)2.5以上。美国和加拿大认可托福(TOEFL)成绩,80分以上可达到申请要求,同时根据专业的不同,需要GMAT和GRE的成绩。所以,有意向出国(境)深造的同学要抓紧在国内的时间,学好语言,把困难留在国内。

(三)学习成本较高

国内读研的学习成本要低于出国(境)读研。在国内,目前采取的是收取学费的同时提供各种奖学金、助学金的方式,大部分学生基本不需要支付学费,即便拿不到奖学金,每年学费一般在万元左右。出国(境)深造读研,一年的花费少则几万元,多则几十万元。按照收费水平,可以分为免学费国家、低学费国家、中等费用国家和高学费国家。免学费国家有法国、瑞典、芬兰、西班牙等,在这些国家读研都有免学费的项目,学生只用负担生活费即可(每年4万—8万元人民币);低学费国家如马来西亚、俄罗斯等,由于当地的生活环境和对国际学生的政策,在这些国家读研的整体费用不高(每年需5万—8万元人民币);中等费用国家包括新西兰、加拿大、日本、韩国,学费加生活费整体费用在10万—14万元人民币;高费用国家如英国、美国、澳大利亚等,学费加生活费一般每年需要大约20万元人民币,到这些国家读研需具备一定的经济基础。总体而言,近几年国(境)外大学对中国学生越来越"吝啬",靠奖学金已经基本无法负担留学成本。

(四)时间成本更低

国内研究生大多是三年学制,在这三年的时间里,一般只有一年半左右的时间安排了课程。也就是说,有半年到一年半的时间相对自由。一部分学生用这段时间内做研究、找工作、写论文,但是也有一部分学生感觉终日无所事事,大把时间被荒废掉。而国(境)外研究生学制一般是一到两年,在这两年内课程设置很紧凑,内容也很丰富。因此,很多学生觉得从时间成本来说,国(境)外读研性价比更高。

(五)一定的就业和个人发展优势

出国(境)读研不仅可以接受高质量的国外研究生教育,同时对学生的思维方式、思想视角的改变,视野的拓宽、跨文化理解能力和交际能力的提高很有帮助,在适应不同社会、不同环境,培养包容能力等方面也都有着不可低估的作用,这些能力和知识的获得将是未来就业和立足的最坚实基础。一个人的综合能力的培养和提高是未来事业发展的根本,所以,有不少学生的理想是在国外获得"洋学历"同时再有一段"洋工作经历",然后,再回国发展或者选择任何适合自己发展的地方。事实证明,"洋学历"+"洋工作经历"也一度在就业竞争中占据优势。

如果家庭条件允许，出国留学无疑是一条增加自身价值的有效途径和投资。由于国外教育体制和国内不同，强调因材施教，不追求均衡发展，加上教育体制较为灵活，更注重自身能力的培养，所以文凭普遍受认可程度较高；在国外学习生活的经历，对于学生本人的磨炼和阅历的增加，无疑也是留学带来的最大附加值之一。学生的视野越宽阔，想法越国际化，也越能在未来的竞争中取得制高点；另外，在取得学历的同时，又锻炼了第二甚至第三外语，尤其在一些小语种国家，学生一下子多了两门以上的外语经验，作为一个多方位的人才，可以进行三方以上的良好交流；国家也为留学生回国工作提供了良好的鼓励性政策，比如各类认证、科研经费、住房优惠政策等。

不过也应当看到，前些年国内对"洋硕士"比较认可，以为"洋硕士"肯定比"土硕士"的含金量高。但现在大家都知道"洋硕士"也分三六九等，而且国（境）外硕士研究生大部分只读一年左右就毕业了，甚至有些不到一年，学习的知识毕竟有限。而国内硕士研究生大都要读两三年，所以在研究生文凭的含金量方面，不能断然地说国内的一定比国（境）外好，或国（境）外的一定比国内好。

总的来说，去国外读研虽然不用考试，但申请要比国内复杂很多，成绩单、个人英文陈述、推荐信，有的还要求专业作品。到了国外之后，还有适应问题和语言问题。在国外读研比在国内大学更注重自觉性，对自学能力的要求也更高。对于外语不过关、自觉性差，容易"水土不服"的学生，最好还是在国内读研。

复习思考题

1. 继续深造可能存在哪些优势和问题？
2. 在国内读研究生目前有哪些途径？
3. 出国（境）留学有哪些优势和问题？

Topic 12：创　业

作为有理想、有抱负、有创新精神、敢作敢为的青年群体，相当一部分同学有自主创业的打算，这既可以在毕业后马上实现也可以通过一定的社会积累后再实行。当前的一些大学生创业公司虽然遇到了一些困难，但也有相当多成功的案例。创业是值得鼓励的，关键是要有准确的观念与思路，对自己有一个合理的规划与定位，我们要有开拓自己事业的信心与勇气。

一、识别创业者的特征

创业不是一个新鲜事物，已经有几千年历史。

尽管中国的传统观念认为"龙生龙，凤生凤"，意思很简单，聪明有种，富贵有根。但在严格的封建等级观念熏陶之下，历朝历代都不乏创业者。

"壮士不死则已，死即举大名耳，王侯将相宁有种乎？"（《史记·陈涉世家》）。这是陈胜于公元前209年（陈胜、吴广起义时间）在大泽乡号召起义时说的，意思是有权有势的高贵的人，难道生来就比别人高贵吗？王侯将相的贵都是靠自己打拼出来的，我们应该为改变自己的命运而敢于起义。表现了陈胜不甘心自己的命运，对命运不公平的不满和反抗。正是这句"王侯将相宁有种乎"成为草根英雄的动力源泉。

创业成功者与创业失败者：刘邦与项羽

汉高祖刘邦，出生草莽，大字识得不多，只是个微不足道的亭长。但他胸怀大志（素有大志，不肯从事家里的生产作业）、豁达大度（心境豁达，好酒好色，亭中众吏没有不喜欢与他开玩笑和相互戏侮的）、知人善任（樊哙以屠狗为生，萧何是小小县令，陈平只是一介书生，都得到了重用，成为开国名臣）。

项羽出身贵族，而且是武将世家，处世原则常以武者风范。作为武将世家出身的项羽从小所受的教育应该是"以直取道，杀身取义"的人生观，比较吻合后来"仍拥重兵却刎江自刎"的结局。项羽是个比较有个人魅力的人，不太顾及他人的看法。同时，个人才能过高，导致下属对他望尘莫及，自认出谋不及项羽，所以真正说话的人也比较少。加之由于其出身的原因，只和幸存下来的贵族交往密切，而这些旧贵族在秦灭六国以后大多受到了重创，所以其领导层先天数量就不及刘邦。

同样是创业，项羽为什么失败？

项羽往往是以"为人"来定位他人的，比如对受胯下之辱的韩信，虽说项羽还没有到不齿的地步，但多少不是很欣赏。而刘邦则是来者不拒。这样导致的结果就是大量原本出身不高的人一齐涌向刘邦的阵营，而项羽身边的人才水平很高，但数量却占了绝对少数。刘邦在下属眼里才干平平，领导层中其他人比较敢说话。由于出身和受教育程度远不如项羽，不得不比项羽更加谨慎待人待事，从而更容易减少失误。

创业者是有一些共性特征的，如领导的欲望与能力、决策力、承担风险的能力……但同时，每个人生来就是不一样的，同样的社会环境、经济环境、政治环境对不同人的影响会有很大差别。成功的创业者有着一些共同的特征，对创业成功有着重要的作用。因此，进行创业决策，是从对这些创业特征和特质的了解，并进而对个体自我的了解和探索开始的。

（一）识别潜在的创业者

越来越多的人不满于自己的工作或者不愿意去找一份工作,可能是因为不喜欢循规蹈矩,能力没有得到认可,收入固定,职责有限,难以实现自己的想法,不喜欢从属于雇主……心存不满的人就可能会寻求机会自主就业,他们开创自己事业的原因可能是想要独立自主成为自己的老板,可能是急需一份工作,可能是想增加收入,想比打工赚更多的钱,或者想有机会来证明自己的能力。

马云的创业梦想

12岁时,我对学习英语产生了兴趣。每天早上,不管刮风下雨,我都要骑车40分钟,到杭州西湖旁的一个小旅馆去学英语,这一学就是8年。那时,中国已经逐渐对外开放,许多外国游人到杭州旅游观光。我经常为他们充当免费导游,带他们四处浏览的同时练习英语,这8年的学习深深改变了我。外国游客带给我的知识和从老师、书本学到的很不一样,我开始比大多数人更具全球化的视野。

另一件使我发生根本改变的事发生在1979年。我遇到了一个来自澳大利亚的家庭,这家有两个小孩,我们一起玩了三天,后来变成了笔友。1985年,他们邀请我暑假到澳大利亚去,我于是7月份去了那里,住了31天。在我出国之前,我以为中国是世界上最富裕、最幸福的国家。当我到了澳大利亚,我才发现,我以前的想法并不正确。

我高考考了三次,才被当时杭州最差的大学杭州师范大学录取。在大学里,我有幸当上了学生会主席,后来还成为杭州大学生联合会主席。但那时,我的未来基本上被圈定在了中学英语老师。毕业时,我成为500多名毕业生中唯一一位在大学教书的教师。我的工资是每月人民币100—120元,相当于12—15美元。

在5年的教书生涯中,我一直梦想着到公司工作,比如饭店或者其他什么地方。我就是想做点儿什么。1992年,商业环境开始改善,我应聘了许多工作,但没有人要我。我曾经应聘过肯德基总经理秘书职位,但被拒绝了。

接着在1995年,我作为一个贸易代表团的翻译前往西雅图。一个朋友在那儿首次向我展示了互联网。我们在雅虎上搜索"啤酒"这个单词,但却没有搜索到任何关于中国的资料,我们决定创建一个网站,并注册了"中国黄页"这个名称。

我借了2000美元,创建了这个公司,当时我对个人电脑和电子邮件一窍不通,我甚至没接触过键盘。这也是我为什么说自己是"盲人骑瞎马"。我们与中国电信竞争了大约一年,中国电信的总经理表示愿意出资18.5万美元,和我们组建合资公司。我还从来没见过那么多钱。遗憾的是,中国电信在公司董事会中占据了五个席位,而我的公司只有两个席位,我们建议的每件事他们都拒绝,这就像蚂蚁和大象博弈一样,根本没有任何机会。我决定辞职单干。那时,我得到了一个来自北京的机会,负责运营一个旨在推动电子商务的政府组织。

我的梦想是建立自己的电子商务公司。1999年,我召集了18个人,在我的公寓里开会。我对他们讲述了我的构想,两个小时后,每个人都开始掏腰包,我们一共凑了6万美元,这就是创建阿里巴巴的第一桶金。

……………

(资料来源:转引自 chuangye.umiwi.com/2010/0727/834.shtml)

当对工作的不满遭遇到这种让人不得不行动的机遇或者压力,就会引发创业的行动。尽管"创业者"这个词通常被用来指那些自主就业的人,但是创业并不只是一份工作或一个职业,而是一种生活方式。因此,应该以现实的眼光来审视一下自己的特点。回答下列问题,可以帮助你发现自己是否具备创业能力:

你通常会为了实现目标而自我激励并努力工作吗?

你能与别人进行良好的工作合作吗?
在群体中,你通常承担领导者的角色吗?
你能够与别人良好沟通吗?
你善于倾听吗?
你自信吗?
你对自己有积极的认识吗?
你做决定时果断吗?

对于上述问题,你的肯定回答越多,你具有的创业特征就越多。成为创业者的一个基本因素就是能够向其他人提供有价值的东西。别人对你的产品或服务的需求越大,你的潜在收益就越高。如果你能帮助别人提高他们的生活水平,或改善他们的生活,你就可以服务于社会的需求。这就是为什么说好公民同时也是好创业者的原因了。①

(二) 重要的创业者特质

创业者可以被定义为能够快速辨别环境、产生想法、收集资源并实施行动来抓住机会的人。成为创业者的可能性不只存在于个人生活的选择上,也蕴藏于商业活动中。

企业的成功需要各种各样的资源。创业者是善用资源的专家,他们可以在个人生活和生意场中对资金、设备、精力、技能、知识以及时间等资源加以良好使用和整合。

在市场经济中要使工作高效而富于成果,就要求创业者——这些富于创造性的人们能够发现市场需求,并能够找到有效途径来满足这些需要。创业者通过创造新产品、开发有效的新方法、在良性竞争中提供低廉的价格,从而使经济体系正常运转,并使每个人的生活更加美好。

成功的创业者能够发现消费者想要或可能想要的东西,会在销售竞争中生产这些商品。如果能够有效地满足这些需求,就能够产生利

---

① 共青团中央、中华全国青年联合会、国际劳工组织:《大学生 KAB 创业基础》,高等教育出版社 2007 年版。

润,而如果不能满足需求则会造成生意亏损。

创业者为了生产出能够在价格和质量方面都令消费者满意,同时又具有竞争力的商品,还要对怎样有效生产进行有效决策。一个具有社会责任感的创业者会注意使其产品符合安全、环保和其他法律的要求。

为了能把商品或服务卖给目标顾客,创业者还要考虑如何推广自己的产品。通过竞争,创业者可以利用价格杠杆来影响消费者的购买行为。

具体而言,创业者重要的特征包括:

(1)努力工作:创业需要很多的精力投入和动力支持,包括必要时长时间工作、阶段性集中工作以及适应睡眠不足的状况等能力。

(2)自信:要成功,创业者就必须相信自己,并自信自己具有实现设定目标的能力。这种特质通常表现为一种信念:"如果你非常想要某样东西,并准备为其而奋斗,那么你通常就能得到它。"

(3)愿景构建:大多成功的创业者都把拥有一份基于自身能力而获得的有保障的工作和收入作为自己的目标。

(4)以利润为导向:对赚钱的兴趣是衡量一个人是否适合成为创业者的最明确指标。一旦获得利润,企业主就可以决定如何使用这些利润,用来扩大生意还是私人之用。

(5)以目标为导向:商业成功与否取决于一个人能否设定现实的目标、并坚定地去实现这一目标。设定目标并能够努力去实现目标的能力是成为创业者的基本条件。

(6)持之以恒:所有的企业都会出现问题,也都有令人不满意的时候。能够持之以恒地解决问题是成为成功创业者的关键因素。

(7)应对失败:所有的商业活动都既有成功也有失败的时候。要应对失败,就要能够认清这些失败,从失败中学习经验教训,并找寻新的机会。没有这种应对能力,早期的失败就会终结一个人的创业尝试。

(8)对反馈做出回应:创业者应该了解自己做得怎么样,明了自己的表现情况。能够从别人那里得到有用的反馈和建议是创业者要具备的又一重要特征。

(9)主动性:研究表明成功的创业者会主动地对成功或失败承担个人责任。

(10)愿意倾听:成功的创业者不是那种不会使用外部资源的内向的人,他们依靠自己的同时并不排斥必要的时候向银行专家、会计或商业顾问等外部资源寻求帮助。能够听取别人的建议也是创业者的重要特征。

(11)设定自己的标准:设定行为标准,之后为达到标准而工作,这是判断成功创业者的又一指标。这些标准可以包括收入、质量、销售或产品周转。大部分创业者都希望一年比一年做得更好,设定并达到更高的标准。

(12)应对不确定性:创业远比打工存在更多的不确定性,这种不确定性主要是与销售和周转相关的,不过它也经常会出现在其他一些领域,诸如材料运输和价格、银行支持等。能够从容应对这些不确定性的能力也是成为创业者所必需的。

(13)投入:开始一个企业及对其的运营需要创业者在时间、资金以及生活方式上的完全投入,这些应该在创业者的生活中占据优先位置。

(14)优势发挥:成功的创业者会把他们所做的事情建立在自己的优势基础之上,诸如动手能力、人际关系技能、销售技能、组织技能、写作技能、对某种产品或服务的了解、对某种行业从业人员的了解以及建立并使用人际网络的能力。

(15)可靠诚实:一个人在履行自己诺言的时候所表现出的诚实、公平交易以及可靠等品质是成功创业者的一个重要特质。

(16)风险承担:选择创业就要面对很多风险,创业者要有能力去衡量、评估风险,包括计算可能的成本和收益、成功的机会以及风险可规避性等各种可能性的比较。当创业者通过转移风险的方式来减少自身面对的风险时,可能会被视为在逃避风险。承担创业者的转移风险的人可能是银行家、供应商和客户。

补充阅读

创业倾向性测验

从下列32组句子中,选择出最能够反映你个人观点的句子(A或B)。

1. (A) 工作一定要完成。
   (B) 我喜欢与优秀的朋友在一起,这样我能够获得他们对我的工作的见解和建议。
2. (A) 当我的责任增加时,我会感到更加快乐。
   (B) 我喜欢把什么事情都事先安顿好。
3. (A) 我决不做任何可能使自己受损失的事情。
   (B) 对于如何赚钱的理解是进入商业的第一步。
4. (A) 不管是多好的事情,如果因为这件事情的失败而可能使我招致嘲笑,我就不会冒险去做。
   (B) 除了工作之外,我还记挂别人的安康。
5. (A) 我会为自己开创的任何事业而努力。
   (B) 我只会做那些使我开心并有安全感的事。
6. (A) 如果我失败了,别人会嘲笑我。
   (B) 尽管我对自己很有信心,我也还是需要别人的建议。
7. (A) 在遇到困难时,我会找到解决的方法。
   (B) 如果在新事业中失败,我会继续目前的工作。
8. (A) 如果我觉得一个想法是好主意,我就会去实践这个想法。
   (B) 我能够比现在做得更好。
9. (A) 工作时,我会注意维系良好的人际关系。
   (B) 不管发生什么事,我都有机会从经历中学习到一些东西。
10. (A) 即使我的努力失败了,我也能从中学到一些东西。
    (B) 我喜欢舒适的生活。
11. (A) 我只会投资比赛或者彩票,总有一天幸运会落在我头上的。
    (B) 如果我在工作中失利,我会努力找出原因。

12. （A）我会把我的员工当作朋友,并对他们一视同仁。
    （B）如果能有更好的工作,我就会离开现在的工作。
13. （A）在实施一个新的想法之前,我会慎重考虑。
    （B）如果对别人有好处,我吃点亏也没关系。
14. （A）只有当我拥有资本时,我才能够发展一个事业。
    （B）我希望能够自己做出重要决定。
15. （A）当别人的好意和信任被背叛时,我不会坐视不理。
    （B）如果事情没有按照我的想法发展,我会寻求其他的代替物。
16. （A）我可能会犯错误。
    （B）我非常喜欢与朋友交谈。
17. （A）我希望我的钱能够安全地存在银行里。
    （B）我完全信任我的工作,同时我也了解它的优劣。
18. （A）我希望我能够拥有很多钱从而过上舒适的生活。
    （B）在做决定时我希望能够得到别人的帮助。
19. （A）一个人首先要照顾好自己的亲人和朋友。
    （B）我喜欢解决难题。
20. （A）即便会使自己受损害,我也不会做让别人不开心的事情。
    （B）钱是事业发展的必需品。
21. （A）我希望我的事业能够很快发展起来,这样我就不会遇到经济紧张的困境。
    （B）我要清醒地认识到,不能因为不成功就去责备自己。
22. （A）我应该能够独立地按照自己的想法去做事。
    （B）只有为自己的未来积累了一大笔钱后我才会幸福。
23. （A）如果我失败了,主要原因会是别人的错。
    （B）我只会做那些让我感觉好且令我满意的事情。
24. （A）在开始一份工作之前,我会仔细考量它是否会对我的社会声誉有所不利。
    （B）我希望自己能和别人一样,也买得起昂贵的东西。
25. （A）我希望我能够有舒适的房子居住。
    （B）我会从失败中吸取教训。
26. （A）在做任何工作之前,我都要考虑它的长期影响。

（B）我希望每件事情都能按照我的想法进行。

27.（A）金钱能够带来舒适，所以我的主要目标在于赚钱。
（B）我喜欢在能够经常见到我的朋友们的地方工作。

28.（A）我了解自己正在做的事，我不怕受到别人的批评。
（B）如果我失败了，我会觉得自己非常差劲。

29.（A）我知道困难会经常出现，我应该去做一些好的新工作。
（B）在开始新工作之前，我会听取朋友们的建议。

30.（A）我的所有经历都会激励我前进。
（B）我希望我能有很多钱。

31.（A）我喜欢每天从容不迫，万事顺利，没有任何烦恼。
（B）如果我失败了，我会努力找出失败的原因。

32.（A）我不喜欢别人干涉我做事。
（B）为了赚钱我可以做任何事情。

根据下表将每题所得分数相加，可以根据下面的评分等级确定自己的创业倾向：

0—25 不具创业性

26—36 中立

37—47 具有一定的创业性

48 以上非常具有创业性

注意：这些分数只代表成为创业者的倾向。

1) A=1　B=2	9) A=1　B=2	17) A=0　B=2	25) A=1　B=2
2) A=2　B=1	10) A=2　B=1	18) A=1　B=0	26) A=2　B=1
3) A=0　B=1	11) A=0　B=2	19) A=0　B=2	27) A=1　B=1
4) A=0　B=2	12) A=0　B=1	20) A=2　B=1	28) A=2　B=1
5) A=2　B=1	13) A=2　B=0	21) A=2　B=1	29) A=0　B=1
6) A=0　B=2	14) A=1　B=2	22) A=2　B=1	30) A=2　B=1
7) A=2　B=0	15) A=1　B=2	23) A=0　B=2	31) A=2　B=1
8) A=1　B=2	16) A=2　B=1	24) A=1　B=1	32) A=1　B=0

（资料来源：共青团中央、中华全国青年联合会、国际劳工组织：《大学生KAB创业基础》，高等教育出版社2007年版）

二、成功创办小企业的关键因素

许多创业者都是从创办一个小企业起步的。如何成功创办一个企业？这是人们经常问的问题。不幸地,迄今为止还没有找到一个十分简单的方法和公式去成功地创办企业。根据文献、调查资料和经验,成功取决于在市场中发现机会的特殊能力,并且能够组织必需的资源利用机会去吸引顾客。

创业者是整个创业过程中至关重要的因素。他或她会积极主动地承担风险,创办企业,经营企业并赢得顾客。创业者要成功地做到这些,取决于四个要素,也就是:动机、能力、想法和资源。图12-1所示的MAIR模式可以帮助我们更简单地记住这些要素。MAIR是动机(Motivation)、能力(Abilities)、想法(Idea)和资源(Resource)四个英文单词开头字母的缩写。

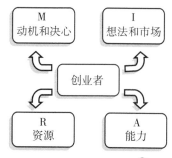

图12-1　MAIR模式①

（一）想法和市场

江南春,分众传媒控股有限公司董事局主席兼CEO。分众传媒乃是中国最大的广告传媒公司,2005年7月纳斯达克上市,不到两年接连并购一众传媒公司,数次刷新中国媒体并购案的最高金额记录。2008年以55亿财富名列胡润富豪榜

---

① 共青团中央、中华全国青年联合会、国际劳工组织:《大学生KAB创业基础》,高等教育出版社2007年版。

第118位。

　　学中文出生,标准的文学青年,创作浪漫唯美的诗歌曾经是他最大的兴趣。从大学开始接触广告业,大三创办广告代理公司——永怡传播公司。当公司的年营业额达到500万左右的时候,已经是一个中型广告公司,虽然在上海也有了许多广告客户,但没有核心的大客户和业务,也没有一个核心产业可以依托,再这样发展下去就会有问题(很多办广告公司的创业者,到中等规模的时候要么就要转行,要么可能就要渐渐亏损,干脆拿上赚的钱关门大吉)。

　　再加上2001年互联网泡沫破灭,主要客户一夜之间销声匿迹,江南春开始重新思考他的企业想法。他瞄准了商务人士,为什么选择商务人士,因为打商务人士的广告,传统媒体是没有多大效应的。一般的报纸,他们根本就看不到,他们平常开车经过不了报摊,地铁他们也不会去,只有地下车库,他们会经过。报纸在办公室有,但他们回e-mail都来不及,也没有时间看报纸。晚上回家他们也看电视,但可能10分钟就睡着了。在开车途中,确实会看到一些广告,但他们根本就没心思看,因为他们要不断打电话。针对这些人群,就要在他们常在的会所、健身房、办公楼宇等地方树立媒体。

　　选择什么媒体呢?报纸和电视是国家的,杂志人家干得挺好的,也赚不了太多的钱;户外广告是赚钱,但到上海徐家汇去看,屋顶已经都是广告,这口饭没得吃。一连串否定之后,他想到的尝试是电视广告的非家庭化,商业楼宇液晶电视联播网,简单说就是把液晶屏放到高楼大厦里面。这是一个巨大的空白市场——直击3000元以上月收入的"三高"(高收入、高学历、高消费)人群,在每天至少4次等候电梯的短暂时间中,几乎强制性地观看广告,而成本只有传统电视广告的十分之一。

　　想法一出,开始跑马圈楼,本来江南春生性谨慎保守还只想在自有资金基础上滚动式开发,没想到几个月后著名风投公司主动上门。说明这个企业想法成功了。

（资料来源：林军：《独家连载：10亿美金教训合众》，http://it.sohu.com/20130603/n377863858.shtml）

决定一个有市场前景的想法、项目、产品或者服务是非常重要的问题。换句话说，有市场前景的想法、项目、产品或者服务需要具备以下几个条件：能够满足消费者需求；消费者具备购买能力并且乐于购买；消费者购买的数量足够回收成本并获得充足的利润。

一家成功的企业既要满足顾客的需要，又要赢利；既要向人们提供想要的产品，又要为企业主带来利润。你的企业想法应当包括：

- 你的企业将销售什么产品或服务？
- 你的企业将向谁销售产品或服务？
- 你的企业将如何销售产品或服务？
- 你的企业将满足顾客哪些需要？

（二）动机和决心

无论是个人还是团队要想成功创办企业都需要具备强烈的动机和坚定的决心。这直接决定了你会如何坚持克服障碍，如何寻找信息，如何利用机会。

> 以前有两个孩子同时到少林寺学武。在拜师的时候师傅就问："你们为什么要学武啊？"其中一个孩子回答说，我要为父母报仇。而另一个孩子则回答说是为了强身健体。结果3年的时间过去了，那个为了给父母报仇的孩子学了一身十分了不得的武功，而那个为了强身健体的孩子则武功平平……

不够坚定，一遇到困难或者要吃苦的时候，你就会想算了吧，反正自己又不是要当武林盟主，强身健体这样就可以了。但是要为父母报仇这个动机就强烈多了。其实从某种程度来说，决心有多大，你的成功系数就有多大。

创业初期，通常都要面临起点不高、资金不雄厚、资源有限的问题，比方说，美国很多创业故事都跟车库有关：乔布斯在车库里发明了苹果电脑，盖茨在车库里搞成了微软，亚马逊书店的贝佐斯当年带着4

个工作伙伴在自家车库创业,惠普公司的诞生地、著名的惠普车库已被列为美国历史古迹,Google 的发家史上也有一座重要的车库,雅虎的创办人杨致远和他的合伙人不是在车库,但他们是在斯坦福大学共用一个拖车……这说明这些风云人物都是崛起于草根,动机强烈、决心坚定的人,会敢于承担更多的责任,对工作的态度会更积极,会更加努力地创办企业,获得家庭或合伙人的支持。

> 格兰仕集团在 1994 年时遭到百年不遇洪灾,厂区被淹,设备被淹,恢复生产面临困难,而创办人梁建德已是花甲之年(60 岁)。按一般人的观点,已经到退休年龄了,钱也挣得不少了,赶紧把企业处理一下,回去享清福吧!但他借钱发工资,先把工人留住,鼓舞士气。水退后第三天,第一条生产线开工;3 个月全面恢复生产,年底微波炉销量突破 10 万,跻身全国行业第一。

(三) 能力

成功创办小企业的另一个重要的因素是个人或者合伙人是否具备相关的特殊能力——这些能力可以是知识,企业或项目方面的技术和管理技能,也可能是特质。需要哪些能力,我们上一个主题刚刚探讨过。要强调的是,如果缺乏这些能力,有一个有效的弥补办法,就是与具备相关知识、技能或特质的人进行合作,组建创业团队。

三国:三种不同的经营思路

> 曹操利用"国有资产"凭借强大的实力进行了几场"恶性竞争"和资产兼并,清洗市场,建立霸业;孙权继承父兄财产立足本地市场,走典型的家族式区域市场发展道路;刘备白手起家,标准型的创业。
>
> 企业在创业初期,一定要选好合作伙伴,选择和自己有着共同目标和理想的伙伴进行奋斗,取长补短、各展所长,如此创业才能够将企业做长久。刘备本身在知识、技能上都不是一个非常完美的人,但他抓住时机,通过实施"桃园结义""三

顾茅庐"两大战略，形成了以自己为董事长，孔明为 CEO，关羽、张飞为执行经理的优秀人力资本结构，建立了他的创业团队。学识不行，没关系有诸葛亮，武艺、打仗不行，没关系有张飞关羽。

想创业的人不难找，满大街都是。但是要找到能一起做事、共谋大计的创业者，就比较困难了，这意味着要在较长的时间，比如三五年，一起做成一件事情，双方扮演互补的角色，而非一种追随关系。价值观往往会在后期产生很大影响，起步阶段反而可以互相迁就。另外，创业不一定非要自己组建一个团队当带头人，可加入成熟的团队，也可以追随别的创业者。

（四）资源

最后，人们能够获得组织资源的充足程度，不仅影响企业运营，在一些时候还要影响是否可以创办企业。这些资源包括资金、房屋、原材料、设备和人员。基础设施（例如，水电、电话、道路）和支持服务也是非常重要的。

创业者组织资源的能力很重要。有一位创业者坦言，他到中关村创立公司前，曾经花了半年时间到北大的企业家特训班上学、交朋友。他开始的十几单生意，都是同学之间做的，或是由同学帮着做的。同学的帮助，在他创业的起步阶段起了很大的作用。[①] 这就是资源。像北大、清华、复旦举办的投资班、特训班、EMBA 学费都非常高，为什么那么多人花几十万去上课？除了学习，更重要的是在交朋友、积攒人脉，北大有一个由金融投资家进修班学员组成的同学会，大概 200 余人，控制的资金高达 1200 个亿。

资源来自职场经验，拥有丰富的职场经历，创业成功率往往会更高一些。具体而言，资源主要来源于以下几个方面：

- **获得行业经验**：比如，产品开发、销售渠道、团队组建、品牌知名度塑造等，具体到更细节的方面，比如，市场活动如何策划与举办、

---

① 邓超明、刘杨、代腾飞：《赢道》，清华大学出版社 2009 年版。

如何邀请到高层人物或知名人士,不同行业或项目的产品规划书如何做,产品开发的流程与控制等。经验很重要,能让我们节省时间,避免交大量的"学费"。

- **积累人脉**:我们可能在公司担任某些岗位,或者中高层或者基层,可能是人力资源、行政、销售、公关,都需要尽可能同各个层面的人士打交道。
- **积累客户资源**:像市场、销售、记者、公关、融资这样一些职业更容易让我们积累到一定的客户资源。即使是那些不能直接积累客户资源的职位,也可以帮我们吸取一定的经验,得到一些收获。
- **让技能更熟练**:通过职场经历寻找事业方向,并围绕事业取向塑造技能。
- **一定的原始资本**:创业需要钱,没有职场经历更没有参加工作,钱从何处来?可能向父母亲友借,也可能通过兼职,还可能获得资助。

在自由市场中创办小企业,对于创业者来说一定是会承担压力的。必须积极主动地冒险去创办和组织企业。光是这样还不够,我们还需要 MAIR 模式中的四个部分。也就是说两个或者三个部分对于成功都是不够的,所有四个部分都是必须获得的并且需要提高的。

三、开发和提高创业能力

要想成功创业,必须开发和提高自己的创业能力。有志于创业的同学,对于下面列出的一些创业能力应该通过各种方法和途径进行练习,使自己能够在真正创业的时候转化和利用这些经验。

(一)角色转换

我们身边经常会有这样一种现象,有些人看上去不是特别聪明,但就是这些人做起生意来,却如鱼得水,有声有色,不用几年就赚了大钱。所以就会有人不服气地说:"傻人有傻福,他运气好罢了。"

真的是这样吗?奥斯卡获奖影片《阿甘正传》就叙述了这样一个故事:

他先天存在智力障碍,智商只有75,他拥有一个单纯正直、不存半点邪念的头脑,为了躲避同学的欺负,他从一个本来要拄拐杖的人,变成了一个跑得飞快的人。珍妮的嘱咐:你若遇上麻烦,不要逞强,你就跑,远远跑开。在中学时,阿甘为了躲避同学的追打而跑进了一所学校的橄榄球场,就这样跑进了大学。在大学里,他被破格录取,并成了橄榄球巨星,受到了肯尼迪总统的接见。大学毕业后,阿甘应征参加了越战。在一次战斗中,他所在的部队中了埋伏,一声撤退令下,阿甘记起了珍妮的嘱咐撒腿就跑,直到跑到了一条河边,这时,他才猛地想起自己的好朋友巴布还没跑出来,于是他又奋不顾身地跑回去救巴布,同时还救起了许多的同伴,最后阿甘终于救出巴布,但是巴布中弹受了重伤,最后死了。战争结束后,阿甘负伤救了战友作为英雄受到了约翰逊总统的接见。后来,他又迷上了乒乓球,而且技术练得十分精湛。后作为乒乓外交的使者,到中国参加过乒乓球比赛,并为中美建交立了功。再往后,阿甘还阴差阳错地发了大财,成了百万富翁。而阿甘不愿为名利所累,他做了一名园丁。

为什么智商不高的阿甘能够成功?他的成功从某种程度上来说就是因为他头脑简单,所以他有一件事情比普通人做得好,那就是角色转换。做什么都非常投入、非常认真地把这件事做好,并且心无杂念,真正地进入了他所扮演的角色。

进行角色转换是一种非常重要的能力。如果在角色没有转换好的情况下,去从事另外一种社会角色的事业,那是不可能做好的。

乾隆微服私访,遇到一个正用铁钎叉牛粪的乞丐。乾隆问他:你这辈子最想干什么?乞丐想了一下,小声地对乾隆说:我想当皇帝!周围官员大惊失色,乾隆却没生气,又问:当了皇帝又干什么呢?那乞丐一下子来劲了,说:如果我当了皇帝,在金銮殿上,每天早上我要让左边是包子铺,右边是豆浆店,中间是大饼油条店。哈哈,想吃什么就吃什么!乾隆哈哈大笑,又问:那吃完又干什么事呢?乞丐毫不犹豫地说:叫工匠打一把金叉子,我要去叉粪!

同理,想要创业成功,就应该尽快实现从原有角色向商人角色的过渡或转变,否则也会出问题。怎样才能形成成功商人的角色特征呢?

(二)成功的创业角色

研究认为,成功商人的角色特征模型应该涉及六个方面(图12-2),我们需要有意识地从这些方面去培养和锻炼自己。

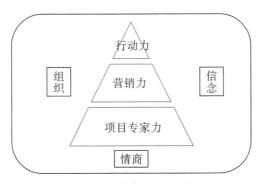

图12-2 成功创业角色图

1. 项目专家力

时刻注重提高自己在创业项目上的专业程度,让自己成为创业项目的专家。创业者需要时刻关注创业项目的行业特点和变化情况,千万不要做自己不熟悉的生意,这一点非常重要。许多创业者在选择创业项目时,往往是因为看到别人赚钱,一时眼热,就想自己也试试。许多生意表面看上去不难做是由于创业者不了解。

有位同学大学毕业后,因为家境不错,决定不去外面找工作,自己创业。有天突然发现自家附近的一家火锅店生意非常好。每天到了吃饭时间,店里堆满了客人,来晚了只能排号,每张桌子都要翻几次台子。他就想,干脆我也来开一家火锅店,生意多的都做不完,我再开一家那些排队的不就来我这里吃了吗?说干就干,马上开始店面选址和招聘员工。最后,在那家火锅店的对面租了门面,趁热打铁很快开了张。但不想,生意冷清得可怕。想尽了一切办法,做广告、整改门面、调口味、搞促销……好不容易客人渐渐多了,可是不久又发现,虽然和对面菜品价格一样,自己的店却亏得厉害,卖得越多亏得越多。经过一番查证,终于找到原因,那家是连锁店,有着集团进货的价格优势,原材料进价比他便宜很多,这种进货价格他是拿不到的。由于店面租约是按年签的,不继续不行,转又转不掉,这能硬着头皮撑下去,最后一年就亏了一百多万。

问题出在哪里?缺乏项目专家能力。在做火锅生意之前从没接触过餐饮业,门外汉,只是因为有资金和看到别人生意好,就和别人竞争,结果可想而知。两家火锅店的对决就好像一个拳击爱好者和一个职业拳击手对决,结果毫无悬念。有许多创业者都会这样,在不熟悉创业项目的情况下,凭着初生牛犊不怕虎的勇气,贸然进入一个专业领域,结果大败而回。

还有一种相反的情况,有些人头脑中充满了想法,其中不乏既有创意又有商机的点子,但是就是胆子小,不敢做。为什么会胆子小?还是因为缺乏项目专家力。医生是如何做心脏手术的?拿起锋利的手术刀,划开患者的胸膛,手伸进去捣弄,场面鲜血淋漓,医生面不改色。换作是你,就算医疗设施齐全,护士人员配备精良,你敢开胸做手术吗?答案肯定是不敢。那为什么专科医生敢做?是因为他们胆子大?不!是因为他是心脏科专家,他熟悉整个手术过程,了解人的心脏。如果你学过十几年医科,你也会这样"大胆"。所以,许多创业者不敢做某个看好的创业项目,同样是因为项目专家力不够。

那么怎样提高项目专家力?有三个渠道:

(1)打工:有些立志创业的同学对给人打工不屑一顾,受很多在校或刚毕业就创业成功的案例影响,他们认为打工没有出路,一心想自己当老板。其实,工作是一种增加项目专家力的极好办法。一方面自己可以"偷师学艺",了解创业项目的许多专业知识,另一方面还可以增加收入。开火锅店之前如果先去火锅店打个工、卧个底,了解一下情况,就不会损失那么多钱了。

(2)寻找贵人:每个项目都有它独特的规律,要摸熟它,不是一朝一夕的事。如果能够得到"贵人相助",那就可以大大缩短打工的时间,迅速提高自己的项目专家力。有时可以静心想一想:我身边有没有贵人?当然贵人还是讲求一点机缘的,往往可遇不可求。

(3)寻找失败:"失败是成功之母",准确地道出了失败的力量。每一次失败都是对能力的完善。爱迪生没有前面1万多次失败,是不可能有电灯的发明的。每次失败都是项目得以完善的过程,是一种财富。

2.营销力

企业的赢利是在商品交换中得来的,如果商品不能实现有效的交换,再好的企业也不能赢利。尤其在市场竞争比较激烈,大家的产品都差不多的时候,营销力就是决胜的关键所在了。所以成功的商人往往都是熟悉营销的专家,注重产品策略、定价策略、销售渠道策略和促销策略在实战中的灵活应用。

耐克是希腊神话中胜利女神的名字,而耐克的标志是创始人花了35美元叫波特兰州立大学的一个普通大学生设计的。如今,耐克公司仅耐克这个商标就价值上百亿美元。比尔·鲍尔曼创办耐克时力量非常弱小,当时阿迪达斯、彪马已经全球闻名,没人把这个小品牌放在眼里。鲍尔曼这个人以前就是美国蓝带体育用品公司的销售总监,他的项目专家力和营销力都是非常强的。面对阿迪达斯、彪马对欧洲市场的垄断,设计了独特的"借鸡生蛋"策略,成功击败了行业内的各大巨头。当时正是西方工业国家竞争日趋激烈,贸易保护主义开始兴起,各国政府都加紧制定各种贸易保护壁垒,以尽量减少外国货物的进口,各大运动厂商的海外营业额都在大幅下降。耐克首先看中了一个商机,就是当时美国正在流行慢跑热潮,这种热潮正在影响欧洲市场,大量欧洲中产阶级都渐渐喜欢上了这种体现"绅士风度"的慢跑运动。耐克公司设计了一百余种价位较高、质量考究、款式时尚的运动鞋图纸,由销售经理带着图纸去欧洲各国的制鞋公司商谈,耐克采取全投资或半投资的形式在当地开厂。巧妙地避开了欧共体的贸易壁垒,又降低了成本,取得了压倒同行的优势。等同行反应过来的时候,耐克已经占领了市场。之后,又采取同样的方式,进入了中国、日本、韩国等亚洲国家。所以,别看十几年来耐克足迹遍布全球,在中国知名度甚至高于彪马,但这个公司在美国本土只有公司总部,既没有一家工厂也没有一个工人。总部人员设置也很简单,因为他们既不需要为生产操心,也不需要解决劳资冲突问题,要做的就是设计人员带着新产品的样品和图纸在空中飞来飞去,负责技术问题和产品的验收。

从耐克的创业史可以看出,企业的营销能力是非常关键的。对于刚起步的企业尤其重要。好的产品没有好的营销,仍然会失败。创业前就要设计好自己的营销方法,并对销售业绩进行仔细评估预算。

3. 行动力

很多人都经常在大脑中兴奋地规划着创业蓝图,他们经常都会讲:我有一个很好的想法……而且一讲你会发现,他们上班在想、回家坐在沙发上在想,晚上躺在床上还在想,很多创业的细节他们都已经想好了。但几个月半年过去了,仍然不见他们有实质性的行动。问他们,总是说:让我再想一想,准备好了马上就做。但日复一日,他们不是在准备就是放弃了创业计划。就像一艘想远航的油轮,发动机永远发出巨大的轰鸣,但就是不见前进。

在创业准备时总想做到尽善尽美,这是可以理解的。但创业活动有其独特的地方,那就是"不确定性"。

在 NBA 的赛场上,打篮球是为了赢球,但我们什么时候看见某个 NBA 的巨星是在场地的同一个地点、用同一种姿势不断投篮轻松取胜的?在现场我们看到的是,乔丹持球左突右闯,在运球过程中,甚至在空中根据现场的情况,不断变化投篮动作,最终将球投入得分。这就是篮球这种运动的特点。如果有人企图把球赛即将出现的各种情况完全设想好,然后才上场的话,那么比赛开始后,就会发现一切都变了。

创业和篮球赛一样,考验的就是根据市场情况,解决实际过程中遇到的问题的能力。创业过程的许多事都是不确定的,没有所谓完美的创业计划。在项目专家力形成,营销力建立后马上投入行动,投入资金去接受市场的检验。在市场的风浪中不断调整自己、完善自己,从而达到完美。所以,十个梦想及不上一个行动。

4. 外部管理因素

项目专家力、营销力、行动力是创业初期树立创业角色最为重要的三个方面。中国有句老话:创业容易守业难。许多公司能够顺利创业,但却难以实现可持续发展。这是什么原因?这就涉及了创业的三个外部管理因素:情商、信念和组织。其中,情商和组织是我们提及比较多的。我们在前面讲的很多创业者特质,归纳一下主要就是涉及两个方面:一个是个人的品性,比如坚持、勇敢、责任感、投入……另一个就是怎么和人打交道,怎么进行组织管理。所以,这里我们重点谈谈信念。

信念涉及一个人的价值取向和目标,在现代管理中我们称之为"企业文化"。人的天性中不仅有对利润的追求,还有对精神的追求,每个人都想使自己的工作更有意义。所以企业要发展得长久,必须用信念取代利润作为目标。IBM(国际商用机器)世界公认经营最好、管理最成功的公司,1911年创办,至今已有100多年。老托马斯·沃森1911年创办该公司时就设立了三条准则:必须尊重个人;必须尽可能给予顾客最好的服务;必须追求优异的工作表现。这三条企业信念一直沿用到今天。

仅仅创立一个企业并不很难,开个小饭馆、做个路边摊都是创业,关键是要使企业走上健康成长的道路。

> 1907年全球经济危机,给希尔顿一家带来致命打击。20岁的希尔顿带着仅有的5000美元来到得克萨斯州,希望通过那里新兴的石油业给自己带来好运。结果去了发现,当时的得克萨斯州完全是个冒险家的乐园,强壮的石油工人、精明的商人、狂热的赌徒、浓妆艳抹的女人,各色各样的人物塞满了拥挤不堪的银行、商场、旅馆,根本没有发展的空间。沮丧的希尔顿来到一家名叫"毛比来"的旅馆,打算好好休息一下。结果发现旅馆里面人山人海,都是来得克萨斯碰运气的人,旅馆不得不常常早早挂起"客满"的牌子。旅馆实行8小时流动制,一人一次只能住8小时,8小时必须换人。这时,希尔

顿意外得到一个消息,就是"毛比来"的老板居然想出售旅馆,因为他已经厌倦了每天挤在人山人海里面生活,他想卖了旅馆投资石油,这样可以迅速捞一笔钱。当时人人都关注石油买卖,没人留意旅馆业。机不可失,希尔顿四处筹钱,用4万美金买下了"毛比来"。之后,希尔顿并没有把"毛比来"当成一个养家糊口的小旅馆来经营,如果那样的话,总有一天他会像上任老板一样厌倦。他的目标是要成为得克萨斯州最大的饭店的老板。这就是他的信念了。他肯于吃苦,努力摸索旅馆的管理方法,在所有人都在追求石油暴富美梦的时候,短短几年,希尔顿以低价买入二手旅馆的方式,占领了得克萨斯州50%的旅馆,获利丰厚。最后,希尔顿的饭店不仅成为得克萨斯州最大的饭店,而且在全世界范围内拥有几百家的五星连锁店,建立了自己的"希尔顿"帝国。

创业是否成功,和学历、生活背景,甚至智商高低并没有太大的关系。这就可以解释为什么有些人看上去并不聪明但生意做得很好,而有些大学毕业生甚至是MBA毕业生,却在创业路上屡战屡败。开发和提高创业者的能力,主要在上述几个方面加以培养,加快自己向创业者角色的转变。

参 考 文 献

1. 北京纽哈斯国际教育咨询有限公司编著:《求职胜经(上册)》,机械工业出版社 2005 年版。
2. 陈传德:《大学生职业发展与就业指导》,人民出版社 2008 年版。
3. 程社明:《你的船,你的海——职业生涯规划》,新华出版社 2007 年版。
4. 程社明、卜欣欣、戴洁:《人生发展与职业生涯规划》,团结出版社 2003 年版。
5. 邓超明、刘杨、代腾飞:《赢道》,清华大学出版社 2009 年版。
6. 高桥、葛海燕:《大学生涯与职业规划》,清华大学出版社 2007 年版。
7. 国家职业分类大典和职业资格工作委员会:《中华人民共和国职业分类大典》,中国劳动社会保障出版社 1999 年版。
8. 《中华人民共和国职业分类大典(2007 增补本)》,中国劳动社会保障出版社 2008 年版。
9. 共青团中央、中华全国青年联合会、国际劳工组织:《大学生 KAB 创业基础》,高等教育出版社 2007 年版。
10. 管斌全:《让别人无法取代:如何打造你的核心竞争力》,天津教育出版社 2005 年版。
11. 黄希庭:《心理学导论》,人民教育出版社 1997 年版。
12. 姜静波:《明天的饭碗在哪里》,当代世界出版社 2004 年版。
13. 教育部高校学生司:《职业生涯发展与规划》,高等教育出版社 2005 年版。
14. 金树人:《生涯咨询与辅导》,高等教育出版社 2007 年版。
15. 李开复:《做最好的自己》,人民出版社 2005 年版。
16. 李孝忠:《能力心理学》,陕西人民教育出版社 1985 年版。
17. 龙立荣:《职业生涯管理的结构及其关系研究》,华中师范大学出版社 2002 年版。

18. 龙立荣:《人员测评的理论与技术》,武汉大学出版社2009年版。
19. 龙立荣、李晔:《职业生涯管理》,中国纺织出版社2003年版。
20. 卢荣远等:《职业心理与职业指导》,人民教育出版社1996年版。
21. 罗明晖、龙健飞:《大学毕业生就业指南》,华中师范大学出版社2005年版。
22. 彭凯平:《心理测验——原理与实践》,华夏出版社1989年版。
23. 任占忠:《爱拼才会赢:大学生择业智慧书》,机械工业出版社2007年版。
24. 吴芝仪:《生涯辅导与咨商:理论与实务》,涛石文化2001年版。
25. 谢宝国:《大学生涯规划与职业发展》,电子工业出版社2011年版。
26. 叶奕乾、孔克勤:《个性心理学》,华东师范大学出版社1993年版。
27. 尹忠泽:《大学生职业生涯规划》,吉林大学出版社2007年版。
28. 张鹤:《人往高处走》,经济管理出版社2004年版。
29. 张培德:《职业发展实验教程》,华东理工大学出版社2010年版。
30. 郑日昌、蔡永红、周益群:《心理测量学》,人民教育出版社1999年版。
31. 钟谷兰、杨开:《大学生职业生涯发展与规划》,华东师范大学出版社2008年版。
32. 周文霞:《职业生涯管理》,复旦大学经济出版社2006年版。
33. 〔美〕保罗·D.蒂戈尔、巴巴拉·巴伦·蒂戈尔:《就业宝典》,中信出版社2002年版。
34. 〔美〕奥托·克劳格、珍妮特·M.苏森、希尔·路特莱奇:《赢在性格》,浙江人民出版社2005年版。
35. 〔美〕比尔·科普林:《老板要你在大学里学的10件事》,机械工业出版社2005年版。
36. 〔美〕雷恩·吉尔森:《选对池塘钓大鱼》,机械工业出版社2004年版。
37. 〔美〕理查德·尼尔森·鲍利斯:《你的降落伞是什么颜色?》,中信出版社2010年版。
38. 〔美〕里尔登等:《职业生涯发展与规划》,高等教育出版社2005年版。
39. 〔美〕史蒂芬·柯维:《高效能人士的七个习惯》,中国青年出版社2008年版。
40. 〔美〕施恩:《职业的有效管理》,生活·读书·新知三联书店1992年版。
41. 〔美〕戈布尔:《第三思潮:马斯洛心理学》,上海译文出版社2006年版。
42. 〔美〕J.L.霍兰德:《教育与职业计划指导》,杨虚译,《人才研究》1987年第7期。
43. 〔德〕彼德·哈茨:《工业革命:透视未来工作世界》,华夏出版社2004年版。
44. 李津:《创意产业人才素质要求与胜任力研究》,《科学学与科学技术管理》2007年第8期。

45. 李扬:《创意产业人才胜任力模型构建探索》,《经济师》2009年第12期。
46. 龙立荣、黄小华:《大学生择业的社会生态模型:环境的力量》,《高等教育研究》2006年第8期。
47. 宁先圣:《高素质工程技术人才的特征与培养途径》,《科学与管理》2006年第4期。
48. 辛保平:《中国创业者十大素质》,《科学投资》2003年第9期。
49. 张慧、王宇红:《国内企业对人才素质要求的内容分析》,《科技管理研究》2007年第6期。
50. 张拓基、陈会昌:《关于编制气质测验量表及其初步试用的报告》,《山西大学学报》1985年第4期。